LE DROIT COMME FACTEUR D'ATTRACTIVITÉ

L'exemple de la Place juridique de Paris-Île de France

La collection « Droit, management et stratégies », développée en partenariat avec le Centre européen de Droit et d'Économie (CEDE) de l'ESSEC, analyse l'activité juridique des entreprises et ses implications managériales et stratégiques. Elle explore, à partir de cas concrets, des sujets novateurs et d'actualité, comme les stratégies judiciaires de déstabilisation, la diffusion de l'innovation juridique, ou la gestion des risques juridiques.

La collection publie les travaux des chercheurs du CEDE de l'ESSEC, mais également ceux des chercheurs d'autres institutions travaillant sur l'analyse managériale du droit.

Sous la direction de Antoine Masson, chercheur associé au CEDE de l'ESSEC.

CHAMPAUD C., *Manifeste pour la doctrine de l'entreprise. Sortir de la crise du financialisme*, 2011.

de BEAUFORT V., MASSON A. (dir.), *Lobbying et procès orchestrés*, 2011.

BOUTHINON-DUMAS H., MASSON A. (dir.), *Stratégies juridiques des acteurs économiques*, 2012.

KARILA-VAILLANT C. (dir.), *Organisation et management de la fonction juridique en entreprise*, 2012.

CHAMPAUD C. (dir.), *L'entreprise dans la société du 21e siècle*, 2013.

MASSON A. (dir.), BOUTHINON-DUMAS H., de BEAUFORT V. et JENNY Fr. , *Stratégies d'instrumentalisation juridique et concurrence*, 2013.

de BEAUFORT V., HACQUE-COSSON Fr. (dir.), *Lobbying : cadre, outils et stratégies*, 2015.

VARNAV M., *Gestion des risques juridiques bancaires*, 2015.

BOUTHINON-DUMAS H., PIGNARD-CHEYNEL N., KARILA-VAILLANT Ch. et MASSON A. (dir.), *Communication juridique et judiciaire*, 2015.

MASSON A. (coord.), *L'innovation juridique et judiciaire. Méthodologie et perspectives*, 2018.

QUIQUEREZ A. (coord.), *Stratégies internationales et propriété intellectuelle*, 2019.

de BEAUFORT V., *Du lobbying au E-lobbying*, 2019.

QUIQUEREZ A., RHATTAT R., *Droit des start-up et de l'innovation. Approche pratique du droit des affaires*, 2021.

HENRY de FRAHAN A., *La gestion des cabinets d'avocats*, 2022.

LE DROIT COMME FACTEUR D'ATTRACTIVITÉ

L'exemple de la Place juridique de Paris-Île de France

Paris-Île de France Capitale Économique

Préfaces de Noëlle Lenoir et de Chloë Voisin-Bormuth

Directeurs de publication :
Chloë Voisin-Bormuth (DG Paris-Île de France Capitale Économique) ;
Alexandre Missoffe (Paris-Île de France Capitale Économique) ;
Noëlle Lenoir (Présidente du groupe de travail Paris-Île de France Capitale Économique consacré à la place juridique de Paris).

Chargés de projet Paris-Île de France Capitale Économique :
Tristan Boursico ;
Christophe Scheidhauer.

Droit, Management & Stratégies

LARCIER

FSC
www.fsc.org
MIX
Paper from
responsible sources
FSC® C008551

Pour toute information sur nos fonds et nos nouveautés dans votre domaine
de spécialisation, consultez nos sites web via www.larcier.com.

Imprimé en Belgique

ISSN : 2294-5458

Dépôt légal 2022/0031/290

ISBN : 978-2-8079-3374-3

Remerciements

Paris-Île de France Capitale Économique remercie les personnalités suivantes pour les entretiens qu'elles ont accordés : Yaël BRAUN-PIVET, présidente de l'Assemblée nationale ; Nicola BONUCCI, avocat associé, Paul Hastings; Isabelle BOURHIS, déléguée ministérielle à la Relation Éducation-Économie ; Olivier CHADUTEAU, Managing and Founding Partner, Day One ; Thomas SAINT-AUBIN, Of Counsel, Publica-Avocats ; Marie-Charlotte DREUX, conseillère chargée de la prospective et de l'attractivité du droit au cabinet de la garde des Sceaux, ministre de la Justice ; Benoît DE JUVIGNY, Secrétaire général de l'AMF ; Anne MARÉCHAL, directrice des Affaires juridiques, Autorité des marchés financiers (AMF) ; Stéphanie CABOSSIORAS, directrice juridique Binance France, magistrat à la Cour des comptes ; Marie-Aimée PEYRON, Bâtonnier sortant de Paris, avocate associée, Peyron-Avocats ; Valence BORGIA, avocate aux barreaux de Paris et de New York ; Pierre SIMON, président d'honneur de Paris-Île de France Capitale Économique ; Philippe VARIN, président du Comité national de la Chambre de Commerce Internationale (ICC France) et Vice-Président de la Chambre de Commerce Internationale (ICC international).

Abréviations

AARPI	Association d'avocats à responsabilité professionnelle limitée
ABE	Autorité bancaire européenne (anglais : EBA)
ACPR	Autorité de contrôle prudentiel et de résolution (Banque de France)
AELE	Association européenne de libre-échange
AEMF	Autorité européenne des marchés financiers (anglais : ESMA)
AFA	Agence française anticorruption
AFJE	Association française des juristes d'entreprise
AFNOR	Association française de normalisation
AMF	Autorité des marchés financiers
art.	article
ASE	Agence spatiale européenne (anglais : ESA)
BIE	Bureau international des expositions
BIM	Building Information Modeling
BIPM	Bureau international des poids et mesures
C. civ.	Code civil
C. com.	Code de commerce
C. cons.	Code de la consommation
C. env.	Code de l'environnement
C. mon. fin.	Code monétaire et financier
C. proc. civ.	Code de procédure civile
C. proc. pén.	Code de procédure pénale
C. trav.	Code du travail
CA	Cour d'appel
CAIP	Chambre arbitrale internationale de Paris
Cass. (2e civ.)	deuxième chambre civile de la Cour de cassation [Décision de]
Cass. (civ.)	chambre civile, Cour de cassation [Décision de]

Cass. (com.)	chambre commerciale, Cour de cassation [Décision de]
Cass. (crim.)	Cour de cassation, Commission de révision des condamnations pénales
Cass.	Cour de cassation [Décision de]
C. const.	Conseil constitutionnel
CCI	Chambre de commerce internationale (anglais : ICC)
CCI-CAP	Chambre commerciale internationale de la Cour d'appel de Paris
C.E. (ass.)	Assemblée plénière du Conseil d'État [Arrêt de]
CE	Conseil d'État [Arrêt du]
CEAC	Conférence européenne de l'aviation civile
CEDH	Cour (et Convention) européenne des droits de l'homme
CEE	Communauté économique européenne
CEPEJ	Commission européenne pour l'efficacité de la justice
CIRDI	Centre international pour le règlement des différends relatifs aux investissements (anglais : ICSID)
CJA	Code de justice administrative
CJIP	Convention judiciaire d'Intérêt public
CJUE	Cour de justice de l'Union européenne
CLLS	City of London Law Society
CMAP	Centre de médiation et d'arbitrage de Paris
CNB	Conseil national des barreaux
CNIL	Commission nationale de l'informatique et des libertés
CNPF	Conseil national du patronat français
CRPC	comparution sur reconnaissance préalable de culpabilité
CSP	Code de la santé publique
DACG	Direction des Affaires criminelles et des Grâces
DOJ	Department of Justice
DPA	Deferred Prosecution Agreements
e. g.	*exempli gratia*, par exemple
EBA	European Banking Authority (français : ABE)
ESA	European Spatial Agency (français : ASE)
ESMA	European Securities and Markets Authority (français : AEMF)
EUISS	European Union Institute for Security Studies

FATP	Financial Action Task Force (français : GAFI)
FCA	Finance Conduct Authority
FCPA	Foreign Corrupt Practices Act
FIDIC	Fédération internationale des ingénieurs-conseils
FNUJA	Fédération nationale des unions des jeunes avocats
GAFI	Groupe d'action financière (anglais : FATP)
GIEC	Groupe d'experts intergouvernemental sur l'évolution du climat
HCJP	Haut Comité juridique de la place financière de Paris
ICC	International Chamber of Commerce (français : CCI)
ICSID	International Centre for Settlement of Investment Disputes (français : CIRDI)
IHEJ	Institut des hautes études sur la justice
INPI	Institut national de la propriété industrielle
ISDA	International Swaps and Derivatives Association
JIVAT	Juge d'indemnisation des victimes d'attentats terroristes
JUB	Juridiction unifiée du brevet
L	loi
LLP	Limited Liability Partnership
MARD	Méthodes alternatives de règlement des différends
MEDEF	Mouvement des entreprises de France
NLP	Natural Language Processing
OCDE	Organisation de coopération et de développement économiques (anglais : OECD)
OEB	Office européen des brevets
OECD	Organisation for Economic Co-operation and Development
OHADA	Organisation pour l'harmonisation en Afrique du droit des affaires
OIT	Organisation internationale du travail
OMC	Organisation mondiale du commerce
ONU	Organisation des Nations Unies (ONU)
PNF	Parquet national financier
QPC	Question prioritaire de constitutionnalité
SEC	Securities and Exchange Commission
SFO	Serious Fraud Office

TUE	Traité sur l'Union européenne
UE	Union européenne
UNESCO	United Nations Educational, Scientific and Cultural Organization ou Organisation des Nations Unies pour l'éducation, la science et la culture
UNITAR	United Nations Institute for Training and Research / Institut des Nations Unies pour la formation et la recherche

Sommaire

Le droit des affaires et la place juridique de Paris à l'aune de la mondialisation

Noëlle Lenoir

Avocate au barreau de Paris
Ancienne ministre
Ancien membre du Conseil constitutionnel
Présidente du groupe de travail de Paris-Île de France Capitale Économique consacré à la place juridique de Paris

« La justice sans la force est impuissante ; la force sans la justice est tyrannique. Il faut donc mettre ensemble la justice et la force ; et pour cela faire que ce qui est juste soit fort, ou que ce qui est fort soit juste ». Cette observation de Blaise Pascal faite au XVIIe siècle est plus que jamais pertinente.

Dans un monde globalisé, la crédibilité d'un pays repose notamment sur celle de son système juridique

Un système juridique ne remplit son office que s'il bénéficie auprès des justiciables – individus, associations ou entreprises – d'une crédibilité suffisante en termes d'impartialité, d'équité, de rapidité et d'effectivité.

C'est à ces conditions qu'un système juridique, ses règles et sa jurisprudence peuvent s'imposer dans le monde comme véritable vecteur d'influence. Ce n'est pas un hasard si l'École de Guerre économique voit dans le droit économique « une des armes de l'affrontement industriel et commercial global et actuel, notamment dans sa dimension ayant trait à l'intelligence économique ».

Avant tout, le droit renvoie à des valeurs qui sont celles de l'État de droit. Il n'y a pas d'État démocratique sans liberté individuelle (pour autant qu'elle ne nuise pas à autrui pour respecter l'article 4 de la Déclaration des droits de l'homme et du citoyen de 1789) et sans possibilité de recours devant une instance judiciaire pour défendre ses intérêts lésés.

Ensuite, le droit définit un mode d'organisation sociale. Il permet à une société dans laquelle s'expriment des courants de pensées et d'opinions divers de vivre en paix dans le respect mutuel de chacun. En ce sens, il est la condition du « vivre ensemble » pour reprendre une expression de la jurisprudence de la Cour européenne des droits de l'homme. En plaçant la justice au centre, il est l'antidote de la loi de la jungle.

Le droit offre enfin le seul mode de résolution des litiges véritablement légitime dans une société démocratique. La croissance exponentielle des litiges entre sociétés commerciales et la multiplication des poursuites dont font l'objet certaines d'entre elles soulignent, s'il en était besoin, la nécessité absolue pour un État de disposer de mécanismes de résolution des conflits fiables, et reconnus comme tels, en même temps que suffisamment flexibles pour s'adapter à la diversité des situations et des attentes des justiciables, en l'occurrence, les entreprises.

Où en est la place juridique du site de Paris Île-de-France ?

Le présent ouvrage est à cet égard l'occasion de poser des questions essentielles : où en est la France, et en particulier le site de Paris Île-de-France, en tant que place juridique ? Est-elle digne d'attirer les acteurs économiques en quête d'une justice leur garantissant sécurité juridique et prise en compte équitable de leurs intérêts ? La place juridique de Paris Île-de-France remplit-elle les critères d'un service public répondant aux meilleurs standards internationaux ? Le droit français a-t-il encore la capacité d'inspirer des systèmes étrangers ?

Le temps n'est plus où les codes napoléoniens servaient de modèles privilégiés à des gouvernements étrangers soucieux de moderniser leur droit et leur économie. Au XIXe siècle nombreux étaient ceux qui voulaient s'inspirer du droit français. Au-delà des pays européens qui avaient adopté une codification à la française, d'autres pays comme la Turquie, l'Égypte, le Japon ou même la Chine avaient pris pour modèle le droit français. Je me souviens de ma visite à Tokyo à la Cour constitutionnelle en 1995. Au milieu du hall de l'entrée solennelle du bâtiment de la Cour, on pouvait voir le buste du professeur français, Gustave Boissonnade, qui avait été chargé par l'État japonais de transposer dans le droit national nos codes civil et de procédure pénale. Plus près de nous, le professeur Henri Capitant demeure pour les plus grands juristes japonais une référence universelle comme me l'avait expliqué l'un de ses disciples, le professeur Yoichi Higuchi. Peu d'entre nous se souviennent par ailleurs du professeur Jean Escarrat qui a pourtant pris une grande part dans l'élaboration du droit chinois au début du XXe siècle, en tentant de combiner les sources d'inspiration française, allemande et japonaise.

Le droit français a perdu de son influence pour des raisons aussi politiques qu'économiques. Il a en outre perdu une part de sa sobriété légendaire, celle notamment du Code civil. Chacun connaît ce qui a été rapporté de Stendhal, à savoir que chaque matin il lisait deux ou trois pages du Code civil pour améliorer son style et le rendre plus « naturel ». Si les écrivains français ne lisent plus chaque jour le Code civil, les juristes français qui pratiquent le droit étranger savent cependant que notre droit est encore souvent plus simple et plus lisible que nombre de législations étrangères.

Gardons-nous donc de tout pessimisme. Notre droit a de forts atouts qui ne sont seulement pas assez mis en avant (ce serait le cas si la France se décidait à mettre en place une véritable politique d'accueil des étudiants et professeurs étrangers, comme aux États-Unis et au Royaume-Uni). Au surplus, la France, pays qui a foi dans le droit international, continue d'exercer son influence intellectuelle dans la négociation et la rédaction des traités dans les enceintes internationales.

Enfin, comme l'attestent amplement les contributions des auteurs de cet ouvrage, notre système offre aux justiciables un éventail de choix le plus complet possible pour la résolution des litiges – arbitrage, médiation, transaction, contentieux – tout en garantissant un niveau de compétence et de technicité comparable à celui des autres grandes places juridiques.

Si le droit de la *common law* a gagné énormément de terrain dans les relations commerciales internationales, le droit français me paraît loin d'être marginalisé. Il s'est européanisé du fait de l'emprise croissante du droit de l'Union en matière économique et financière. Il s'est adapté aux nouveaux défis que sont par exemple les nouvelles technologies et la lutte contre le changement climatique. Dans le même temps, les professions juridiques et judiciaires se sont familiarisées avec le droit international et le droit comparé. Comme en témoignent les travaux du professeur Basil Markesinis, mon maître en la matière, le droit comparé était une discipline autrefois totalement négligée en France, contrairement aux États-Unis et au Royaume-Uni où elle figure de longue date au programme des étudiants des universités. Cela n'est plus le cas. Sur la place juridique de Paris Île-de-France, les praticiens du droit des affaires utilisent couramment une palette d'instruments juridiques issus de droits étrangers et du droit international, en arbitrage bien évidemment, mais de plus en plus au contentieux. Il s'agit d'un véritable changement de paradigme.

Des clés pour renforcer l'attractivité de la place juridique de Paris Île-de-France

C'est dans ce contexte que s'inscrit l'initiative prise par le Paris-Île de France Capitale Économique dans la continuité de la présidence de Pierre Simon et de Xavier Lépine, tous deux conscients des enjeux économiques de l'attractivité de la place juridique de Paris Île-de-France.

Le présent ouvrage n'exprime pas une position de combat qui opposerait le droit continental à la *common law* dont il faudrait reconquérir des territoires. Transcendant les différences culturelles des deux systèmes, les auteurs retiennent une approche dynamique de valorisation de nos atouts et préconisent des voies d'amélioration pour remédier à nos faiblesses.

Ainsi Catherine Kessedjian nous fournit-elle les bonnes raisons de penser que, grâce notamment à la création de chambres internationales au tribunal de commerce et à la Cour d'appel de Paris, mais aussi sur le modèle des contrats-cadres de droit français en matière bancaire et financière, **il est parfaitement envisageable de promouvoir notre droit à travers d'autres modèles types de contrats internationaux.**

L'arbitrage en droit français, quant à lui, n'a pas connu de recul. Comme le montrent Maxime Desplats et Michael Ostrove, ce mode privilégié de résolution des différends commerciaux internationaux est l'une des images de marque de la place juridique de Paris. Ils n'en proposent pas moins des réformes tenant compte de la concurrence entre les différentes places d'arbitrage. Parmi d'autres propositions, ils ont raison de prôner **un renforcement de la sécurité juridique des sentences arbitrales.**

L'offre de justice en matière commerciale internationale s'est indéniablement enrichie par la création des chambres commerciales internationales du tribunal de commerce et de la cour d'appel de Paris, comme le souligne François Ancel. Elles contribuent ainsi à faire émerger un office du juge propre à cette matière. À partir de ce succès, il suggère de conforter cette expérience par la création d'une juridiction commerciale à compétence internationale.

De création également récente figure la Convention Judiciaire d'Intérêt Public (la **CJIP**) instituée en écho à la transaction pénale à l'américaine, la *deferred prosecution agreement* (DPA) dont beaucoup d'entreprises françaises ont fait l'amère expérience. Le Parquet national financier (PNF) chargé des enquêtes conduisant à une CJIP a acquis d'emblée du crédit au plan international. Des réformes seraient néanmoins appropriées. Arthur Dethomas propose ainsi opportunément de **mieux protéger les entreprises et leurs dirigeants qui s'engagent dans une totale et sincère coopération avec le PNF, dans le sens d'une meilleure justice.** Comme le suggère aussi Eric Russo, **la CJIP devrait dans ces conditions être étendue à des infractions économiques et financières autres que la corruption.**

L'une des preuves tangibles de l'ouverture de notre système judiciaire à l'international est le libéralisme des décisions en matière d'exequatur, comme le montre fort bien Étienne Pataut. Pour consolider la coopération judiciaire internationale, il appelle de ses vœux **la ratification de conventions internationales, dont celle qui permettrait de sécuriser, dans le commerce international, les clauses attributives de juridiction.**

Le contentieux des affaires en France n'a pas toujours la faveur des opérateurs économiques étrangers en raison de ses délais et de l'*imperium* du juge français parfois mal compris dans les pays anglo-saxons. Stéphane Noël nous décrit cependant **un Tribunal judiciaire de Paris qui a su très bien s'adapter aux contentieux des entreprises par une spécialisation accrue et ainsi une montée en compétences.** Il mentionne le lien entre droit civil et performance nationale exprimant ainsi les préoccupations du chef de juridiction quant à la qualité du service public de la justice et à l'attractivité de notre système judiciaire.

Pour répondre à la critique sur les délais judiciaires, la proposition de **généraliser la fixation d'un calendrier de procédure** est d'autant plus intéressante que cette procédure concertée entre les parties est bien comprise par les justiciables des pays de *common law* où le rôle des parties au stade de l'instruction est primordiale. La procédure de collecte des preuves au contentieux est, elle, nettement à l'avantage du système français. En effet, le *discovery* ou le *pre-trial discovery* américain au titre duquel un plaignant peut réclamer à celui qu'il attaque des millions de documents plus ou moins en rapport avec le litige sont une source de retard et de coûts considérables. Comme l'explique parfaitement Jean-Yves Garaud, c'est un moyen de pression sur le défendeur qui se résout à transiger, même si la plainte est mal fondée. Ainsi aux États-Unis, 3 % des affaires atteignent le stade du *trial*, contre 75 % en France. La proposition que je fais avec Jean-Yves Garaud de **limiter les abus du *discovery*** devrait recueillir un assentiment au-delà de l'hexagone si l'on en juge par les critiques émises à l'encontre de cette procédure même aux États-Unis.

Pour ce qui est du droit au recours, il est difficile de trouver un pays comme la France où l'intérêt à agir est aussi largement reconnu. Les associations, depuis le XIXe siècle, se sont vu ouvrir l'accès au prétoire pour exercer l'action civile au pénal. Les conditions mises par la jurisprudence à la recevabilité de leur recours devant le juge civil comme pénal sont peu exigeantes. Cette particularité française n'est pas étrangère à la multiplication des contentieux diligentés par des ONG sur le modèle de l'activisme judiciaire à l'américaine. Dans ce contexte, à propos des procès climatiques, Jacques Bouyssou suggère de **fixer à ces associations des obligations de transparence.** Il invite par ailleurs à **valoriser l'expertise en encourageant l'audition des experts dont les conclusions en effet ont une influence capitale sur les décisions de justice.**

L'accès au prétoire est désormais plus largement ouvert grâce à la reconnaissance des actions collectives et c'est une bonne chose. Le contentieux doit permettre aux individus qui ne pourraient agir isolément de faire valoir leurs droits et de défendre leurs intérêts face à des entreprises peu scrupuleuses. Si les actions collectives sont maintenant régies par le droit de l'Union, Maria José Azar-Baud et Duncan Fairgrieve signalent opportunément **l'impératif d'une simplification et d'une harmonisation de ces procédures.**

Pierre Steinmetz nous apporte un éclairage précieux sur les conséquences de l'explosion des actions en justice contre l'État. Il déplore la pénalisation croissante de l'action des pouvoirs publics et la surenchère à laquelle on assiste entre le législateur et la jurisprudence sous la pression de l'opinion et des lobbys. Destiné à éviter en cas d'urgence l'application d'une décision administrative portant une atteinte grave et manifeste à une liberté, **le référé liberté devant le juge administratif devient facilement une arme politique ou médiatique. La proposition de préciser ses conditions de mise en œuvre pour éviter certains dévoiements ne peut que contribuer à l'attractivité de la France.**

Parmi les domaines du droit qui peuvent rivaliser avec les droits étrangers, figure le **droit de la construction**. Juliette Mel en vante les qualités intrinsèques et plaide pour qu'il **soit davantage connu à l'étranger et promu notamment dans les contrats internationaux.**

Dans un tout autre ordre d'idées, Gwenola Joy-Coz se félicite que, à travers la protection des lanceurs d'alerte et l'action des ONG, **la question du respect des droits humains par les entreprises qui opèrent dans plusieurs parties du monde soit de plus en plus souvent posée devant les juridictions françaises.** La France, selon elle, est aux avant-postes de cette évolution contentieuse. Le soin que l'institution judiciaire doit porter à ces contentieux est d'autant plus grand que les décisions de justice rendues en France en ce domaine sont suivies avec attention en Europe et dans le reste du monde.

Évoquer la place juridique de Paris Île-de-France, c'est évoquer les juges qui y officient. Francis Delperée compare le droit à une partition de musique et les juges nationaux et européens à des instrumentistes. Il appelle au **renforcement du dialogue entre juges nationaux et avec la Cour de justice de l'Union européenne**, un but essentiel, même s'il est difficile à atteindre.

Alors que les entreprises sont amenées à recourir à des prestataires en tous genres qui leur fournissent expertises et conseils, Philippe Delebecque passe en revue d'une manière limpide, **les obligations du devoir de conseil et les responsabilités qui en découlent.** Il mentionne les atouts de notre système par rapport à la *common law*, dont par exemple **la possibilité pour les victimes de se tourner directement contre l'assureur de responsabilité.** Cette sérieuse protection, selon son expression, mériterait d'être mieux connue.

Quant à Pierre Charreton, il évoque avec une irritation compréhensible et largement partagée, l'interminable saga de la protection de la confidentialité des avis des juristes d'entreprises. Contrairement aux autres pays européens, en France le privilège légal est accordé uniquement aux avocats dans leurs communications avec leurs clients. **Il est temps de mettre fin à cette exception française. Il est temps d'étendre le privilège légal aux juristes d'entreprise, au premier rang desquels les directeurs juridiques.** Les pouvoirs publics doivent cesser de promettre comme ils le font depuis des décennies. Il faut trancher dans l'intérêt de la protection de notre potentiel économique. Ainsi évitera-t-on de voir des entreprises délocaliser leurs directions juridiques et leurs contentieux pour ce motif.

Il est enfin également grand temps d'**adopter un code européen des affaires.** Au fil des années, l'idée a progressé grâce notamment à l'action de Philippe Dupichot qui a su porter ce dossier en franco-allemand. Un tel code ne serait pas seulement un outil commode pour les sujets de droit que sont les entreprises européennes confrontées à des contraintes juridiques de plus en plus lourdes et à des règles souvent obscures. Il aurait aussi pour vertu de permettre de faire œuvre créatrice là où l'Union européenne manque d'instruments contractuels communs (comme des prêts ou hypothèques européens) pour répondre aux attentes de nos entreprises.

Les auteurs de l'ouvrage n'ont pas tous la même vision des problèmes et des solutions à apporter. Chacun s'est exprimé comme il l'entendait en fonction de ses responsabilités, de son expérience et de ses compétences avec toute la légitimité qui s'attache à celles-ci.

Ce livre est cependant une œuvre commune en ce sens que le but des auteurs est le même : contribuer aux progrès du droit des affaires et de la justice économique dans un pays dont la vocation internationale et l'ancrage européen ne se sont jamais démentis.

Nos propositions pour renforcer la place juridique de Paris

Chloë Voisin-Bormuth

Directrice Générale de Paris-Île de France Capitale Économique
Ancienne Élève de l'École Normale Supérieure, Ulm
Docteur en géographie et urbanisme, Université de Lyon
Dr Phil in Soziologie, Technische Universität Dresden

Paris-Île de France Capitale Économique est une association qui relie investisseurs, entreprises et pouvoirs publics dans le Grand Paris afin de valoriser et exporter le savoir-faire français

Paris-Île de France Capitale Économique est une association d'entreprises d'envergure internationale soutenue par la CCI Île-de-France et la Métropole du Grand Paris pour promouvoir l'attractivité du Grand Paris auprès des investisseurs étrangers, identifier les facteurs d'attractivité de demain et porter des propositions concrètes auprès de décideurs politiques et économiques au plus haut niveau. L'un de ces facteurs d'attractivité est à n'en pas douter le droit et l'efficacité du système juridique. Le droit est en effet au cœur de l'activité économique, à la fois comme son pilier en permettant d'établir la confiance entre les différents agents, mais aussi stratégiquement, en permettant aux acteurs économiques d'être plus compétitifs. Dans une économie mondialisée qui leur laisse un large choix quant à leur lieu d'implantation ou quant à la loi applicable aux contrats internationaux, les entreprises sont particulièrement attentives aux cadres juridique et normatif qui leur sont offerts, à leur caractère favorable, mais aussi à leur stabilité, à leur prévisibilité et à leur efficacité. De ce fait, les différents systèmes de droit sont mis en concurrence à l'échelle internationale et sont évalués à l'aune de leur capacité à répondre aux enjeux et aux attentes des acteurs économiques.

Dans ce contexte, le concept de place juridique prend tout son sens, et celui-ci est double : la place juridique est l'espace du débat qui permet l'élaboration des règles ; mais c'est aussi l'espace physique riche de son écosystème d'acteurs, d'institutions et d'infrastructures qui permet l'exercice de ce droit et de l'activité économique. C'est cette double approche qui rend cet ouvrage si passionnant. Il s'ouvre sur une étude originale des professeurs Hughes Bouthinon-Dumas et Bruno Deffains qui analysent finement ce et ceux qui composent la place juridique de Paris et la manière dont leur pratique contribue à l'attractivité de la place parisienne. Ils parviennent ainsi sur ces critères à établir un tout premier classement mondial des places juridiques. Cet ouvrage se poursuit par un ensemble de contributions réunies par Noëlle Lenoir auprès des meilleurs spécialistes et praticiens dans leur domaine. Ceux-ci identifient les facteurs différenciants de la tradition civiliste française et analysent ses évolutions récentes ou nécessaires pour répondre aux nouveaux enjeux des entreprises. Puisant dans leur expérience de praticiens du droit, leurs contributions, résolument tournées vers l'action, ne se contentent pas de pointer les risques et les opportunités. Elles servent de socle pour formuler des propositions pour renforcer la compétitivité du droit français en France et à l'international.

Ces deux approches du même sujet, si elles sont très intéressantes indépendamment l'une de l'autre, deviennent particulièrement éclairantes mises ensemble dans un même ouvrage dans lequel elles se complètent. Paris se révèle ainsi une place juridique complète : lieu de l'élaboration de la loi, Paris est une synecdoque pour l'efficacité du droit français ; lieu de concentration du système juridique et des activités liées au droit et siège des plus hautes instances juridiques et économiques et des plus grandes entreprises françaises et étrangères, Paris s'affirme comme une des places juridiques les plus complètes au monde, au même titre que Londres parmi les places financières.

L'objectif de cet ouvrage collectif est de proposer des mesures concrètes pour renforcer l'attractivité internationale de la place juridique de Paris en analysant la demande des acteurs économiques et l'offre des acteurs juridiques de Paris et en identifiant les secteurs les plus fructueux et le plus susceptibles d'apporter du rayonnement à la place. Il s'agit donc d'une œuvre de long terme, même si certaines propositions pourraient être d'application très rapide, avec des effets importants. D'autres propositions en revanche n'ont de sens qu'en tant qu'elles contribuent à structurer la place, à la positionner plus favorablement face à la concurrence internationale et à lui faire prendre conscience de ses forces et des opportunités à saisir.

Cet ouvrage unique et original parvient à s'adresser autant à des spécialistes qu'à un plus large public grâce à ses textes particulièrement clairs et accessibles. Il saura, sans nul doute possible, alimenter utilement le débat public sur les évolutions nécessaires du droit français et de la place juridique de Paris dans un contexte de constante évolution. Il saura enfin servir à faire mieux connaître internationalement les avantages de notre système juridique et de nos chambres internationales ainsi que la force des acteurs qui font la place juridique de Paris.

Vingt propositions au service de l'attractivité du Grand Paris, place de droit en Europe et dans le monde

A. CONTRATS INTERNATIONAUX

1. Promouvoir la rédaction de contrats-cadres en droit français sur le modèle du contrat de la Fédération bancaire française (FBF) ou de l'*International Swaps and Derivatives Association* (ISDA) dans des domaines autres que le domaine financier

B. ARBITRAGE

2. Publier les sentences arbitrales en matière commerciale de manière à mieux valoriser le rôle de la place de Paris, sauf opposition des parties
3. Sécuriser les sentences arbitrales en encadrant la recevabilité des recours tendant à leur annulation contentieuse

C. MÉDIATION

4. Œuvrer pour la ratification par l'Union européenne de la Convention de Singapour en matière de médiation

D. TRANSACTION PÉNALE

5. Étendre le champ de la Convention judiciaire d'intérêt public (CJIP) à d'autres infractions économiques et financières que la corruption ou le trafic d'influence
6. Donner des garanties procédurales aux entreprises qui s'engagent dans une démarche de pleine coopération avec le Parquet national financier (PNF) afin d'aboutir à une CJIP
7. Limiter la possibilité de poursuites pénales ou civiles à l'encontre des personnes physiques en cas de CJIP, lorsqu'il n'y a pas eu d'enrichissement personnel

E. CONTENTIEUX

8. Prévoir systématiquement un calendrier de procédure et rendre l'amende civile pour manœuvres dilatoires dissuasive

9. Uniformiser aux niveaux de la France et de l'Union européenne les règles relatives à l'action civile des associations et leur fixer des exigences de transparence financière et de gouvernance
10. Encadrer le référé-liberté pour éviter tout blocage abusif de l'action des pouvoirs publics

F. **LITIGES INTERNATIONAUX ET TRANSMISSION DES PREUVES**

11. Renforcer l'appui aux entreprises confrontées à des demandes de *discovery* ou de *pre-trial discovery*
12. Appliquer les sanctions de la loi Preuves du 26 juillet 1968 modifiée (dite improprement de blocage) en cas de transmission d'informations portant sur des enjeux de souveraineté
13. Permettre au juge de subordonner la transmission des preuves à l'étranger au paiement par le demandeur de tout ou partie des frais exposés par la collecte et le transfert de ces preuves

G. **JURIDICTIONS**

14. Prévoir une possibilité de taxation des justiciables dans le cadre des contentieux commerciaux en fonction des enjeux en cause
15. Promouvoir la justice économique en valorisant notamment les chambres commerciales du tribunal de commerce et de la Cour d'appel de Paris

H. **EXPERTISE**

16. Promouvoir la valorisation de l'expertise au contentieux

I. **PROFESSIONS JURIDIQUES ET JUDICIAIRES**

17. Reconnaître – enfin et à l'instar des autres pays européens – un privilège légal sur les avis des juristes d'entreprise
18. Instituer un diplôme de l'ENM (École Nationale de la Magistrature) pour les magistrats à titre étranger

J. **MINISTÈRE DE LA JUSTICE**

19. Créer une Direction du Droit économique distincte de la Direction des Affaires civiles et du Sceau

K. **DROIT DES AFFAIRES DE L'UNION**

20. Promouvoir l'adoption rapide d'un Code européen des affaires

PARTIE I

LE POSITIONNEMENT DE LA PLACE JURIDIQUE DE PARIS : ANALYSE DES DYNAMIQUES ET DES STRUCTURES

La place juridique de Paris : un écosystème dynamique dans la concurrence internationale

Hugues Bouthinon-Dumas

Professeur à l'ESSEC Business School et magistrat à titre temporaire (MTT) au tribunal judiciaire de Nanterre

Bruno Deffains

Professeur à l'Université Panthéon-Assas Membre honoraire de l'Institut universitaire de France et Of counsel, *De Gaulle, Fleurance & Associés*

Dans les années 1960, Michel Debré formait le vœu que Paris devienne une grande place juridique à rayonnement international alors que Londres deviendrait une place financière internationale. Plus d'un demi-siècle plus tard, Londres est incontestablement devenue la plus grande place financière du monde, mais la capitale britannique est aussi une place juridique internationale de tout premier plan, que le Brexit ne semble d'ailleurs pas remettre en cause pour le moment. Qu'en est-il de la pratique du droit dans le Grand Paris ? *Paris est-il aujourd'hui une grande place juridique ?* C'est à cette question que le présent chapitre ambitionne de répondre.

Depuis quelques années, *les ambitions de Paris en tant que pôle majeur de la pratique du droit* sont de plus en plus fréquemment affirmées, tant par les pouvoirs publics que par les acteurs de la place[1] qui ont multiplié les forums

1. Voy. not. la création de l'association « Paris place de droit », l'organisation des « Nuits du droit » par le Conseil constitutionnel et des « Grenelle du droit », la création du think tank « Le Club des juristes », la mise en place du Haut Comité juridique de la place financière de Paris.

destinés à promouvoir l'industrie du droit française et parisienne en particulier[2]. La création d'une chambre internationale au tribunal de commerce de Paris et à la Cour d'appel de Paris, susceptibles de connaître des litiges en langue anglaise, est sans doute la concrétisation la plus remarquable de cette nouvelle politique. La question reste de savoir si cette ambition collective proclamée est conforme à la réalité. En effet, il ne suffit pas de dire que Paris est une grande place juridique pour qu'il le soit, même si l'affirmation peut certainement être vue comme une première étape dans la mise en ordre de marche des acteurs concernés, par-delà leurs divisions, voire, parfois, leurs rivalités.

Plusieurs questions se posent plus spécifiquement : qu'est-ce qui caractérise la place juridique ? Qu'est-ce qui est au cœur de la place juridique ? Est-ce que l'industrie du droit se déploie de telle manière que l'on soit fondé à parler d'une « place juridique » ? Et ensuite, si elle existe bien, comment est-ce que la « place juridique de Paris » se situe par rapport aux autres villes qui peuvent aussi prétendre au statut de place juridique internationale ?

Nous répondrons en quatre temps à ces questions, en indiquant tout d'abord quel est l'intérêt de raisonner spécifiquement en termes de « place juridique ». Puis nous soulignerons qu'une place juridique comme celle de Paris repose essentiellement sur un capital humain juridique qui est à la fois individuel et collectif. Ensuite, nous mettrons en évidence un phénomène spécifique de concentration de l'activité juridique française la plus éminente dans le Grand Paris. Enfin, nous proposerons des indicateurs permettant de situer la place de Paris dans la concurrence internationale[3].

Méthode et données. La présente étude a été réalisée par une équipe de l'ESSEC Business School et du Centre de recherche en économie et droit (CRED) de l'Université Paris 2 Panthéon-Assas avec le soutien de Paris-Île de France Capitale Économique[4]. La compréhension de la structure de la place juridique est principalement fondée sur des entretiens semi-directifs menés avec une trentaine d'acteurs de la place juridique de Paris (avocats exerçant dans des structures très variées, notaires, experts, magistrats, directeurs juridiques, etc.) afin d'identifier les interactions sur lesquelles repose l'activité juridique dans ses différentes composantes. Les données sur la répartition dans l'espace mondial des acteurs et activités juridiques sont issues de sources publiques

2. Certaines capitales régionales, comme Lille, Lyon ou Bordeaux, cherchent activement à promouvoir leur place juridique, notamment à travers des incubateurs régionaux de *legaltech*. Toutefois, il existe une grande différence d'échelle entre ces places juridiques régionales et la place juridique de Paris qui est la seule en France à prétendre au statut de place juridique à rayonnement international.

3. L'objectif de cette étude est ainsi de proposer des éléments descriptifs et des ordres de grandeur pour analyser la place juridique de Paris et estimer ce qu'elle représente, à la fois par rapport à la pratique du droit en France et dans le contexte de la concurrence internationale.

4. Nous remercions Priscille Serpentié, Vavoro Teriierooterai, Hélène Daccord, Cyrille Bricout, Oussama Jramy et Éléonore Lavergne qui ont participé à la préparation de cette étude, ainsi que les collègues et les professionnels qui ont accepté de répondre à nos questions dans le cadre de cette recherche.

ou ont été sollicitées auprès des organismes représentatifs des professions en France et à l'étranger. Des analyses complémentaires ont été réalisées sur des sujets particuliers et les principaux enseignements seront présentés dans des encadrés.

I. La notion spécifique de place juridique internationale

La connaissance du poids de la place juridique de Paris et de ses rapports avec son environnement est nécessaire pour définir une politique efficace de promotion de la place.

La place juridique est un enjeu clé pour le développement économique francilien et français, dans la mesure où la place juridique représente en elle-même un secteur économique non négligeable[5] et où elle a des effets d'entraînement sur les activités économiques qui lui sont liées. En outre, l'existence d'une pratique juridique de haut niveau conditionne l'épanouissement de secteurs économiques qui reposent de façon privilégiée sur des actifs juridiquement protégés : industrie du luxe, de la mode, industries culturelles, industrie automobile, industrie aéronautique, et des organisations intensives en savoir-faire juridique : distribution, collaborations privé-public, *private equity*, financement de projets complexes, assurance, gestion d'actifs... La place juridique entretient ainsi des liens privilégiés avec d'autres secteurs qui sont des points forts de l'économie française. D'une façon plus générale, la qualité du droit et des institutions de règlement des litiges, la fiabilité des professionnels qui le pratiquent et la sécurité juridique[6] sont des facteurs qui alimentent la confiance sans laquelle la vie des affaires ne peut se développer. La place juridique occupe une place centrale dans une économie de services moderne.

Il convient de souligner que la réflexion sur la place juridique et son rayonnement prolonge et complète des courants de recherche qui se sont tout d'abord intéressés aux performances économiques relatives des systèmes juridiques[7], à l'attractivité des droits[8], à l'industrie du droit, aux facteurs juridiques dans la performance des entreprises[9] et au marché du droit[10]. Si la notion de

5. B. Deffains, *Le poids économique des professions juridiques*, Rapport AFJE & Cercle Montesquieu, mars 2021.
6. B. Deffains et M. Séjean, *L'Index de la sécurité juridique ISJ*, Paris, Dalloz, 2018.
7. Travaux Law & Finance, études sous l'égide de la Banque mondiale et de l'OCDE notamment, ainsi que les travaux académiques qui ont poursuivi ou critiqué la démarche de classement des systèmes juridiques à l'aune de critères économiques.
8. B. Deffains et O. Musy, « Droit et finance : quel bilan de la théorie des origines légales ? », *Revue d'économie financière*, 2018/1 (n° 129), pp. 237-260.
9. H. Bouthinon-Dumas et A. Masson, « L'approche "Law & Management" », *RTD com.*, mars 2011, pp. 233-254. Le courant Law & Management souligne que la performance économique du droit ne tient pas seulement à la qualité des règles, mais aussi et peut-être surtout à la virtuosité de ceux et celles qui conçoivent et utilisent les instruments juridiques.
10. G. Canivet, « Les marchés du droit. Rapport introductif », *RIDE*, 2017, n° 4, pp. 9-33.

place juridique entretient évidemment des liens avec celles de compétitivité du droit, de dynamique du marché du droit ou de juridiction favorable aux affaires, elle est toutefois plus spécifique, dans la mesure où elle ajoute la dimension géographique et envisage la question de la rivalité juridique internationale en termes d'activité économique. Dans un contexte post-Brexit, un rapport daté de septembre 2021 pour le compte de Legal UK en partenariat avec Oxera illustre parfaitement l'importance des enjeux économiques liés à la concurrence juridique internationale. Oxera cherche à établir que les entreprises utilisant le droit anglais et passant par les professionnels de l'écosystème britannique des services juridiques bénéficieraient d'un avantage, grâce à des coûts de transaction plus faibles. Le droit anglais et particulièrement la pratique juridique londonienne contribueraient ainsi à la croissance du volume des transactions dans une économie. L'enjeu est clairement de mettre en avant « *The Value of the English Law* » pour reprendre l'intitulé de ce rapport[11].

Il est donc particulièrement utile de rappeler la spécificité de la notion de place juridique pour saisir pleinement l'impact économique du droit. **Le droit ne renvoie pas seulement à un corps de règles, mais aussi à des pratiques** qui sont le fait d'institutions et de professionnels. La concurrence entre les droits n'est donc pas seulement une concurrence entre des territoires (des « juridictions ») sur lesquels différents droits nationaux ou subnationaux (dans le cas des États fédéraux notamment) s'appliquent, mais aussi une concurrence entre des pratiques. Or ces pratiques se concentrent dans des lieux déterminés, à différentes échelles. De même que la majeure partie de l'activité juridique de proximité se déploie en réalité dans les villes qui accueillent les juridictions (tribunaux judiciaires, tribunaux administratifs, cours d'appel, cours administratives d'appel...)[12] et où exercent la grande majorité des professionnels du droit, de même, à l'échelle mondiale, l'activité juridique internationale se concentre dans quelques capitales ou pôles d'activité. Il est essentiel de tenir compte de ce phénomène de **polarisation de l'activité juridique et judiciaire** dans des « centres » ou dans des « places », pour saisir les enjeux économiques attachés à la localisation des acteurs et des institutions. La pratique du droit contemporain est un phénomène essentiellement urbain. La carte habituelle des systèmes juridiques répartis en fonction de leur appartenance à des familles juridiques (*common law*, droit civil, droit coutumier, etc.) donne une image qui peut être trompeuse. L'activité juridique ne se déploie pas dans l'espace de manière homogène ; elle se concentre autour de quelques points. Le monde juridique apparaît ainsi comme un monde « pointu » et non comme un monde « plat ». La question qui se pose est ainsi de savoir si Paris est un de ces sommets et quelle est sa taille par rapport aux autres places juridiques.

11. OXERA, *The Value of the English Law. Prepared for Legal UK*, octobre 2021, https://legaluk.org.
12. B. DEFFAINS et R. ESPINOSA, *Accès à la Justice en France : une approche en termes d'économie spatiale*, Note pour la Fondation pour le droit continental, décembre 2021.

Quelques remarques permettent de comprendre ce qu'apporte le raisonnement en termes de places juridiques par rapport aux réflexions antérieures en termes d'industrie du droit, de marché du droit ou d'espaces juridiques plus ou moins attractifs. Le poids économique d'une pratique juridique nationale ne dépend pas seulement du nombre de professionnels qui exercent dans un pays, mais aussi de la structure du marché et, notamment, de la concentration de ces professionnels. C'est en effet **la concentration qui permet une spécialisation et une division du travail juridique et ainsi le développement d'une expertise et d'une combinaison d'expertises.** Plus que la densification moyenne (l'augmentation du nombre de praticiens sur un territoire ou par rapport à une population donnée), c'est la concentration dans l'espace de l'activité qui permet à l'offre de services juridiques de changer de nature, en favorisant l'émergence d'un segment à très forte valeur ajoutée, qui agit dans une concurrence véritablement internationale avec des professionnels et des institutions localisés dans d'autres pays.

La contribution du droit à la croissance économique est un sujet au cœur des préoccupations des décideurs tant publics que privés. La capacité du droit à promouvoir la compétitivité des entreprises et, par là même, de l'ensemble de l'économie a fait l'objet de nombreux travaux. Ces derniers ont prioritairement porté sur le droit matériel et/ou processuel partant du constat que les normes juridiques exercent une influence sur les performances des organisations économiques, à commencer par celles des entreprises. Si le contenu du droit n'est pas neutre en matière économique, il en va de même de **la manière dont il est exercé.** La confection comme la mise en œuvre du droit sont portées par des femmes et des hommes qui exercent une activité de services.

La notion de « marché du droit » permet de saisir comment le développement de la pratique juridique est déterminé par la manière dont l'offre et la demande de services juridiques progressent et s'ajustent, par des mécanismes fondés sur les prix ou sur d'autres mécanismes d'ajustements (réputation, etc.) et qui, le cas échéant, peuvent être perturbés par des contraintes réglementaires (fragmentation des professions juridiques, barrières à l'entrée des différentes professions réglementées, tarifs réglementés ou régulation des honoraires, etc.)[13]. En revanche, la notion de « marché du droit » tend à occulter que la pratique du droit n'obéit pas seulement à une logique de marché. Une part essentielle des « services juridiques » au sens large du terme est en effet fournie par des institutions extérieures au marché comme les juridictions ou les institutions dotées d'un pouvoir normatif (Parlement, gouvernement, autorités de régulation, etc.). De plus, la place juridique ne comprend pas uniquement les entreprises (cabinets, études ou sociétés commerciales, notamment les

13. C. Chaserant et S. Harnay, « Rationalité et (dé-)réglementation de la profession d'avocat : une analyse de la concurrence sur le marché des services juridiques », *Revue économique*, n° 67, 2016, pp. 171-183.

legaltech) fournissant des services juridiques, mais aussi des acteurs tout à fait essentiels qui jouent un rôle en amont ou en aval de la fourniture des services juridiques proprement dits (comme les institutions de formation des juristes ou les agents en charge de l'application du droit). La notion de « place juridique » permet ainsi, mieux que celle de marché, de rendre compte de ce phénomène d'interdépendance caractérisant une filière et un écosystème[14].

Par contraste avec la notion de juridiction ou d'espace national ou régional sur lequel un corps de règles s'applique, la notion de place juridique permet également de tenir compte de l'indépendance, au moins partielle, entre la pratique et le droit applicable. La plupart des travaux sur l'attractivité du droit français ou sur la compétitivité relative des traditions juridiques ou sur la qualité de la réglementation dans différents pays reposent sur le postulat que ce qui fait la qualité économique d'un système juridique, ce sont les règles substantielles ou procédurales qui s'y appliquent, en vertu d'un critère territorial d'application du droit. Autrement dit, ce qui rend ou pourrait rendre le droit compétitif en France, c'est le droit français et plus généralement le droit applicable en France (qui inclut notamment le droit européen), ainsi que les institutions judiciaires et les règles de procédure sur lesquelles repose sa mise en œuvre. Or le droit pratiqué en France, au bénéfice d'acteurs économiques et sociaux français, mais aussi étrangers, ne se réduit pas au droit français. **La notion de place juridique invite en effet à se focaliser sur les pratiques et sur les praticiens plutôt que sur les normes.** Dans cette perspective, il apparaît qu'une partie du droit pratiquée à Paris n'est pas le droit français ou le droit européen, mais des droits étrangers (droit anglais, droit de l'État de New York, droit marocain, droit OHADA, etc.) ou des droits proprement internationaux (*lex mercatoria*, Convention sur la vente internationale de marchandises, etc.). Une partie des praticiens exerçant à Paris ne sont pas des praticiens français travaillant en langue française dans des structures françaises, mais des professionnels aux compétences juridiques et linguistiques plurielles appartenant souvent à des *global law firms* ou à des réseaux transnationaux. Ces praticiens et ces cabinets, qui sont d'ailleurs qualifiés d'« avocats internationaux » et de « cabinets internationaux » depuis longtemps, jouent un rôle majeur dans le développement de la place juridique de Paris, en particulier dans sa dimension internationale. En outre, une large part de la pratique juridique ne consiste pas seulement à appliquer le droit étatique (lois, jurisprudence, réglementations...), mais à donner naissance à des instruments juridiques originaux, sous la forme de contrats ou de réglementations privées. Cette remarque conduit à un changement de perspective : **le développement de la place juridique de Paris ne passe pas seulement par l'amélioration ou la promotion du droit français ou de la tradition civiliste, mais aussi par des dispositions qui permettent, voire**

14. *Cf.* sur la constitution de la filière des services juridiques et du droit : https://www.filierejuridique.org/.

encouragent une pratique du droit qui est relativement indépendante du droit français. L'espace de la liberté contractuelle, les effets reconnus aux réglementations privées, la possibilité d'utiliser une autre langue que le français dans la pratique contractuelle et dans le règlement des litiges, la reconnaissance internationale des sentences arbitrales et des décisions de justice et, bien sûr, les possibilités pour les parties de choisir le droit applicable à leurs affaires jouent un rôle essentiel, pour permettre le développement d'une pratique juridique *offshore*. Cette pratique juridique *offshore* concourt à alimenter les secteurs des services juridiques à très forte valeur ajoutée, comme l'arbitrage international ou le droit maritime. Les objectifs de la promotion de la place juridique de Paris et de la défense du droit français ne sont pas strictement confondus. Il peut même y avoir des tensions, par exemple, s'agissant de la question de savoir s'il faut favoriser l'usage du français ou s'il faut plus largement permettre ou encourager des parties à se référer à des standards juridiques internationaux qui ne seraient pas d'origine française ou continentale.

L'approche en termes de place juridique s'inscrit dans le prolongement des travaux d'historiens, comme F. Braudel, qui ont souligné que le capitalisme s'est incarné historiquement dans quelques lieux privilégiés (Venise, Florence, Anvers, Londres, New York...) et des travaux de géographie économique qui soulignent que la mondialisation tend à renforcer le rôle de quelques grands centres d'affaires hébergés dans des « villes-monde » à partir desquelles sont ordonnés et pilotés les flux de marchandises, de richesses, d'informations et d'idées. Ce phénomène est bien connu en ce qui concerne la finance qui fonctionne à partir de quelques places financières internationales qui concentrent les infrastructures (plateformes d'échanges, systèmes de règlement-livraison et de compensation), les grands acteurs (banques, assurances, fonds d'investissement) et les centres de décisions (sièges des multinationales) et qui sont interconnectés. Dans une large mesure, il est possible de faire une analogie entre la structuration de l'activité financière et la structuration de l'activité juridique.

Les rapports entre la place juridique et la place financière. On peut observer que la structure des places juridiques est semblable à celle des places financières. Il apparaît aussi que les grandes places financières sont souvent des grandes places juridiques (Londres, New York, Amsterdam, Singapour, etc.). On peut alors penser que la place juridique est en réalité une composante de la place financière. La finance mobilise en effet des outils et des expertises juridiques, comme elle mobilise par ailleurs des outils et des expertises en mathématiques ou en informatique par exemple. En raison de la nature immatérielle et éminemment contractuelle des activités liées à la banque, à l'assurance et aux marchés de capitaux et aussi de l'importance de la régulation pour le bon fonctionnement des marchés bancaires et financiers, l'activité financière suppose et génère une intense activité juridique. Le développement de la place juridique est donc, pour une part au moins, dépendant du développement de l'activité financière, de la localisation des grandes infrastructures et surtout des grands acteurs de l'industrie financière. Il ne faut toutefois pas sous-estimer le fait qu'une partie de l'activité juridique, y compris celle qui a une dimension internationale, n'est pas principalement liée à la finance. C'est le cas par exemple de la pratique du droit de la concurrence ou du règlement des litiges commerciaux internationaux. Une large part de l'activité normative est également déconnectée de l'industrie financière, alors même qu'elle mobilise de nombreux professionnels spécialisés (hauts fonctionnaires, lobbyistes, évaluateurs, etc.). Cela explique que certaines villes accueillent des places juridiques alors qu'elles ne constituent pas des places financières importantes. Il en va ainsi de Bruxelles ou de Washington.

II. L'importance du capital humain pour la place juridique

Le droit, en tant que processus de mise en forme de rapports économiques, sociaux, humains et culturels, peut être analysé sous l'angle de la théorie économique. En effet, en tant que « produit », il peut être soumis à la loi de l'offre et de la demande, et ce, afin de contribuer, de manière optimale, au bien-être général. Force est de constater que le marché du droit se décline en réalité en différents « segments ». En effet, le marché de la production des normes diffère de celui de la mise en œuvre du droit. Si les acteurs sont différents, les destinataires sont eux aussi très variés, s'agissant de particuliers, d'entreprises de toutes tailles ou encore d'administrations ou de collectivités publiques. **La place juridique réunit en un même lieu différents segments du marché du droit. C'est même l'importance de l'intersection des segments du marché du droit qui caractérise le phénomène de place.** *A contrario*, une concentration d'acteurs sur un seul segment du marché du droit a du mal à donner naissance à une véritable place juridique. Il en va ainsi des villes comme Karlsruhe ou Bloemfontein qui sont les capitales judiciaires, respectivement de l'Allemagne et de l'Afrique du Sud, sans pour autant être liées à d'autres composantes de l'activité juridique (activité normative, pratique du droit des affaires, etc.), ces dernières étant plutôt localisées dans d'autres villes (Bonn, Berlin, Hambourg..., Le Cap, Pretoria, Johannesbourg...).

Il apparaît donc indispensable d'évaluer l'activité économique des professions juridiques de manière à pouvoir estimer leur contribution directe à l'économie nationale. Bien entendu, l'activité des professions juridiques est essentielle au bon fonctionnement du secteur économique du droit puisqu'elles en sont les principaux acteurs. Il ne faut pas oublier que certains segments du marché ne relèvent pas directement de ces professions, s'agissant par exemple du secteur traditionnel de l'édition ou de celui plus récent de la *legaltech*. De même, une partie de l'activité des professions juridiques est réalisée principalement « hors marché » alors qu'elle contribue au développement économique et social, à l'image du travail des magistrats ou des enseignants-chercheurs en droit.

Du point de vue économique, l'ensemble des activités juridiques partage une caractéristique essentielle, à savoir que la fonction de production dont elles relèvent repose avant tout sur le travail de professionnels. La production de la plupart des services juridiques est traditionnellement peu capitalistique, puisque le travail est le principal *input*[15]. La transformation numérique du droit n'y change pas grand-chose. Même si les investissements en capital physique progressent, l'intelligence artificielle n'est qu'un moyen, et ce qui doit donner du sens à ce moyen est l'humain. C'est le professionnel du droit qui garde fondamentalement la responsabilité de la décision finale[16]. La transformation doit être bien comprise. Tout n'est pas partageable : **le savoir-faire et la contextualisation de l'information « brute » sont presque indissociables de la personne du juriste.** C'est une chose d'avoir accès à des décisions, c'en est une autre de réussir à les comprendre et de parvenir à construire un conseil adapté. Dès lors, l'informatisation des données juridiques peut difficilement entraîner une « déterritorialisation » intégrale. En outre, le principal problème économique associé à la connaissance est celui de sa reproduction, qui passe, même quand elle est « codifiée », par un processus d'apprentissage. Autrement dit, si l'information juridique est plus facilement accessible, elle n'en est pas pour autant facilement assimilable pour le non-juriste, tant elle est dépendante du système juridique dans lequel elle prend son sens. Il est donc nécessaire que les acteurs du droit disposent de compétences particulières pour pouvoir bénéficier des avancées de la connaissance et utilisent une information qui est stockée et circule de façon de plus en plus efficace. Les possibilités de stockage et de circulation de l'information dépendent d'ailleurs des progrès de la codification ; les connaissances se diffusent alors d'autant plus rapidement que les progrès dans le domaine du numérique sont rapides et que les individus sont éduqués et compétents.

Ainsi, la plupart des activités de production de services juridiques, même dans un contexte d'innovations technologiques, présentent la particularité de reposer sur la quantité et la qualité de travail mobilisé. Cette caractéristique essentielle des professions juridiques conduit à souligner **l'importance du capital humain comme facteur de développement du marché du droit et de la place juridique** et, par conséquent, du bien-être économique et social, dès lors que l'on admet que la qualité de l'environnement juridique est un déterminant important de la prospérité économique. Il est à cet égard surprenant de

15. Un tel constat doit conduire à différencier la filière des services juridiques d'autres activités de services telles que la santé ou la finance où l'importance des investissements physiques est traditionnellement plus importante.
16. J.-G. Ganascia, *Le mythe de la singularité. Faut-il craindre l'Intelligence artificielle ?*, Paris, Seuil, 2017.

noter à quel point les travaux des dernières décennies ont cherché à mettre en évidence le rôle du droit comme facteur de compétitivité économique en privilégiant la question du contenu de la norme juridique, tout en ignorant la spécificité du droit qui est d'être d'abord et avant tout le produit d'un capital humain, celui des juristes.

La notion de capital humain. Le capital humain a été défini pour la première fois en 1961 par le prix Nobel Théodore Shultz. Il note à l'époque que les individus acquièrent des savoirs et savoir-faire utiles pour les activités économiques, mais qu'ils ne sont pas pour autant considérés par les entreprises comme une forme de capital. Un autre Prix Nobel, Gary Becker, reprend l'idée à son compte et théorisera le concept de capital humain par analogie avec le capital fixe. Il observe que, si le taux d'accumulation du capital physique a cessé d'augmenter sur le long terme, le revenu par tête a, quant à lui, continué de croître à un rythme régulier, parce que le capital humain (*i.e.* immatériel) a continué à être accumulé au sein des entreprises et de l'économie. C'est donc le capital humain qui est devenu la principale source de croissance des revenus à long terme. L'idée centrale de la théorie qui en découle est qu'un investissement en capital humain contribue à améliorer le niveau des compétences d'un individu, ce qui aura pour effet d'améliorer sa productivité et donc d'entraîner des flux de revenus plus élevés, aux niveaux individuel et collectif.

Comme tout actif ou patrimoine, le capital humain est un stock qui peut produire des ressources ; il peut s'éroder ou croître en fonction des investissements dont il est l'objet. Pour Gary Becker, la décision d'investir dans le capital humain fait l'objet d'un calcul économique basé sur le « rendement marginal » associé par exemple à une formation. Le capital humain pouvant augmenter tout au long du cycle de vie, les entreprises s'intéressent particulièrement à l'amélioration des compétences de leurs salariés. Conscient de cet enjeu, il convient toutefois de distinguer la formation générale (*general human capital*) et la formation spécifique (*firm-specific capital*). La première est acquise en dehors de l'entreprise, principalement à travers la formation (initiale ou continue), et correspond aux compétences que l'individu peut faire valoir sur l'ensemble du marché du travail, quelle que soit la forme d'organisation dans laquelle il interviendra.

D'une manière générale, le capital humain peut être défini comme l'ensemble des connaissances, des compétences et des capacités d'un individu qui ont un impact sur le processus de production. La notion de capital humain est donc particulièrement adaptée pour appréhender l'organisation de l'activité juridique dans la mesure où elle permet de tenir compte de la spécificité de la filière juridique en ce qu'elle repose sur la quantité de travail disponible (effectifs des professions juridiques et temps de travail des praticiens du droit), mais aussi sur la qualité de ce travail, s'agissant, par exemple, de la capacité à incorporer de nouvelles compétences (en matière de transformation numérique par exemple). S'agissant des compétences, des expériences et des savoirs des professionnels du droit, on peut considérer que leur acquisition peut prendre des formes variées telles que l'éducation, la formation continue ou encore l'apprentissage par la pratique. On peut noter ici la nature très différente du capital humain par rapport au capital physique, dans la mesure où il est, par nature, indissociable de son détenteur puisqu'il est incorporé dans la personne. De ce point de vue, l'activité juridique reste éminemment personnelle et son développement est fortement dépendant de relations interpersonnelles d'apprentissage et de codéveloppement.

Ces constats invitent à comprendre et à évaluer le poids des professions juridiques en ce qu'elles sont précisément le support exclusif du capital humain qui porte la dynamique de la place juridique et de sa compétitivité. Ce constat nous apparaît d'autant plus important que l'environnement économique se caractérise le plus souvent par une complexification et une tendance à l'inflation des législations et réglementations, conjuguée à l'internationalisation croissante des entreprises. **Les évolutions économiques contemporaines tendent ainsi à renforcer le rôle décisif du capital humain juridique en tant que facteur de compétitivité.** En effet, la caractéristique de ce capital humain est de contribuer à améliorer la sécurité et à réduire les coûts de transaction inhérents à la plupart des relations économiques[17].

La question de l'évaluation du poids des professions juridiques revêt dès lors une importance particulière dans un contexte de globalisation et de compétition internationale où les problématiques de protection et d'investissement dans le capital humain deviennent vite essentielles. On observe en effet une extension de la demande de droit qui tend à devenir globale, tant en ce qui concerne le droit des affaires que les relations privées et la protection des droits fondamentaux. **On assiste donc à l'émergence d'une demande globalisée, à laquelle répond une offre qui tend, elle aussi, à être globale,** tant en ce qui concerne l'activité normative, l'activité juridictionnelle publique ou privée et l'enseignement du droit que les prestations offertes aux entreprises ou aux particuliers, par des firmes juridiques internationales. La compétition économique qui se développe sur ce marché engendre de profondes restructurations et oblige les fournisseurs de prestations juridiques à innover en adoptant des méthodes entrepreneuriales.

La globalisation de la demande de services juridiques suppose de nouveaux savoirs, donc de nouvelles formes d'enseignement du droit capables de former des juristes opérationnels dans les grands systèmes juridiques, ce qui modifie les rapports de concurrence entre les *law schools*. **Le phénomène de globalisation provoque en outre une convergence des modes d'exercice des prestataires.** L'organisation et les principes de fonctionnement des professions juridiques convergent sous l'influence des modèles les plus performants et les principes de régulation de ces professions tendent eux-mêmes à se rapprocher.

17. B. Deffains et M. Séjean, *Index de la sécurité juridique*, *op. cit.*

On peut citer à cet égard le secret professionnel. Les juristes d'entreprise français le revendiquent sur le modèle du *legal privilege*, qui est considéré comme étant plus protecteur et donc plus attractif.

En définitive, la globalisation de la demande de services juridiques oblige à adapter les formes de prestations juridiques ou judiciaires, ou modifie leur mode d'exercice traditionnel. Ces capacités d'adaptation renforcent encore un peu plus l'importance du capital humain juridique comme facteur de compétitivité. Tous les acteurs qui offrent des services juridiques, en particulier les avocats ou les juristes d'entreprise et leurs organisations professionnelles, savent bien qu'à un certain niveau, ils opèrent dans un environnement tout à fait concurrentiel. Sauf à ignorer la réalité, c'est donc dans ce contexte que leur activité est à examiner. Certes, au-delà de ce constat général, il convient de noter que chaque profession juridique présente ses propres spécificités quant aux conditions et au degré d'ouverture à la concurrence. Il n'en demeure pas moins vrai que la tendance est globale pour l'ensemble de la filière du droit et des services juridiques.

On ajoutera que la conjoncture politique actuelle invite également à adopter cette approche. Il est notable que les professions juridiques du Royaume-Uni analysent les conséquences du Brexit en termes de marché et d'enjeu pour la place, en évaluant le poids économique de l'activité juridique de la City ainsi que les risques que fait peser sur elle le retrait du Royaume-Uni de l'Union européenne. Elles mettent en œuvre des stratégies de protection qui vont de l'argumentation juridique sur la puissance et l'attractivité de la *common law* et des juridictions de Londres, aux campagnes de promotion purement commerciales qui louent les compétences et le savoir-faire des juristes de la City, ainsi que la protection de la confidentialité de leurs avis, y compris en entreprise, en dépeignant la France comme le maillon faible en Europe pour les départements juridiques des multinationales. C'est le cas de la campagne de communication de la *Law Society* visant à montrer que Londres reste « *[t]he Global Legal Centre* ».

Par ailleurs, dans un contexte de dérégulation des professions du droit, la vision classique de la pratique s'est profondément déformée. Elle reposait sur des partenaires bien identifiés : notaires, avocats et huissiers de justice et des tiers dont la mission était précisément de traiter les différentes interprétations ainsi que les prétentions contradictoires, à savoir les juges. Ce schéma se retrouvait habituellement aussi sur la scène internationale. Dans le même temps, la règle de droit ne s'est plus limitée, dans la compréhension que pouvaient en avoir les observateurs, aux normes qui émanent des autorités étatiques, puisque nombreux sont les lieux d'arbitrage de ces prétentions qui ne dépendent plus de l'autorité étatique. On comprend bien que, **dans un tel environnement de plus en plus dérégulé, il devient important de protéger le capital humain juridique pour permettre aux professions juridiques d'être compétitives dans la**

concurrence internationale. Ce qui est vrai d'une manière générale, l'est tout particulièrement des professionnels du droit les plus exposés à la concurrence internationale. Il convient notamment de comprendre que, dans une logique économique de valorisation du capital humain, la question de la concentration des acteurs du marché devient essentielle dans le cadre des places juridiques. **La concentration des acteurs conditionne en effet le bourgeonnement des expertises juridiques pointues et l'épanouissement d'un écosystème efficace.** De ce point de vue, l'amélioration de l'environnement juridique des agents économiques ne passe pas uniquement par des réformes structurelles, elle relève également d'une logique organisationnelle et opérationnelle dans la mobilisation du capital humain juridique. Autrement dit, l'accroissement des moyens consacrés au « *framework* juridique » contribue à améliorer l'efficacité et, par extension, la compétitivité des acteurs économiques et, donc, la croissance de l'ensemble de l'économie.

III. La place juridique de Paris dans le contexte français

La place juridique de Paris occupe une place ultradominante dans le contexte français. Le Grand Paris concentre en effet une très grande part de l'activité juridique nationale. La mise en évidence de la structure de la place juridique permet de souligner que la capitale concentre pratiquement tous les foyers et toutes les infrastructures essentielles de l'activité juridique ; c'est aussi la seule agglomération française à posséder toute la gamme des acteurs pouvant constituer une place juridique (A). Ensuite, il apparaît que le Grand Paris concentre un nombre de professionnels du droit qui est beaucoup plus que proportionnel à la taille de la région capitale, à sa population ou même à son poids économique ; certaines professions juridiques ne se rencontrent même qu'à Paris (B). Enfin, l'étude de la localisation des acteurs de la place permet de mettre en évidence qu'il y a même une hyperconcentration géographique de la pratique juridique, dans la mesure où la majorité des institutions et des professionnels du droit prépondérants est localisée sur un très petit territoire de l'agglomération parisienne situé à Paris et dans les Hauts-de-Seine (C).

A. La composition de la place juridique de Paris

Une place juridique comme celle de Paris ne se présente ni comme une juxtaposition hétéroclite de professionnels ni comme un lieu unique où se rencontreraient tous les acteurs sur le modèle d'une « cité » du droit bien circonscrite. Une place juridique réunit dans une aire urbaine localisable un ensemble de professionnels et d'organisations liés entre eux par le fait qu'ils « font du droit » ou contribuent à ce que la pratique du droit soit possible. Il existe de multiples manières de pratiquer le droit. Certaines pratiques typiques ou ensembles de pratiques sont réservés à des professions identifiées, **mais la pratique du droit ne se résume pas à l'addition des professions juridiques réglementées.**

Pour décrire et comprendre comment et de quoi se compose une place juridique comme celle de Paris, nous avons combiné deux procédés. Empiriquement, tout d'abord, nous avons interrogé une multitude de professionnels du droit pour savoir comment et avec qui ils travaillaient du point de vue des conditions matérielles de leur pratique. Concrètement, il s'agit de savoir quelles sont les consommations intermédiaires incorporées dans les prestations juridiques, quels sont les dispositifs et ressources dont les professionnels du droit ont besoin pour exercer leur métier, quels sont les acteurs qui, le cas échéant, fournissent des prestations en concurrence ou en collaboration avec eux. Conceptuellement, ensuite, nous avons dégagé un cadre d'analyse de la place juridique fondé sur des degrés de dépendance des acteurs entre eux et sur des degrés de spécificité des prestations participant à l'activité juridique. La combinaison de ces deux approches permet de proposer une représentation de la place juridique structurée autour de trois cercles d'acteurs qui concourent à remplir les fonctions de l'activité juridique (encadrer et organiser les activités sociales, régler les différends et faire appliquer le droit).

1. Le noyau de la place juridique : les institutions normatives et juridictionnelles

En partant de l'idée exprimée par exemple par le doyen Carbonnier que les deux phénomènes caractéristiques du droit sont la règle et le juge, on peut considérer que l'activité juridique tout entière repose fondamentalement sur une matière première constituée des diverses normes juridiques, d'une part, et des mécanismes de règlement des litiges, d'autre part. **Le premier cercle ou le noyau de la place juridique est ainsi constitué des institutions et acteurs remplissant la fonction de production normative et de règlement des litiges. On doit ajouter, à ces institutions, d'autres infrastructures juridiques essentielles,** comme les divers registres d'enregistrement des personnes, des actes juridiques et des droits qui facilitent grandement l'activité juridique.

Le premier cercle de la place juridique comprend ainsi **les institutions normatives françaises qui sont presque toutes localisées à Paris,** puisque Paris est la capitale politique et administrative de la France et en raison de la longue tradition de centralisation française. Les institutions dotées d'un pouvoir normatif comprennent les acteurs qui adoptent et édictent les textes législatifs et réglementaires, mais aussi ceux qui les préparent, y compris en organisant des concertations préalables, en opérant des évaluations, des contrôles et des mises en forme préalables. La place juridique comprend donc tout d'abord les assemblées parlementaires, le gouvernement et la présidence de la République, le Conseil économique, social et environnemental, le Conseil d'État au titre de ses compétences non contentieuses, le Conseil constitutionnel, le Secrétariat général du gouvernement et les ministères producteurs de normes, en particulier le ministère de la Justice et le ministère en charge de l'Économie, ainsi que les autorités administratives indépendantes dotées d'un pouvoir normatif. À ces acteurs publics français s'ajoutent des institutions européennes et internationales également dotées d'un pouvoir normatif comme l'OCDE, l'ESMA ou l'ABE. Certaines institutions professionnelles ou privées participent également à la production normative à travers des normes techniques (comme l'AFNOR) ou des règles professionnelles (comme les ordres en charge de l'élaboration des règles déontologiques de certaines professions). Une part importante de l'activité de la place juridique consiste à préparer de nouveaux textes normatifs et à réviser les anciens. Cette partie de l'activité juridique est souvent occultée par les professions juridiques – hormis sous l'angle du lobbying – alors qu'elle fait travailler des milliers de personnes au sein des ministères, des assemblées, des AAI et aussi dans les multiples organisations professionnelles et associations qui suivent et accompagnent les processus normatifs.

De façon sans doute plus évidente, la place juridique a aussi pour foyer les juridictions et autres institutions concourant à la résolution des litiges. À cet égard, il est remarquable que pratiquement toutes les hautes juridictions en France soient localisées à Paris : le Conseil constitutionnel, le Conseil d'État (dans sa fonction contentieuse), la Cour de cassation, la Cour des comptes. Il n'y a guère que la Cour européenne des droits de l'homme qui ne soit pas localisée à Paris, mais dans une autre ville française (Strasbourg). En outre, la région parisienne comprend naturellement de nombreuses juridictions de première instance et d'appel : les tribunaux judiciaires de Paris, Nanterre, Créteil, Bobigny, Versailles, Melun, Fontainebleau, Pontoise, les tribunaux de commerce, les conseils de prud'hommes, les tribunaux administratifs de Paris, Cergy-Pontoise, Montreuil, Melun, Versailles, les cours d'appel et les cours administratives d'appel de Paris et de Versailles, la Cour nationale du droit d'asile à Montreuil. Certaines de ces juridictions ont des attributions spéciales qui leur donnent un rayonnement national ou régional. Ainsi, le Parquet national financier (PNF) et le Parquet national antiterroriste (PNA) sont rattachés au tribunal judiciaire de Paris. La Cour d'assises spéciale de Paris est seule compétente pour juger les crimes terroristes les plus graves. Certaines autorités administratives indépendantes ont des pouvoirs de règlement des litiges (comme la Commission de régulation de l'énergie) ou des pouvoirs de sanction administrative (comme la Commission des sanctions de l'AMF ou l'Autorité de la concurrence). Toutes ces institutions sont situées à Paris ou dans sa proche périphérie. Il faut également ajouter les centres d'arbitrage (comme le centre d'arbitrage de la Chambre de commerce internationale) et les institutions de médiation (comme le médiateur du crédit, rattaché à la Banque de France) qui mettent en œuvre des modes alternatifs de règlement des litiges (MARL).

Le rôle des institutions dans la localisation des praticiens. Le cas du droit européen. Nous avons cherché à évaluer le rôle des institutions dans la localisation des prestataires de services juridiques à partir du cas du droit européen. En théorie, le droit européen (droit de l'Union européenne et droit de la CEDH) peut être pratiqué n'importe où sur le territoire européen (et même au-delà, puisqu'il existe quelques centres et équipes dédiés au droit européen aux États-Unis par exemple). Il est donc intéressant de voir où sont implantés les cabinets et les équipes spécialisés en droit européen. Cela permet notamment d'évaluer si la localisation des institutions de l'Union européenne ou du Conseil de l'Europe est un facteur d'attraction des cabinets spécialisés en droit européen. L'identification des cabinets impliqués dans les contentieux devant la CJUE et devant la CEDH fait apparaître que ces avocats cités dans les procédures sont très rarement localisés près du siège des juridictions, en l'occurrence à Luxembourg et à Strasbourg. À cet égard, la seule localisation des juridictions supérieures ne semble donc pas suffire à attirer des cabinets spécialisés. Si Luxembourg fait figure de place juridique importante, ce n'est pas en raison de la localisation de cabinets spécialisés en droit européen, mais surtout à cause de la place financière de Luxembourg. Quant aux avocats qui plaident devant la CEDH, ils proviennent de tous les pays impliqués dans des recours devant cette juridiction, une partie d'entre eux seulement étant spécialisés en droit européen ou en droit des libertés fondamentales. En revanche, la localisation à Bruxelles d'institutions comme la Commission et le Parlement européen apparaît comme un facteur de localisation dans cette ville des cabinets et de départements spécialisés en droit européen et dans les branches du droit particulièrement concernées par le droit de l'Union européenne comme le droit de la concurrence. On observe également qu'une grande partie des professionnels spécialisés en droit de l'Union européenne sont en réalité localisés dans les autres grandes places juridiques (Paris, Amsterdam ou même Londres, même si la pratique en droit européen de cette dernière ville est sans doute vouée à décliner). On doit donc retenir que la localisation d'une institution judiciaire éminente ne suffit pas à assurer le développement d'une place juridique. Par ailleurs, la localisation des institutions dotées d'un pouvoir normatif apparaît comme un facteur d'attraction plus décisif. En fin de compte, la proximité des clients et des autres expertises juridiques apparaît comme le facteur plus déterminant de la localisation d'une pratique que la localisation des institutions, même si la localisation des institutions participe par ailleurs au rayonnement international des places. L'accessibilité par les transports aériens et ferroviaires des juridictions ou institutions où les praticiens spécialisés sont amenés à se rendre épisodiquement est mentionnée fréquemment comme un facteur favorable dans les entretiens que nous avons menés.

L'activité juridique repose aussi sur de **multiples systèmes d'enregistrement officiels qui constituent des infrastructures essentielles pour l'activité juridique.** Ils sont tenus par des services rattachés au premier ministre (Légifrance pour le *Journal officiel*), des administrations (comme le service de la publicité foncière ou les préfectures pour le registre des associations ou les immatriculations de véhicules) ou des organismes publics (comme l'INPI pour les enregistrements de droits de propriété industrielle ou la Banque de France pour les fichiers des incidents de remboursement des crédits aux particuliers par exemple), des collectivités locales (pour l'état civil) ou des officiers publics (comme les registres du commerce et des sociétés tenus par les greffiers des tribunaux de commerce). La plupart de ces systèmes d'enregistrement sont organisés de manière décentralisée et la région parisienne en a sa part. Certaines infrastructures sont toutefois localisées à Paris ou en proche banlieue avec une compétence nationale (c'est le cas de l'INPI ou des fichiers désormais centralisés de la Banque de France ou de la Direction de l'Information légale et administrative). Plus exceptionnellement, des registres nationaux peuvent être localisés en régions. On peut citer l'exemple du Casier judiciaire à Nantes. À cet égard, il apparaît que la proximité physique avec les organismes en charge de ces infrastructures ne présente guère d'intérêt à l'ère de la numérisation des différents fichiers et des communications électroniques. Par exemple, la localisation du Casier judiciaire dans la ville de Nantes ne conduit pas les avocats pénalistes à s'implanter dans cette ville plutôt qu'ailleurs.

Le fait que Paris soit une capitale à la fois politique, judiciaire, économique, etc., favorise naturellement la concentration de l'activité juridique dans ce centre. À la différence de pays comme l'Allemagne, l'Italie ou l'Espagne qui possèdent plusieurs villes dominantes, avec des capitales économiques parfois distinctes de la capitale politique (Milan/Rome par exemple) et dans lesquelles l'activité juridique se répartit dans différents centres (par exemple, en Allemagne : Berlin, Francfort, Munich, Hambourg, Düsseldorf...), Paris concentre pratiquement toutes les institutions et tous les acteurs qui souhaitent travailler à proximité de ces institutions. De ce point de vue, Paris est dans une situation analogue à celle de Londres. L'évidence de la localisation des cabinets internationaux à Paris plutôt que dans une autre ville française a d'ailleurs pu favoriser le développement de la composante internationale de la place française après la Seconde Guerre mondiale.

2. Le deuxième cercle de la place juridique : les prestataires de services juridiques et les agents d'application du droit

Le deuxième cercle est constitué des prestataires de services typiquement juridiques et des agents d'application du droit. Les professionnels du droit sont les acteurs de la place juridique auxquels on pense le plus spontanément. En France, comme dans la plupart des pays, les personnes qui fournissent des services typiquement juridiques appartiennent à des professions réglementées qui disposent d'un monopole légal collectif sur tel ou tel type de pratique (par exemple, les avocats pour la représentation en justice, les notaires pour l'établissement d'actes authentiques, etc.). La liste des professions juridiques réglementées est connue : avocats au Conseil d'État et à la Cour de cassation, avocats, notaires, commissaires de justice (la nouvelle profession ayant absorbé les commissaires-priseurs et les huissiers de justice), les administrateurs et mandataires judiciaires, les greffiers des tribunaux de commerce, les conseils en propriété industrielle. L'activité de conseil juridique est dans une large mesure partagée par les différentes professions juridiques et elle est aussi pratiquée par d'autres acteurs comme les juristes exerçant dans des organisations privées ou des collectivités publiques (juristes, responsables juridiques, directeurs juridiques, secrétaires généraux, directeurs des affaires juridiques, directeur général des services, etc.). Dans le prolongement de leurs missions, d'autres professionnels sont amenés à fournir des services juridiques (experts-comptables, agents immobiliers, etc.). Dans le cas de ces professionnels, la fourniture de services juridiques n'occupe qu'une part seulement de leur activité professionnelle. Il est important de souligner que, dans la période récente, le secteur juridique a été bousculé et partiellement transformé par l'apparition d'une nouvelle catégorie d'acteurs qui offrent des services juridiques ou para-juridiques en exploitant de nouveaux procédés (comme le *legal design* par exemple) et les nouvelles technologies (intelligence artificielle, *big data*, etc.). Certaines de ces « *legaltech* » ou « *regtech* » sont des émanations des professions du droit réglementées ou de leurs membres, mais un nombre important de start-up dans ce domaine sont des sociétés commerciales complètement indépendantes des professions réglementées.

Les travaux consacrés à l'industrie et au marché du droit passent souvent sous silence le fait qu'une partie de l'activité juridique consiste à faire appliquer le droit. Or **l'application du droit fait partie intégrante de l'activité juridique** ; c'est un maillon essentiel de la chaîne. Si l'application du droit est impossible, aléatoire, lente ou excessivement coûteuse, le reste de l'activité juridique sera largement handicapé car le droit risque de rester « lettre morte ». Le contrôle et l'application du droit sont du ressort non seulement de certains juristes (comme les magistrats ou les huissiers...), mais aussi et surtout d'autres professionnels qui ne sont pas toujours identifiés comme juristes, même s'ils concourent à l'application du droit ou à la sanction de sa non-application. Le fait que des épreuves de droit soient présentes dans les concours de recrutement et de sélection de certaines professions *a priori* non juridiques est d'ailleurs un bon indice de la contribution de ces professionnels à l'application du droit. Certains agents de l'application du droit exercent dans le secteur privé, comme les commissaires aux comptes (pour une partie de leur mission), les responsables de la conformité, ainsi que diverses personnes exerçant dans les organisations au titre du contrôle interne, des inspections internes, du contrôle des risques, de la responsabilité sociale des entreprises (RSE), etc. Des fonctions analogues sont exercées dans des organisations et collectivités publiques, généralement par des fonctionnaires (contrôleurs des chambres régionales des comptes, autorités de tutelle...). Les fonctions de contrôle de l'application du droit sont en partie exercées par des services spécialisés de l'appareil administratif : police, gendarmerie, douanes, administration pénitentiaire, sans oublier les innombrables services administratifs exerçant des fonctions de contrôle (préfectures, DGCCRF, DREETS...) et les autorités de surveillance indépendantes de l'administration traditionnelle (CNIL, ACPR...). Les frontières de cette composante de la place juridique sont délicates à tracer dans la mesure où une partie des agents de l'application du droit remplissent aussi d'autres fonctions que l'application du droit. Il n'en demeure pas moins que les agents de l'application du droit concourent au bon fonctionnement et à la performance de la place juridique.

3. Le troisième cercle de la place juridique : les prestataires de services aux acteurs de la place, spécifiques et non spécifiques : l'écosystème de la place juridique de Paris

Le troisième cercle de la place juridique est constitué des acteurs économiques, nombreux et divers, qui procurent aux acteurs des deux premiers cercles les intrants dont ils ont besoin pour exercer leur activité. Même si l'activité juridique est un secteur économique relativement peu capitalistique (au sens classique du terme), par rapport à d'autres secteurs économiques (comme l'industrie, l'agriculture, les transports...), c'est une activité qui incorpore des consommations intermédiaires qu'il ne faut pas sous-estimer. Il est surtout important de noter que la performance des prestataires de services juridiques dépend en grande partie des services qui leur permettent de travailler de façon efficace et d'offrir des prestations de qualité. Comme nous avons souligné l'importance du capital humain juridique, les intrants qui favorisent la spécialisation et l'expertise des prestataires de services juridiques constituent des facteurs majeurs de la performance de la place. Au premier chef, on trouvera donc, dans le troisième cercle de la place juridique, les institutions qui fournissent la « matière première » de la pratique juridique, à savoir les praticiens, l'expertise et l'information juridique. On trouve également les différents organismes qui permettent aux prestataires de services juridiques de se concentrer sur leur cœur de métier, en sous-traitant les services à moindre valeur ajoutée (comme le classement de la documentation), les activités non spécifiquement juridiques (comme la gestion des cabinets...) ou qui augmentent leurs performances (à travers, par exemple, des systèmes informatiques performants, ou un accompagnement du développement des cabinets, etc.). Il ressort des entretiens que nous avons conduits avec des professionnels du droit très différents qu'ils identifient assez facilement des consommations intermédiaires. Celles-ci consistent à la fois dans des intrants conçus spécifiquement pour les professionnels du droit et dans des services ou des biens non spécifiquement destinés aux professionnels du droit, mais utilisés par eux également.

La composante « matérielle » des consommations intermédiaires des professionnels du droit est assez limitée. Pour travailler, les juristes ont besoin de locaux, qui sont la plupart du temps des bureaux et des salles de réunion, mais aussi des équipements immobiliers spécifiques (salles d'audience, établissements pénitentiaires...). La disponibilité d'équipements assez particuliers comme des salles de réunion hautement sécurisées (permettant des réunions confidentielles avec des partenaires situés ailleurs dans le monde) est un des atouts appréciés pour développer certaines pratiques (par exemple, l'arbitrage international). Les juristes ont évidemment besoin d'équipements bureautiques (mobilier de bureau, photocopieurs...), en particulier d'équipements informatiques et de télécommunication adaptés. En pratique, les juristes travaillent de longues heures devant leurs ordinateurs ou avec leurs téléphones. Les investissements induits demeurent toutefois limités dans ce domaine, sauf lorsque des professionnels du droit font le choix de développer en interne ou d'acquérir des applications de l'intelligence artificielle à leur activité (comme des *data room* électroniques et partiellement automatisées). De façon certes emblématique, mais anecdotique, une partie des professionnels du droit ont besoin d'acquérir des costumes spécifiques (robes des magistrats, avocats, greffiers, huissiers...). Quelques entreprises se sont ainsi spécialisées dans la fourniture de costumes pour les juristes.

L'essentiel des dépenses et investissements engagés par les prestataires de services juridiques pour mener leur activité consiste dans des services. L'investissement le plus important consiste dans la formation initiale, la formation complémentaire et la formation continue des professionnels du droit. Les juristes susceptibles de délivrer des services à haute valeur ajoutée sont d'abord des professionnels bien formés. Les diverses institutions de formation des juristes figurent donc dans le troisième cercle de la place juridique : universités et écoles formant les professionnels du droit, mais également les formations complémentaires très valorisées chez les juristes, dans la mesure où elles leur permettent de maîtriser des savoirs et des savoir-faire combinables avec les compétences juridiques (langues étrangères, culture générale, négociation, art oratoire...). La proximité d'institutions de formation est un atout pour une place juridique, même si l'on ne doit pas négliger le fait que les professionnels exerçant au sein d'une place peuvent très bien avoir été formés ailleurs. Une formation « internationale » (par exemple, un LLM d'une université nord-américaine) est d'ailleurs particulièrement appréciée des acteurs de la place juridique internationale. L'existence d'un bassin de compétences diversifié et profond est un facteur d'attractivité et de développement de la place et la proximité de grandes universités et de grandes écoles la favorise. Ensuite, les juristes travaillent nécessairement avec des sources d'information (les codes, les traités et les recueils de jurisprudence dans des bibliothèques sont souvent présentés comme les symboles visuels de la pratique juridique). La documentation juridique prend aujourd'hui de plus en plus la forme de ressources électroniques (bases de données juridiques). Elle constitue une ressource essentielle pour les professionnels du droit. Ainsi, les éditeurs juridiques représentent-ils classiquement des fournisseurs pour les acteurs du premier cercle et du deuxième cercle. Enfin, les prestataires de services juridiques recourent assez souvent à des expertises extérieures. Celles-ci peuvent être strictement juridiques (recours à des consultants par exemple), mais elles portent en réalité souvent sur des expertises complémentaires des expertises maîtrisées par les professionnels du droit en question. Les cabinets, les études, les juridictions recourent ainsi massivement à des experts dans des domaines très variés (traduction, criminalistique, évaluation des préjudices, psychiatrie, gestion des entreprises, informatique, construction, immobilier...). Certains experts se positionnent sur des niches spécifiques et les juristes ou certains juristes sont leurs seuls clients. Ainsi en est-il pour les généalogistes, les géomètres-experts ou les détectives. La capacité de certains professionnels du droit à mobiliser des expertises complémentaires apparaît d'ailleurs comme la source d'un avantage distinctif dans la concurrence : la capacité à recourir et à exploiter ces expertises peut faire la différence. Encore faut-il que ces expertises soient disponibles sur la place. Par exemple, le développement du marché du droit de la concurrence suppose que les avocats, les autorités et les juridictions puissent mobiliser des cabinets d'économistes pour réaliser des analyses des marchés en cause et des comportements des acteurs économiques. De même, le développement du droit fiscal dans les groupes multinationaux suppose que les fiscalistes puissent s'appuyer sur des expertises en matière de décomposition des chaînes de valeur.

Les cabinets qui offrent des services juridiques, comme toutes les entreprises, doivent faire face aux contraintes de la gestion de leur structure, de leurs équipes, de leur positionnement sur le marché, etc. Plus tardivement que les autres entreprises, les cabinets et les études recourent de plus en plus aux services de cabinets de conseils qui les assistent sur différents sujets qui ne concernent pas leur cœur de métier (à savoir l'offre de services juridiques). Ils peuvent ainsi sous-traiter ou se faire assister pour le recrutement de collaborateurs ou d'associés (chasseurs de têtes), pour la gestion de leur facturation, pour la promotion de leur marque, pour la maintenance et le renouvellement de leur matériel informatique, etc. Comme d'autres entreprises de services, les prestataires de services juridiques ont naturellement recours à des assureurs, à des comptables, à des sociétés de sécurité, etc. Il faut aussi remarquer qu'une part importante des consommations intermédiaires des professionnels du droit est constituée de services d'hôtellerie, de restauration et de transport. De ce point de vue, la richesse de l'offre parisienne et la qualité des connexions avec les moyens de transport de la capitale représentent des atouts pour la place juridique de Paris.

L'étude des différentes composantes de la place juridique de Paris peut être synthétisée à travers le schéma suivant qui représente la répartition des acteurs de la place juridique sur les différents cercles et en relation avec les fonctions auxquelles ils se rattachent principalement.

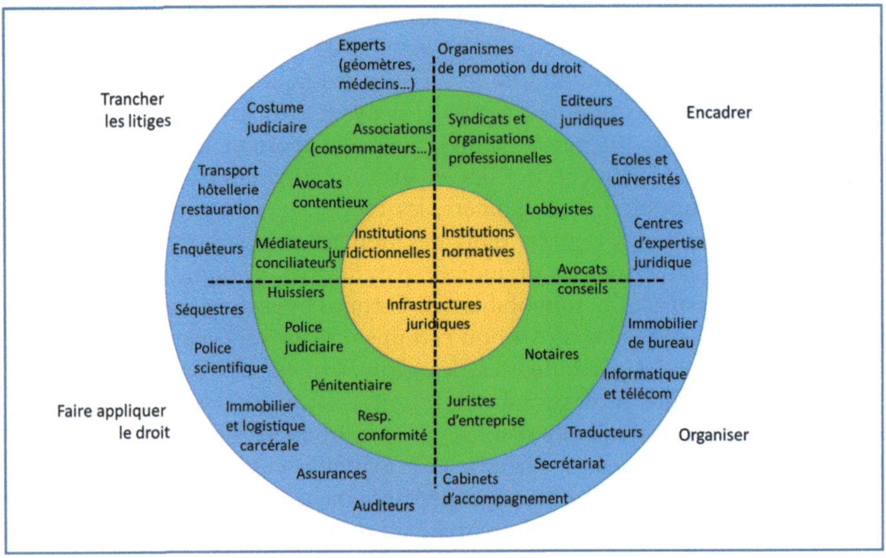

B. La concentration de l'activité juridique dans la région parisienne

L'objectif de cette partie est de compléter l'étude du poids économique de l'industrie du droit en mesurant, à travers des catégories homogènes, le poids relatif de la place juridique de Paris par rapport à l'industrie du droit sur le plan national. Le principal indicateur à retenir à cet égard est celui des effectifs de professionnels parce qu'il est à la fois significatif et susceptible d'être connu assez précisément. Nous avons retenu des effectifs relevant du secteur public (les magistrats) et du secteur privé (les professions réglementées). On peut noter qu'une partie de la place juridique de Paris se déploie à l'échelle de la région (il s'agit de la pratique du droit et de la justice de proximité), tandis que les composantes nationale et surtout internationale de la pratique juridique se concentrent dans certains quartiers de Paris et des Hauts-de-Seine, comme nous le verrons dans la partie suivante. **Nous retiendrons donc trois périmètres (France entière, région Île-de-France et Paris et Hauts-de-Seine) pour mettre en évidence le phénomène de concentration géographique de l'activité juridique.**

Les représentations graphiques suivantes mettent en évidence la part des professionnels du droit localisés en région parisienne, et notamment à Paris et dans les Hauts-de-Seine, par rapport aux effectifs nationaux dans chacune des catégories recensées.

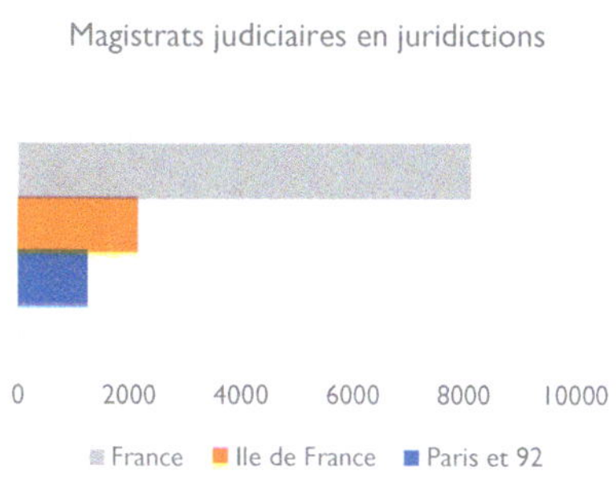
Magistrats judiciaires en juridictions
0
2000
4000
6000
8000
10000
France
Ile de France
Paris et 92

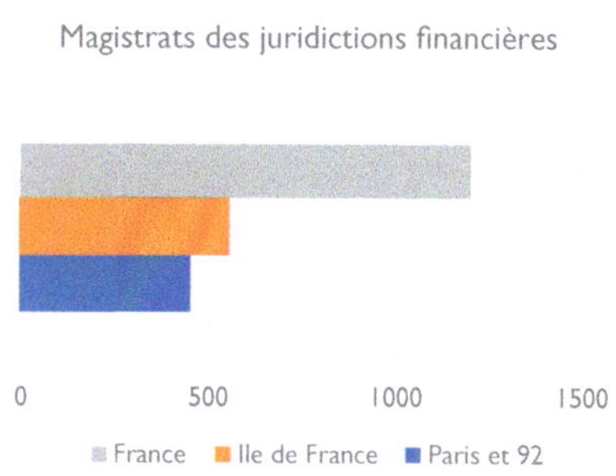
Magistrats des juridictions financières
0
500
1000
1500
France
Ile de France
Paris et 92

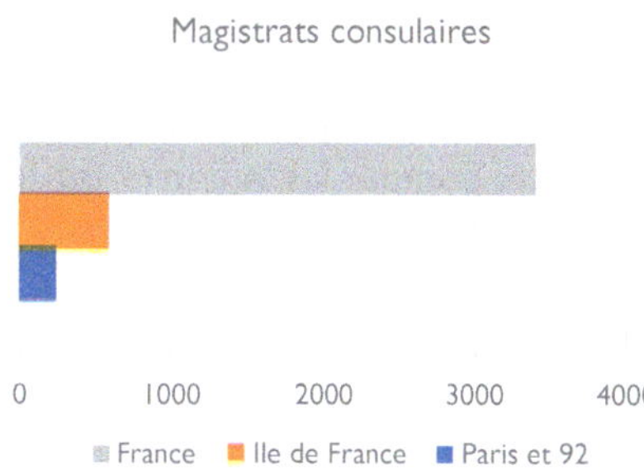
Magistrats consulaires
0
1000
2000
3000
4000
France
Ile de France
Paris et 92

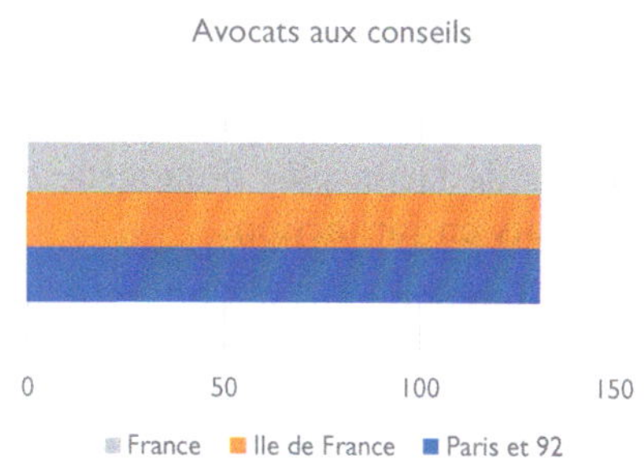
Avocats aux conseils
0
50
100
150
France
Ile de France
Paris et 92

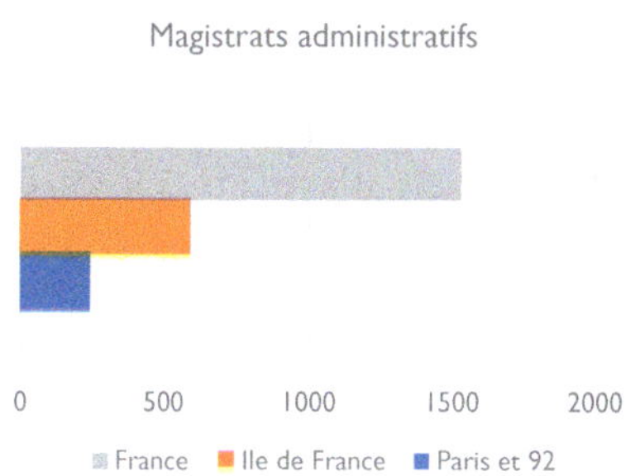
Magistrats administratifs
0
500
1000
1500
2000
France
Ile de France
Paris et 92

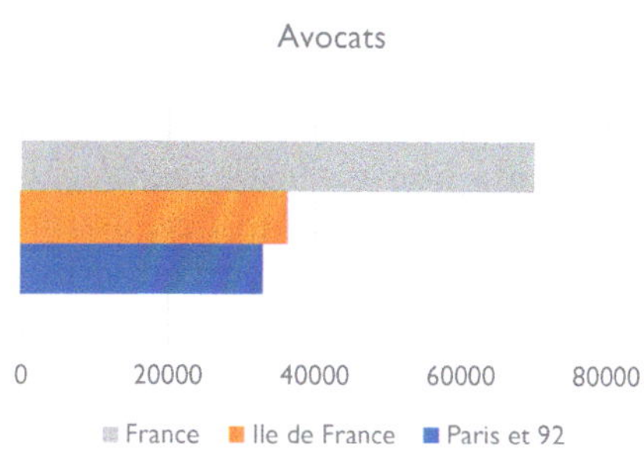
Avocats
0
20000
40000
60000
80000
France
Ile de France
Paris et 92

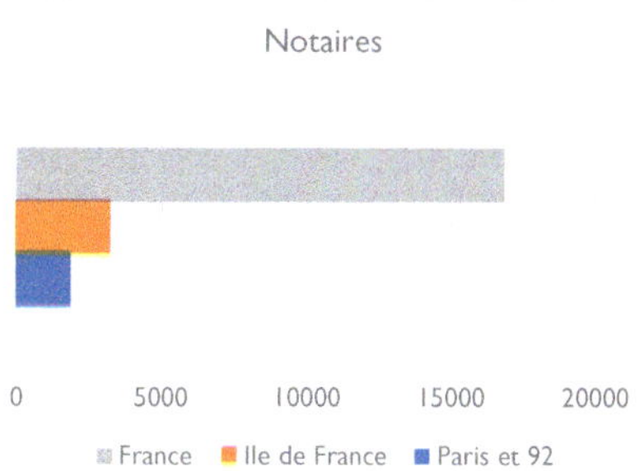
Notaires
0
5000
10000
15000
20000
France
Ile de France
Paris et 92

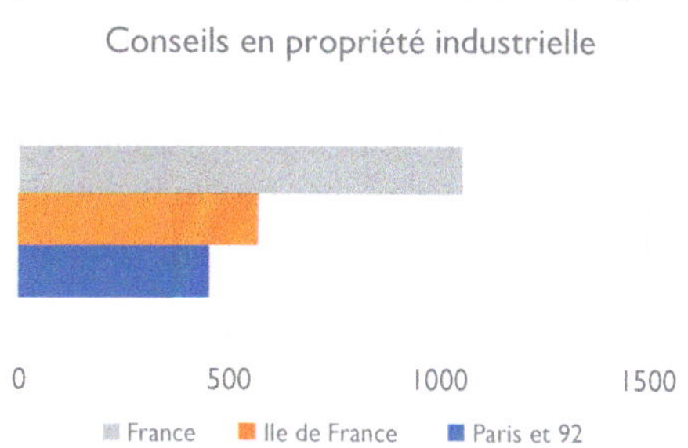
Conseils en propriété industrielle
0
500
1000
1500
France
Ile de France
Paris et 92

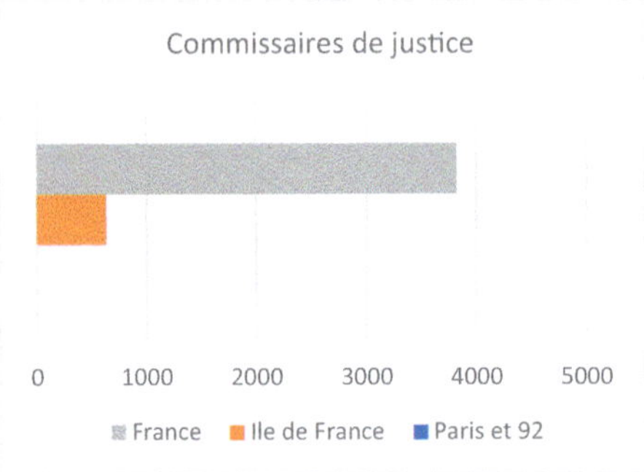

Il apparaît ainsi que **certaines professions juridiques sont particulièrement concentrées à Paris, comme les avocats aux conseils, les CPI et, dans une moindre mesure, les avocats à la cour, tandis que d'autres professions sont réparties de façon plus homogène sur le territoire, comme les notaires ou les magistrats en juridiction.**

Globalement, si l'on retient comme base les professions juridiques que nous avons retenues, il apparaît que la région Île-de-France concentre 42 % des professionnels du droit. Ce chiffre représente en réalité une estimation basse dans la mesure où la proportion de juristes et collaborateurs de professionnels du droit non comptabilisés est plus importante en région Île-de-France que dans les autres régions. En effet, la région parisienne et en particulier Paris et les Hauts-de-Seine concentrent la plupart des structures de grande taille (grands cabinets d'avocats, grandes études notariales, grandes juridictions) qui sont celles qui comportent le plus fort *ratio* de collaborateurs non recensés (*paralegals* dans les cabinets d'avocats, clercs de notaires, assistants de justice, assistants et collaborateurs divers...) par professionnels recensés (avocats inscrits au barreau, notaires indépendants, associés et salariés, magistrats...). Aussi, **le poids de la place juridique de Paris par rapport à la France est plus vraisemblablement de l'ordre de la moitié, en termes d'effectifs.**

On peut ajouter que le poids économique des acteurs exerçant en région parisienne est encore plus important, car la part de la place juridique de Paris dans les revenus générés par l'activité juridique française est plus importante encore que la répartition des effectifs des professionnels. Les données sur les effectifs des différentes professions du droit peuvent être complétées par des données concernant les revenus des principales professions juridiques réglementées.

Chiffre d'affaires (millions d'euros)	**France entière**	**Île-de-France**	**Paris et Hauts-de-Seine**
Avocats	16 797 m €	8 270 m € (49 %)	6 973 m € (41,5 %)
Notaires	12 313 m €	2 365 m € (19,2 %)	1 127 m € (9,15 %)
	29 110 m €	10 635 m € (36,5 %)	8 100 m € (27,8 %)

Il est intéressant de mettre en rapport ces chiffres avec ce que représente par ailleurs la région par rapport à la France entière :

	Poids relatif de la région Île-de-France par rapport à la France
Effectifs des professions juridiques	42 %
Revenus des avocats	49 %
Territoire	1,9 %
Population	18 %
PIB	31 %
Emplois	23 %
Effectifs de cadres	35 %

Finalement, cette analyse fait apparaître que **les acteurs du droit sont concentrés dans la région parisienne, même si le degré de cette concentration varie selon les catégories d'acteurs**. Ces données font aussi apparaître que la concentration des professionnels du droit dans la région capitale ne s'explique pas seulement par son poids démographique et économique. Une part de l'activité juridique française se concentre spécifiquement en région parisienne et contribue ainsi au développement d'une place juridique qui n'a pas simplement un rayonnement local, mais aussi national et international. On peut donc conclure qu'il existe très clairement un phénomène de concentration de l'activité juridique dans le Grand Paris. Ce résultat est cohérent avec l'opinion majoritairement exprimée par les personnes interviewées selon laquelle Paris est, parmi les villes françaises, la seule place juridique ayant un rayonnement qui n'est pas seulement local et régional, mais aussi national et international.

C. La localisation des acteurs de la place juridique de Paris

L'étude de la localisation géographique des principaux acteurs permet de mettre en évidence que **l'activité juridique de la place juridique tend à se concentrer sur un territoire particulièrement limité, à cheval sur les quartiers ouest de Paris et la partie des Hauts-de-Seine allant jusqu'à la Défense.**

La carte situant les principales juridictions, institutions normatives, autorités de régulation indépendantes, institutions de formation des juristes, institutions internationales, les principaux cabinets d'avocats français et internationaux, les principales études de notaires et d'administrateurs/mandataires judiciaires, cabinets d'avocats aux conseils, conseils en propriété industrielle, huissiers de justice, les principaux centres de règlement alternatif des litiges (arbitrage, médiation), les principaux gestionnaires d'infrastructures juridiques (INPI, RCS, Banque de France...), les principaux fournisseurs spécifiques des entreprises juridiques (services informatiques et juridiques, costume, éditeurs juridiques...), les principaux experts judiciaires, les principaux cabinets de conseils aux professionnels du droit, les principales organisations représentatives des professions et du monde du droit français fait apparaître une forte concentration dans l'espace des adresses qui s'inscrivent dans un losange.

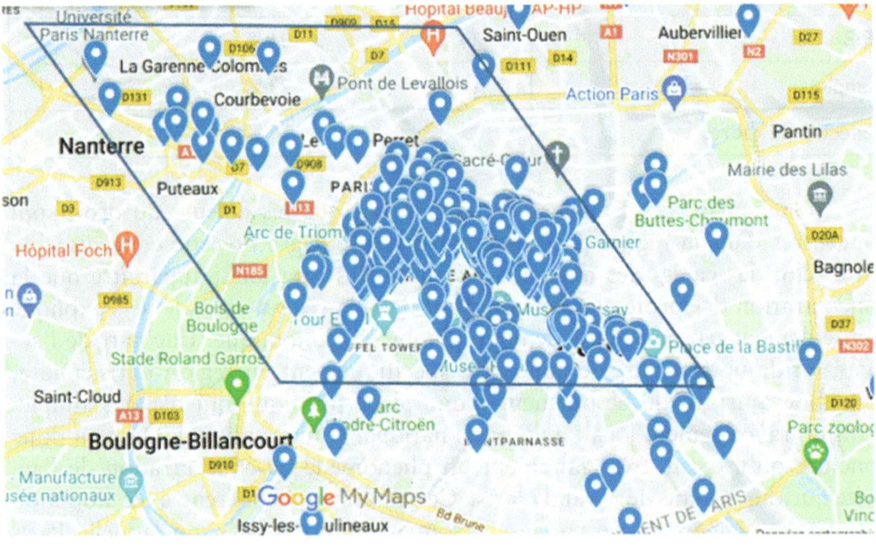

Il apparaît que **les principaux acteurs et institutions de la place juridique de Paris sont répartis sur deux départements : Paris et les Hauts-de-Seine,** ainsi situés sur le ressort de deux cours d'appel et cours administratives d'appel (Paris et Versailles). Les autres départements de la région parisienne possèdent une densité d'activité juridique et judiciaire qui peut être importante, mais qui est essentiellement liée à l'activité juridique de proximité qui est directement liée à la densité de population de certains territoires (la Seine-Saint-Denis, le Val-de-Marne, une partie du Val-d'Oise, des Yvelines, de la Seine-et-Marne et de l'Essonne). Les cabinets et études qui exercent sur ce segment de marché sont généralement des cabinets de taille petite ou moyenne (cabinets en contentieux pénal, de la famille, en lien avec le logement, le droit des étrangers, les transactions immobilières ordinaires, le recouvrement de créances…). Les professionnels du droit impliqués par la justice de proximité sont nombreux, mais ils n'apparaissent pas parmi les « principales » structures d'exercice, au regard de leurs effectifs, de leur chiffre d'affaires ou de leur notoriété.

La participation des Hauts-de-Seine à la place juridique de Paris. Une partie de la place juridique de Paris est localisée dans le département des Hauts-de-Seine qui prolonge les quartiers d'affaires de l'ouest de Paris. Le quartier de la Défense est l'un des plus importants quartiers d'affaires d'Europe. De nombreux sièges de grands groupes y sont implantés. Pour autant, la plupart des cabinets d'affaires internationaux, qu'ils soient d'origine française ou étrangère, restent généralement localisés à Paris, préférant des adresses prestigieuses à la proximité avec les services juridiques des entreprises. Il y a toutefois deux exceptions très notables : les cabinets pluridisciplinaires (Big 4…) et plusieurs cabinets spécialisés en droit fiscal sont implantés dans les Hauts-de-Seine, notamment à la Défense et à Neuilly-sur-Seine. Ces cabinets sont tout particulièrement actifs sur les dossiers internationaux. Par ailleurs, en raison de la localisation des sièges de certaines entreprises (grands groupes, entreprises de presse, entreprises de transport, entreprises pharmaceutiques, cabinets de consultants…) et aussi de la domiciliation dans les Hauts-de-Seine de particuliers et de familles fortunées, les juridictions nanterroises jouent un rôle très important, parfois leader, au même titre que les juridictions parisiennes, pour certains contentieux (comme la délinquance économique et financière, les dossiers de santé publique, les atteintes à la vie privée ou le régime juridique applicable aux consultants ou encore des questions de droit international privé appliqué au droit patrimonial de la famille). De plus, au même titre que le tribunal judiciaire de Paris, le tribunal judiciaire de Nanterre se voit reconnaître une compétence nationale pour un contentieux comme les affaires criminelles sérielles et non élucidées (*cold case*). Ainsi, un nombre très significatif d'acteurs présents dans les Hauts-de-Seine exercent une activité à rayonnement national et international, comme à Paris.

Après avoir mis en évidence que la place juridique de Paris occupait une place centrale et prédominante dans le contexte français, il convient de s'interroger sur sa place par rapport aux places juridiques internationales avec lesquelles elle est en concurrence.

IV. La position de la place juridique de Paris parmi les grandes places juridiques internationales

Le Grand Paris accueille non seulement une place juridique nationale (car l'essentiel des activités concernant le droit français se déploie logiquement dans la capitale du pays) et locale (dans la mesure où la région capitale est une région particulièrement dense en termes de population, d'activités économiques et d'interactions sociales, ce qui suscite une intense activité juridique), mais aussi une place juridique internationale.

Pour comprendre la place que Paris peut occuper parmi les grandes places juridiques dans le monde, il est essentiel de préciser ce qui constitue la composante proprement internationale de la place. Les composantes locales et nationales peuvent se développer ou stagner (en fonction de facteurs qui leur sont propres : croissance démographique, volatilité normative, « juridicisation » et judiciarisation croissantes...), mais il est pratiquement exclu que les acteurs qui, par exemple, traitent des litiges entre particuliers ou suivent l'adoption de nouvelles réglementations soient localisés ailleurs qu'en France. Autrement dit, les composantes locale et nationale de la place juridique de Paris sont protégées de la concurrence internationale et constituent un marché captif. La concurrence est alors essentiellement interne, entre les acteurs français. En revanche, **la composante internationale de l'activité de la place s'inscrit dans une concurrence entre les places juridiques**. Dans ces conditions, Paris peut profiter (gagner des parts de marché en réussissant à capter une partie du flux d'affaires aujourd'hui traitées dans d'autres villes) ou pâtir de la concurrence internationale (en perdant du terrain au profit des autres places). **La composante internationale de la place juridique correspond à un segment de marché à très forte valeur ajoutée. Son impact économique est donc majeur. C'est aussi un facteur important de rayonnement pour la France.**

Si l'on a aisément l'intuition qu'il existe au sein de la pratique juridique une composante « internationale », il n'est pas évident de la délimiter avec précision. Qu'est-ce qui caractérise un dossier ou un praticien de dimension internationale ? Les entretiens que nous avons menés permettent de proposer en réalité une pluralité de critères. Trois éléments apparaissent de nature à donner une coloration internationale à un dossier :

- un ou plusieurs protagonistes du dossier peuvent être étrangers ou de nationalités différentes ;
- l'objet de la relation juridique peut comporter une dimension transfrontalière ;
- une part ou la totalité du droit applicable au dossier peut être étranger ou international.

Il ressort en outre des échanges que nous avons eus avec les praticiens que **la composante internationale de l'activité juridique renvoie aussi à un critère d'importance des enjeux des dossiers.** En pratique, les « gros » dossiers tendent à être traités comme des dossiers internationaux, même s'ils apparaissent essentiellement franco-français. Il est de toute façon de plus en plus fréquent que les dossiers d'importance impliquent des parties, des droits ou des enjeux internationaux. Inversement, les « petits » dossiers, même s'ils comportent un élément d'extranéité (par exemple, des contentieux du quotidien qui impliqueraient un ressortissant étranger), ne feront pas l'objet du même traitement que les dossiers habituels de la « pratique internationale ». **Ce qui caractérise ainsi la « pratique internationale », ce sont finalement des méthodes particulières mises en œuvre par une catégorie de praticiens bénéficiant généralement d'une expertise et d'une expérience singulière dans le domaine des dossiers complexes.** La pluralité des acteurs intervenant dans de tels dossiers (experts, arbitres, cabinets de conseils en communication, banques, pouvoirs publics...) est fréquente.

Concrètement, l'un des critères les plus sûrs pour reconnaître un dossier ou un praticien relevant de la composante internationale de la pratique est l'usage de la langue anglaise. Il est ainsi possible de considérer qu'un professionnel ou un cabinet appartient à la pratique internationale de la place lorsqu'une partie importante de son activité est exercée en langue anglaise. Logiquement, ce segment du marché du droit est dominé par des cabinets internationaux qui sont souvent des émanations de cabinets d'origine étrangère (surtout des cabinets anglais et américains, et dans une moindre mesure des cabinets issus d'autres pays européens comme l'Allemagne, et, de façon croissante, des cabinets liés à la zone Asie-Pacifique). Quelques cabinets originellement français se positionnent comme des « cabinets internationaux » grâce à des implantations dans d'autres pays européens et sur d'autres continents (Afrique, Extrême-Orient, Amérique du Nord...). Toutefois, **les cabinets ayant leur centre de décision principal et historique en France apparaissent faiblement représentés parmi les cabinets internationaux. En revanche, le nombre d'avocats français dans les cabinets internationaux est important.** Ces praticiens ont souvent un parcours relativement atypique (formation juridique française complétée par des diplômes étrangers de type LLM ou des formations reçues dans des grandes écoles ou encore passage par des institutions nationales ou européennes ou par les directions des grands groupes). Les praticiens binationaux et polyglottes sont nombreux sur ce segment du marché. Ainsi n'est-il pas rare qu'un « cabinet américain à Paris » soit en réalité animé par une équipe d'avocats français, tout en appartenant à une structure transnationale ayant son siège à New York, Washington, Chicago ou en Californie.

Il n'existe pas une mesure évidente du caractère international d'une place juridique. Pour situer la position de la place juridique de Paris par rapport aux autres places juridiques internationales, nous avons donc été amenés à forger des indicateurs originaux. Nous présentons une première version de classements que l'on peut établir en appliquant cinq critères d'internationalité des places. Notre approche est ici principalement ordinale et objective : il s'agit surtout d'évaluer comment la place de Paris se situe par rapport aux autres places juridiques, en se fondant sur des données observables (plutôt que sur des perceptions des acteurs, parce que de telles études comportent de nombreux biais tenant au choix et à la subjectivité des répondants). Sur chacun des indicateurs, nous classerons les vingt ou les dix premières places juridiques. Nous leur attribuerons des points correspondant à ce classement, de manière à pouvoir ensuite proposer un classement synthétique fondé sur la sommation des points obtenus par les différentes places selon les différents critères.

A. Les principales places juridiques en fonction de la localisation des cabinets internationaux

Le premier critère pour mesurer l'ouverture d'une place juridique à une pratique internationale est la présence de bureaux et d'équipes appartenant à des réseaux transnationaux (*global law firms*) pratiquant le droit des affaires à une échelle internationale. Méthodologiquement, nous avons dans un premier temps identifié les principaux cabinets internationaux à partir des classements internationaux et européens des cabinets d'affaires pour obtenir une liste de plus de deux cents cabinets de grande taille. Puis nous avons exclu les cabinets qui n'ont pas d'implantation internationale (certains cabinets états-uniens, en effet, figurent dans les classements des plus grands cabinets par le nombre de leurs praticiens et par leur chiffre d'affaires, tout en n'opérant qu'à l'intérieur des frontières des États-Unis). Nous avons ensuite répertorié systématiquement les villes ou les espaces (la Silicon Valley compte pour une unité) où les cabinets sont implantés. Les places juridiques peuvent alors être classées en fonction du nombre de cabinets internationaux présents en leur sein.

Places	Nombre de bureaux	Rang	Points
San Francisco & Silicon Valley	147	1	20
Londres	144	2	19
New York	138	3	18
Washington D.C.	100	4	17
Grand Los Angeles	94	5	16
Bruxelles	90	6	15

Places	Nombre de bureaux	Rang	Points
Shanghai	88	7	14
Hong Kong	83	8	13
Pékin	79	9	12
Paris	69	10	11
Singapour	65	11	10
Francfort	59	12	9
Chicago	55	13	8
Dubaï	51	14	7
Tokyo	50	15	6
Munich	43	16	5
Milan	40	17	4
Moscou	36	18	3
Madrid	36	19	2
Düsseldorf	30	20	1

Les concentrations de bureaux de cabinets internationaux peuvent être représentées sur la carte suivante.

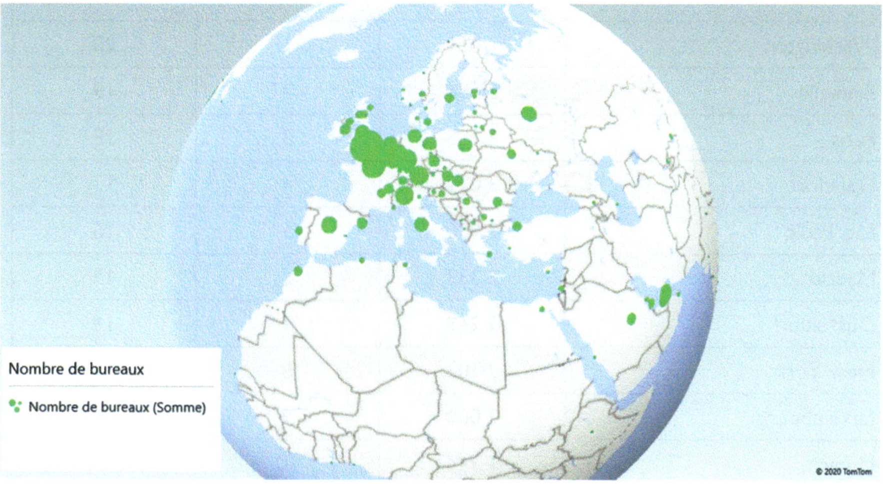

B. Classement des places juridiques en fonction de la localisation des concentrations de praticiens du droit

Un deuxième critère permettant de situer les places juridiques les unes par rapport aux autres consiste à identifier les concentrations de professionnels du droit. Par professionnels ou praticiens du droit, nous entendons les personnes qui sont identifiées comme des *lawyers* ou à des catégories équivalentes dans les différents pays : avocats, *barristers*, *solicitors* ou *Rechtanwalt*. Ces informations n'étaient pas disponibles pour les places chinoises. Nous avons par ailleurs présélectionné les villes susceptibles de constituer des places juridiques internationales en raison de leur taille et en ne retenant que quatre villes au maximum par pays. Cela permet d'écarter les places juridiques secondaires des pays qui en possèdent plusieurs, alors que l'activité internationale se concentre dans les places principales. Le polycentrisme juridique concerne particulièrement les États-Unis, l'Allemagne et, dans une moindre mesure, l'Australie. Nous avons ensuite rapporté le nombre de praticiens du droit à la population de la ville, de manière à neutraliser le facteur purement démographique. Il s'agit en effet de faire apparaître les villes où l'on peut observer les plus fortes concentrations, puisque, comme nous l'avons noté, la concentration est une condition de la spécialisation des praticiens, notamment sur le segment de la pratique internationale. Nous pouvons ainsi identifier les villes qui comptent le plus grand nombre de praticiens pour 100 000 habitants.

Places	Nombre de praticiens /100 000 hab.	Rang	Points
Washington	3 814	1	20
Bruxelles	3 684	2	19
Paris	3 155	3	18
Francfort	3 021	4	17
São Paulo	2 900	5	16
Madrid	2 333	6	15
Düsseldorf	2 249	7	14
New York	2 103	8	13
Luxembourg	2 000	9	12
Munich	1 744	10	11

Places	Nombre de praticiens /100 000 hab.	Rang	Points
Milan	1 704	11	10
Sydney	988	12	9
Mexico City	988	13	8
Rome	912	14	7
Genève	900	15	6
San Francisco & Silicon Valley	852	16	5
Londres	842	17	4
Varsovie	775	18	3
Manchester	709	19	2
Amsterdam	706	20	1

C. Classement des places juridiques en fonction de la localisation des institutions internationales

Une autre caractéristique des places juridiques internationales réside dans le fait qu'elles hébergent une ou des institutions internationales. Les organisations internationales sont réparties dans différentes villes du monde qui ne sont d'ailleurs pas nécessairement les capitales des pays (comme New York ou Genève). Nous avons identifié les institutions dont le caractère international découle de leur appartenance au « système des Nations Unies » (ONU elle-même, mais aussi les agences spécialisées de l'ONU et les organisations affiliées) ou d'un traité international prévoyant la création d'une organisation intergouvernementale permanente (comme l'OCDE). En Europe, parmi les institutions supranationales au sens large, il convient de noter l'importance des institutions européennes (notamment de l'Union européenne et du Conseil de l'Europe) qui occupent une place considérable qui n'a pas d'équivalent dans les autres régions du monde. Les institutions internationales ayant des prérogatives juridictionnelles ou quasi juridictionnelles ne sont pas prises en compte dans ce tableau, car elles font partie des « centres internationaux de règlement des litiges » que nous examinerons spécifiquement dans la partie suivante.

Les institutions internationales et européennes sont de taille très variable. L'ONU ou la Commission européenne comptent ainsi plus de 30 000 agents permanents alors que d'autres organisations internationales comptent moins d'une vingtaine de personnels permanents. Ces institutions ont des effets d'entraînement sur le secteur public (représentation des États membres auprès de ces institutions, observateurs...) et du secteur privé (notamment les cabinets de consultants, d'experts et de lobbyistes qui évoluent dans leur orbite). Ces effets d'entraînement sont particulièrement importants dans le cas des institutions internationales de financement et d'aide au développement, car les projets de financement nécessitent une importante expertise en matière de montage juridico-financier des dossiers financés ou cofinancés par ces institutions. Nous avons appliqué à chaque institution une double pondération tenant compte, d'une part, des effectifs permanents travaillant au sein des organisations internationales reflétant le poids de ces institutions (pondération proportionnelle), et, d'autre part, le contenu plus ou moins normatif de ces institutions (les institutions se voient attribuer un score allant de 1 [rôle normatif minimal] à 3 [rôle normatif majeur]). En effet, les institutions génèrent naturellement une activité internationale dont le contenu juridique est plus ou moins prononcé. Certaines organisations internationales jouent un rôle essentiellement opérationnel (par exemple, en gérant des programmes d'aide ou de distribution de ressources) ou documentaire (en compilant des statistiques sur une activité particulière exercée dans différents pays). La dimension juridique de telles activités est limitée. Par contraste, certaines organisations jouent un rôle dans la coordination d'institutions nationales ou régionales et sont appelées à jouer un rôle normatif. Si les organisations internationales dotées d'un pouvoir normatif autonome sont rares (sauf pour des normes « techniques »), beaucoup sont amenées à contribuer à l'élaboration de normes qui seront ensuite adoptées par des États ou des ensembles d'États (notamment l'Union européenne). La préparation de ces normes appelle alors un intense travail de négociation et d'élaboration des normes, travail mené en grande partie par des juristes. Nous avons finalement fait la somme des indicateurs pondérés pour les institutions hébergées dans chacune des places juridiques. Sur la base de cette méthodologie, nous sommes en mesure de donner un classement des vingt villes hébergeant les institutions supranationales les plus importantes au regard de leur poids et de leur rôle normatif.

Places	Score	Institutions	Rang	Points
Bruxelles	3,563	Commission européenne ; OTAN ; Conseil de l'UE...	1	20
New York	2,697	ONU ; ONICEF ; PNUD...	2	19
Genève	1,592	OMC ; OIT ; OMPI ; CNUCED ; HCR ; UIT ; OIM...	3	18
Washington	1,043	Banque mondiale ; FMI ; IFPRI...	4	17

Places	Score	Institutions	Rang	Points
Munich	0,544	Office européen des brevets...	5	16
Paris	0,339	OCDE ; ABE ; ESMA ; OIML...	6	15
Pékin	0,256	BAII...	7	14
Luxembourg	0,241	BEI ; Cour des comptes européenne ; Office stat...	8	13
Francfort	0,219	BCE ; CERS ; AEPP	9	12
Strasbourg	0,205	Conseil de l'Europe ; Parlement européen...	10	11
Vienne	0,136	UNODC ; AIEA ; ONUDI ; OSCE...	11	10
Nairobi	0,082	ONU-Habitat ; UNEP...	12	9
Londres	0,062	OMI ; BERD	13	8
La Haye	0,05	Europol ; Eurojust ; OIAC...	14	7
Amsterdam	0,049	AEM	15	6
Addis-Abeba	0,047	Union africaine	16	5
Cologne	0,045	Agence européenne de la sécurité aérienne	17	4
Montréal	0,042	OACI	18	3
Alicante	0,042	Office de l'UE pour la propriété intellectuelle	19	2
Bangkok	0,032	CESAP	20	1

D. Classement des places juridiques en fonction de la localisation des centres internationaux de règlement des litiges

Les institutions internationales de règlement des litiges jouent naturellement un rôle tout à fait particulier dans les places juridiques internationales. Nous avons établi un classement spécifique des places juridiques en fonction du rôle qu'elles jouent dans le règlement des litiges ayant une dimension typiquement internationale, soit à travers des juridictions supranationales, soit par l'intermédiaire des centres qui hébergent les grands arbitrages internationaux. Nous avons ainsi identifié des institutions internationales dédiées au règlement des litiges (Cour internationale de justice et Tribunal pénal international à La Haye, Cour européenne des droits de l'homme à Strasbourg, Cour de justice de l'Union européenne et Cour de l'AELE à Luxembourg, Tribunal international du droit de la mer à Hambourg, Tribunal pénal international pour le Rwanda et Cour africaine des droits de l'homme et des peuples à Arusha...) et des mécanismes de règlement des différends affiliés à des organisations internationales ayant un objet plus large (comme l'Organe de règlement des différends de l'OMC et le Tribunal administratif de l'OIT ; le Centre international pour le règlement des différends relatifs aux investissements [CIRDI] appartenant au groupe de la Banque mondiale). L'arbitrage international est une activité qui est très concentrée dans quelques centres d'arbitrage (Londres, Singapour, Hong Kong, Paris, Genève, New York, Pékin, Shanghai, Stockholm, Dubaï)[18]. En prenant en compte premièrement le nombre de centres hébergés et, secondairement, leur importance relative, on peut classer les dix places qui concentrent la plus grande part de l'activité internationale de règlement des litiges.

Places	**Centres internationaux de règlement des litiges**	**Rang**	**Points**
Genève	ORD de l'OMC ; TA de l'OIT ; ch. d'arbitrage de l'OMPI ; SCAI	1	20
La Haye	CJI ; TPI ; CPA	2	18
Luxembourg	CJUE ; Cour de l'AELE	3	16
Londres	LCIA ; LMMA	4	14
Paris	ICC ; site secondaire du CIRDI	5	12
Singapour	SIAC ; site secondaire de l'ICDR	6	10
Strasbourg	CEDH	7	8
Washington	CIRDI	8	6
Hong Kong	HKIAC	9	4
New York	ICDR	10	2

18. 2021, International Arbitration Survey: Adapting arbitration to a changing world.

E. Classement des places juridiques en fonction de la localisation des foyers des principales traditions juridiques

L'importance relative des *places juridiques* tient aussi au fait qu'elles *sont des foyers de rayonnement des traditions juridiques qu'elles représentent.* Ce rayonnement est lui-même lié à plusieurs facteurs. Tout d'abord, les travaux d'analyse comparée des systèmes juridiques permettent d'identifier des « grandes traditions juridiques » dont les plus anciennes et les plus importantes sont la *common law* et la tradition romano-civiliste. Chacune de ces grandes traditions connaît des variantes plus ou moins marquées qui se détachent d'une tradition juridique séminale. Ainsi, le droit états-unien a-t-il acquis une certaine indépendance et un rayonnement autonome par rapport au droit anglais. Le droit allemand, dans le sillage du code civil allemand (Bürgerliches Gesetzbuch (BGB)), constitue une tradition juridique relativement autonome dotée d'un dynamisme international propre, par rapport au droit civil français qui constitue un antécédent historique dans la tradition juridique continentale. Les quatre systèmes nationaux précités (anglais, américain, allemand et français) ont activement exporté leur modèle, dans le cadre de la colonisation ou, plus récemment, lorsque des États en transition cherchaient à remplacer leurs anciens systèmes juridiques (Europe centrale et orientale post-communiste, pays extrême-orientaux...). L'influence juridique internationale est aujourd'hui aussi le fait de traditions juridiques plus récentes. Ainsi, le droit de l'Union européenne et celui de la CEDH exercent-ils une influence internationale indépendamment des États membres européens. On peut aussi citer la Chine qui influence les systèmes juridiques de certains pays situés sur les « nouvelles routes de la soie ». Ensuite, il faut tenir compte du fait que certaines traditions juridiques singulières n'ont guère d'influence au-delà des frontières du pays où elles se sont développées (c'est le cas de l'Inde ou d'Israël dont les droits spécifiques ne rayonnent guère internationalement). Il faut aussi tenir compte du fait que certaines traditions juridiques ont un rayonnement régional plutôt que véritablement international. Il en va ainsi de la tradition juridique soviétique puis russe ou du droit OHADA en Afrique. Certaines traditions juridiques pourtant importantes n'ont pas vraiment de foyers parce qu'elles sont essentiellement diffuses et hétérogènes. C'est le cas des systèmes juridiques coutumiers qui ne concourent donc pas au rayonnement des places juridiques situées sur ces territoires. En revanche, la tradition juridique islamique possède plusieurs foyers dans la mesure où le droit musulman renvoie à plusieurs écoles de pensée et plusieurs traditions secondaires (sunnisme, chiisme...). Mais la fragmentation des foyers de cette tradition aboutit à limiter l'influence internationale de chacun des centres (Le Caire, Beyrouth, Téhéran, Riyad...). En prenant en compte ces différents éléments, on peut proposer le classement suivant des dix principaux foyers des traditions juridiques influentes sur le plan international.

Places juridiques	Justification	Rang	Points
Londres	Premier foyer de la *common law* partagée par les pays du Commonwealth et au-delà	1	20
Paris	Premier foyer du droit codifié (Code civil) et du droit public	2	18
Washington	Siège des institutions fédérales : Congrès, Cour suprême… et siège du FMI et de la Banque mondiale exerçant une influence internationale	3	16
Bruxelles	Principal foyer du droit de l'Union européenne via la Commission européenne	4	14
New York	Principal foyer de la pratique du droit des affaires ; siège de l'ONU	5	12
Luxembourg	Second foyer du droit de l'Union européenne via la CJUE	6	10
Strasbourg	Siège du Conseil de l'Europe et de la CEDH, foyer de la conception européenne des droits de l'homme	7	8
Berlin	Second foyer de rayonnement du droit codifié à partir du BGB	8	6
Pékin	Foyer des nouvelles Routes de la Soie comportant une dimension d'influence juridique	9	4
Abidjan	Siège de la Cour commune de justice et d'arbitrage de l'OHADA	10	2

F. Classement consolidé des places juridiques

On peut finalement proposer un classement général des places juridiques internationales tenant compte des différents critères particuliers que nous avons présentés. Pour établir ce classement consolidé, nous avons fait le choix ici de prendre en considération les rangs des places juridiques dans les différents classements, à travers les points obtenus, sans pondération particulière des critères sélectionnés.

Places	Nombre de points	Rang
Washington D.C.	76	1
Paris	74	2
Bruxelles	68	3
Londres	65	4
New York	64	5
Luxembourg	51	6
Genève	44	7
Francfort	38	8
Munich	32	9
Pékin	30	10
Strasbourg	27	11
San Francisco & Silicon Valley	25	12
La Haye	25	13
Singapour	20	14
Hong Kong	17	15
Madrid	17	16
Grand Los Angeles	16	17
São Paulo	16	18
Düsseldorf	15	19
Shanghai	14	20
Milan	14	21
Vienne	10	22
Sydney	9	23
Nairobi	9	24
Chicago	8	25
Mexico City	8	26
Dubaï	7	27
Rome	7	28

Places	Nombre de points	Rang
Amsterdam	7	29
Tokyo	6	30
Berlin	6	31
Addis-Abeba	5	32
Cologne	4	33
Montréal	4	34
Moscou	3	35
Varsovie	3	36
Manchester	2	37
Alicante	2	38
Abidjan	2	39
Bangkok	1	40

Le classement général permet de repérer nettement les principales places juridiques internationales telles qu'on peut les identifier à travers les critères que nous avons retenus dans cette étude. On peut ainsi souligner plusieurs résultats notables.

Les cinq plus importantes places juridiques internationales cumulent différentes caractéristiques : elles concentrent de nombreux praticiens du droit et les grands cabinets internationaux y ont installé des bureaux, elles accueillent des institutions internationales et des centres internationaux de règlement des litiges, et, enfin, elles constituent des foyers de rayonnement des grandes traditions juridiques classiques ou contemporaines.

En particulier, **Paris apparaît bien classée, ce qui s'explique par le fait qu'elle est à la fois une capitale politique, économique et financière, intellectuelle et même diplomatique**. Il est toutefois à noter que, si l'on avait pris en compte les enjeux des affaires traitées, la place de Londres aurait pu être mieux classée, mais les données en la matière sont trop incertaines pour être exploitées de manière fiable. On notera toutefois que le classement de Paris ne doit pas surprendre. **Si la capitale française apparaît en haut du classement, c'est qu'elle présente un profil « équilibré »** au sens où, si elle n'est jamais première dans aucun des domaines retenus pour notre étude, elle est néanmoins toujours dans le haut du classement contrairement à d'autres places qui peuvent être mieux classées selon certains critères, mais aussi nettement moins bien classées selon d'autres critères. En d'autres termes, la place juridique de Paris traduit le fait que, quel que soit le critère retenu, elle marque des points.

On observera que l'on compte de nombreuses grandes places financières qui sont en même temps de grandes places juridiques internationales (Londres, New York, Luxembourg, Genève, Francfort, Singapour...), mais ce n'est pas systématiquement le cas. Ainsi, Washington et Bruxelles figurent en tête de classement alors que ce ne sont pas des villes qui concentrent de nombreuses institutions et infrastructures financières.

Les rapports entre les places juridiques internationales. Les rapports que les places juridiques peuvent entretenir les unes avec les autres se situent logiquement au niveau des activités « internationales ». Nous avons souligné que les places juridiques internationales étaient en concurrence entre elles. Pour autant, il ne s'agit pas d'une concurrence pure et parfaite. Le marché des services juridiques internationaux possède en effet une structure assez sophistiquée. Il n'y a pas une équiprobabilité que des demandeurs de services juridiques internationaux s'adressent indifféremment à l'une ou l'autre des places juridiques internationales. En pratique, les aires géographiques d'influence restent importantes. Les places nord-américaines, par exemple, concurrencent assez peu les places européennes et réciproquement. En revanche, à l'intérieur de chaque aire, un nombre limité de places peut traiter les dossiers. Ainsi, quand un grand groupe d'origine américaine ou asiatique veut prendre pied en Europe se pose de façon assez ouverte la question de savoir où il implantera son siège pour la zone européenne (ou EMEA) et où les études préparatoires et les actes induits seront réalisés. Londres, Paris, Amsterdam, Dublin, Bruxelles sont alors souvent en concurrence pour attirer ce flux d'activités. Dans des domaines particuliers comme la fiscalité internationale, les places européennes qui se partagent l'essentiel du marché sont Amsterdam, Londres, Dublin, Luxembourg, Genève et, dans une moindre mesure, Paris. La deuxième observation qui peut être faite à cet égard tient au fait que les places juridiques internationales peuvent aussi être liées par des relations de complémentarité. En étudiant particulièrement les relations entre la place juridique de Paris et celle de Casablanca, il apparaît que la complémentarité prime la concurrence. Ce sont en effet souvent des équipes des bureaux de Paris qui travaillent avec les équipes des bureaux (plus petits) de Casablanca sur des dossiers tels que le déploiement des infrastructures d'énergies renouvelables. Il y a en outre une forme de hiérarchie entre les places. On peut ainsi observer que certains cabinets américains utilisent leurs bureaux de Paris ou de Londres comme base arrière pour pénétrer le marché nord-africain et subsaharien, Casablanca se positionnant comme un hub pour le continent africain. Du point de vue de sa place dans la division internationale des filières de la pratique du droit international, Paris apparaît comme une place intermédiaire. Comme on l'a déjà noté, il y a peu de cabinets internationaux ayant leur siège principal à Paris parce que les cabinets internationaux d'origine française sont peu nombreux et moins développés que les cabinets états-uniens, anglais ou chinois. En revanche, les bureaux parisiens des cabinets internationaux peuvent apparaître comme des quartiers généraux secondaires à rayonnement régional (par exemple, pour l'Europe continentale occidentale).

G. Conclusion

L'étude de la pratique juridique dans le Grand Paris que nous avons réalisée à partir d'entretiens et du traitement des données recueillies fait apparaître que **l'industrie juridique française est marquée par une forte concentration des praticiens du droit et des institutions juridiques et judiciaires dans la capitale, ce qui justifie certainement que l'on parle d'une « place juridique »**. Cette place comprend à la fois plusieurs cercles d'acteurs qui concourent à la production des services juridiques et plusieurs composantes (locale, nationale ou internationale) en fonction de l'échelle à laquelle le droit est pratiqué. Le principal déterminant de la capacité des acteurs à offrir une gamme des services juridiques à la fois diversifiée et à forte valeur ajoutée réside dans la qualité et la quantité de capital humain juridique concentré dans la place. Différents indicateurs montrent que **Paris est une grande place juridique internationale.** Paris se mesure avec d'autres grandes places internationales telles que Londres, Washington, New York ou Bruxelles. Pour autant, cette position flatteuse reste précaire. Les flux d'activités sur le segment de marché des services juridiques à forte valeur ajoutée pour le compte d'opérateurs de dimension internationale sont très mobiles et la concurrence entre les places est intense. Dans l'intérêt du Grand Paris et de l'économie française, **il est donc essentiel que la place de Paris soit confortée.** Cela passe notamment par le développement du capital humain juridique et par un souci d'améliorer la filière juridique dans toute sa profondeur.

PARTIE II

CONTRIBUTIONS À L'ESSOR DE LA PLACE JURIDIQUE DE PARIS

Les contrats internationaux et le droit français

Catherine Kessedjian

Professeure émérite de l'Université Panthéon-Assas Paris 2
Arbitre et médiateur

Deux phénomènes propres à la mondialisation, telle que nous l'avons connue depuis la fin de la Seconde Guerre mondiale, vont de pair tout en étant distincts : la contractualisation et la judiciarisation.

Le modèle économique libéral qui est le berceau de la *common law*, dans toutes ses variantes à travers le globe, s'appuie avant tout sur l'autonomie de la volonté des acteurs économiques dont l'instrument roi est le contrat. Ce double facteur explique la longueur et le détail de ces contrats qui doivent tenter de tout prévoir et de contenir l'intégralité des règles qui seront utiles à son exécution et à celle de l'activité qu'il organise afin de recourir le moins possible à un droit applicable et à un tiers pour en connaître l'exacte signification. Si l'on compare les contrats soumis au droit français, on est frappé par le caractère concis et succinct de leur rédaction, le droit, dans la tradition civiliste codifiée, étant là pour suppléer les éventuels manques ou imprécisions. Pour jouer ce rôle de « complément » du contrat, le droit applicable doit être lui-même clair, précis et assurer une bonne sécurité juridique, ce que la codification assure traditionnellement.

Nous savons cependant que le droit français rejoint petit à petit les droits de *common law* dans la complexité qui est la leur et le recours au juge qui est indispensable pour y voir clair. Certes, le recours au juge est très différent dans le système anglais et celui des États-Unis d'Amérique, non seulement en raison d'une culture plus contentieuse dans ce dernier pays, mais aussi du caractère extrêmement onéreux de la justice au Royaume-Uni. C'est d'ailleurs encore une matière d'étonnement pour beaucoup d'observateurs étrangers que cette justice difficilement accessible soit l'objet d'un grand respect à la fois par la qualité des hommes, et plus récemment des femmes, qui jugent et par les décisions qui sont rendues. L'usage de l'anglais, *lingua franca* du commerce international, aide grandement au rayonnement de ces décisions. Non seulement elles sont intelligibles par un grand nombre de juristes sans avoir besoin de recourir à une traduction, mais leur style de rédaction s'apparente plus à un récit (*a narrative*) qui en rend la lecture plus accessible. Même les décisions du *Hoge Raad* néerlandais se sont inspirées, en partie, du style anglais par opposition à la tradition civiliste dont ce pays revendiquait historiquement l'influence. Par contraste, le caractère particulièrement abscons d'un arrêt de la Cour de cassation française rebute les étrangers, même ceux versés dans les arcanes de la langue française. Ce n'est que récemment que les juridictions françaises ont commencé à publier des communiqués de presse explicatifs à propos de leurs décisions, à les traduire en anglais et ainsi permettre un accès facilité à la production normative française.

I. Le droit français – Parent pauvre de la mondialisation par le contrat ?

Dans les années récentes, l'attractivité du droit français a été probablement[19] renforcée par la réforme du droit des contrats. En tout cas, c'est avec cette volonté affirmée que la réforme a été entreprise[20], notamment après l'abandon des projets européens dans ce domaine.

Afin de proposer des développements un peu intelligents sur ce sujet, il conviendrait d'avoir à notre disposition des études empiriques sur la pratique contractuelle internationale des entreprises françaises, mais aussi des entreprises étrangères, installées dans des pays qui ont historiquement été influencés par le droit français ou, à tout le moins, par un droit de tradition civiliste.

Or de telles études n'existent pas, semble-t-il[21]. Lorsque commande nous a été passée du présent article, notre réflexe a été de nous poser les questions suivantes à propos de la pratique contractuelle des entreprises françaises[22].

19. Nous disons « probablement », car, à notre connaissance, aucune étude d'impact de la réforme n'a encore été publiée. Il serait intéressant de savoir si les entreprises françaises qui avaient abandonné le droit français dans leur pratique contractuelle internationale y sont revenues après la réforme.

20. Voy. les déclarations de la Chancellerie au moment de la soumission du texte de la réforme au Parlement.

21. Dans le bref laps de temps imparti pour écrire le présent article, nous ne pouvons prétendre avoir conduit une recherche exhaustive. Cependant, tous les sondages effectués, toutes les personnes interrogées, qu'elles soient juristes d'entreprise, membres d'une institution d'arbitrage, habituées des statistiques de l'INSEE ou universitaires utilisant généralement des études empiriques, ont confirmé ne pas avoir connaissance que de telles études aient déjà été conduites.

22. Pour bien faire, une étude de cette nature devrait être conduite sur une vingtaine d'années pour appréhender avec un tant soit peu de réalisme les évolutions. À défaut, une période d'une dizaine d'années donnerait déjà une assez bonne indication.

- Combien de contrats internationaux[23] une entreprise dont le siège social est installé sur le sol français[24] conclut-elle par an ?
- Parmi ces contrats, combien sont rédigés en langue anglaise et combien en langue française[25] ?
- L'utilisation de la langue anglaise est-elle due au fait que le cocontractant de l'entreprise « française » ne possède pas la langue française comme langue d'usage ?
- Parmi les contrats visés en (a), combien contiennent une clause de droit applicable au droit français, combien à un autre droit civiliste, et combien à un droit de *common law*[26] ?
- Existe-t-il une adéquation entre la langue de rédaction du contrat et le droit choisi ? En d'autres termes, existe-t-il des contrats rédigés en anglais, mais qui désignent néanmoins le droit français ou un droit de tradition civiliste ?
- Parmi les contrats visés en (a), combien contiennent une clause de règlement des différends visant l'arbitrage[27] et combien une clause de prorogation de compétence des tribunaux français ou d'un tribunal national d'un autre pays ?
- Existe-t-il une adéquation entre le droit choisi et la clause de règlement des différends ? En d'autres termes, si le droit français est choisi, quel est le mode de règlement des différends le plus souvent choisi ?
- Existe-t-il une adéquation entre le choix de l'arbitrage et le fait que le cocontractant de l'entreprise française est lui-même étranger ?

À défaut de telles études et indépendamment des réponses très parcellaires que nous donnent les statistiques de la CCI, voici ce qu'il est possible de dire à partir de notre expérience personnelle[28], sans que celle-ci ait aucune valeur statistique. La pratique des entreprises françaises utilise de plus en plus la langue anglaise

23. En droit français, la notion de « contrat international » s'appuie sur un critère économique. Il est donc parfaitement possible que deux entreprises françaises concluent entre elles un contrat international (et donc puissent choisir un autre droit que le droit français) si leur contrat doit, par exemple, être exécuté sur le territoire d'un pays étranger.

24. Une étude plus fine pourrait distinguer les entreprises filiales de groupes étrangers, et les entreprises françaises, même si ce critère de distinction est difficile à déterminer.

25. Les statistiques 2020 de la Cour d'arbitrage de la CCI, publiées le 4 août 2021, confirment l'intuition que nous avions : le français est très peu utilisé dans l'arbitrage CCI, 80 % des sentences étant rédigés en anglais pour environ 10 % en français. De plus, quand les sentences sont rédigées en deux langues, le français n'est jamais présent.

26. Les statistiques visées à la note 25 ci-dessus donnent un début de réponse ; 95 % des contrats soumis à l'arbitrage CCI contiennent une clause d'élection de droit. Cent vingt-sept clauses différentes ont été recensées. Le droit anglais est visé dans 13 % de ces clauses, alors que le droit français est visé dans moins de 6 % de ces clauses.

27. On pourrait affiner la recherche en incluant les clauses de médiation.

28. Pour les besoins du présent article, notre expérience a été recoupée avec celles de quelques confrères au barreau de Paris.

pour la rédaction de leurs contrats internationaux, particulièrement lorsque leur cocontractant n'est pas francophone. Toutefois, c'est également le cas lorsque le cocontractant est francophone, mais que le représentant qui négocie pour le cocontractant ne possède pas une connaissance suffisante de la langue française. La plupart du temps, l'entreprise française n'exige pas qu'une version française du contrat soit préparée concomitamment avec la version anglaise, seul moyen efficace de s'assurer que le contrat reflète une parfaite adéquation des deux versions à la réalité économique et juridique voulue par les cocontractants[29]. Parfois, le contrat sera traduit *a posteriori* en français, mais nous savons tous que, selon la magnifique expression italienne « *traduttore, traditore* », la traduction est une interprétation, si bien qu'elle peut s'éloigner plus au moins de la signification initiale du texte traduit. Indépendamment de ce point fondamental, on sait également que de s'exprimer dans une langue que l'on ne maîtrise pas complètement entraîne un appauvrissement de la pensée et qu'à force de simplification, le contrat finira par ne refléter qu'imparfaitement les aspirations des cocontractants, induisant des contentieux supplémentaires. L'abandon progressif, mais peut-être irréversible, de la langue française porte des conséquences non encore évaluées pour l'attractivité du droit français et de la justice française. Compte tenu de la déperdition lente, mais certaine, de l'usage du français, cette attractivité ne sera conservée (en partie) que si l'on fait l'effort de mettre à disposition des étrangers non francophones non seulement le droit français écrit, mais aussi les décisions rendues, dans d'autres langues que le français. La Suisse l'avait compris bien avant la France qui s'y est mise avec plus de réticence et plus récemment.

II. L'éviction du juge par les modes alternatifs du règlement des différends

La France a incontestablement conservé un atout de poids dans le règlement des différends grâce à l'arbitrage. Ceci est dû à un groupe d'universitaires éclairés et de membres du Barreau très compétents en la matière. Les gouvernements français successifs, ayant très tôt saisi l'importance de l'arbitrage et de se doter d'une législation moderne à cet égard, ont permis à Paris de jouer un rôle très actif dans l'évolution du droit de l'arbitrage toujours copié, mais jamais égalé, pour paraphraser une publicité bien connue.

29. Cette pratique n'est pas étonnante et reflète celle de l'État français qui, dans nombre de négociations internationales, n'exige plus de rédaction concomitante des textes négociés en langue anglaise, alors même que le français demeure une des langues officielles de l'organisation sous l'égide de laquelle les négociations se tiennent, se contentant d'une traduction *a posteriori*, parfois mot à mot, ce qui entraîne, au mieux des lourdeurs, au pire des contresens ou des faux-sens. Par ailleurs, de plus en plus de ministères des Affaires étrangères des pays membres d'Organisations internationales gouvernementales dont le français est une des langues officielles demandent à ce que l'organisation leur communique les documents officiels seulement en langue anglaise.

Certes, dans les années plus récentes, quelques coups durs ont été portés à l'arbitrage. Il est inutile d'en reprendre les éléments tant ils sont connus. De plus, dans des domaines où l'intérêt général est en jeu, comme en matière d'investissements, la justice privée que constitue l'arbitrage est fort critiquée, débat dans lequel nous ne pouvons entrer dans le cadre limité de cette contribution. Dans l'ensemble, cependant, même si la place de la France, comme « siège » préféré de l'arbitrage, continue à subir la concurrence sans répit de Genève, Londres et maintenant Singapour[30], sans parler de New York et d'autres places notamment dans un cadre régional (les Émirats notamment), Paris demeure une des premières places de l'arbitrage.

Cette tradition a certainement incité les entreprises à s'emparer de l'arbitrage comme mode privilégié de règlement des différends pour leurs contrats internationaux. Cependant, le droit français appliqué et interprété par un tribunal arbitral ne donne pas forcément les mêmes résultats que ceux auxquels seraient parvenues les juridictions françaises. Il n'existe en effet aucune obligation pour un tribunal arbitral de se conformer en tout point à l'interprétation donnée par les juges du pays dont le droit est déclaré applicable au contrat en cause. On ne peut donc pas compter sur les tribunaux arbitraux pour « développer » le droit national qu'ils appliquent comme le ferait le juge du pays en question. De surcroît, traditionnellement, les sentences arbitrales en matière commerciale, par opposition à l'investissement, ne sont pas publiées, même si, plus récemment, une tendance se fait jour pour aller vers une publication de plus en plus fréquente des sentences ou au moins de larges extraits.

En choisissant, en outre, Paris ou une autre ville française comme siège de l'arbitrage, elles font confiance au juge français comme juge d'appui et comme juge du recours de la future sentence. Il faut dire que ce juge, après avoir considéré brièvement l'arbitrage comme un concurrent[31] à sa propre compétence, s'est très vite rendu compte que la complémentarité de ces deux justices était une manière privilégiée de satisfaire les besoins des entreprises pour leur pratique contractuelle internationale. Le libéralisme du juge français et sa faveur vis-à-vis de l'arbitrage ont toujours été considérés comme un atout, même si, parfois, des procédures arbitrales un peu hasardeuses auraient pu légitimement profiter d'une vérification plus sévère de la part du juge. Dans l'ensemble, cependant, quelles que soient les affaires, en nombre très faible, qui

30. Après Hong Kong dont l'histoire retiendra peut-être qu'il a été évincé en raison de l'abandon de la politique « un pays – deux systèmes » qui avait présidé au retour de ce territoire dans le giron de la Chine. Les statistiques 2020 de la CCI, *supra*, note 25, montrent que la Suisse reste la plus attractive grâce aux deux centres d'arbitrage que sont Genève et Zürich. Ensuite vient la France au coude à coude avec les États-Unis (essentiellement New York) et le Royaume-Uni.

31. La concurrence est indéniable, même si elle est vraisemblablement nécessaire. Les contentieux soustraits aux juridictions nationales ne participent plus au développement du droit, sauf le jour où toute la pratique arbitrale sera connue, ce qui est encore loin d'être le cas aujourd'hui, même si la connaissance des sentences s'améliore.

peuvent être critiquées, le juge français a relevé avec beaucoup de sagesse et de réalisme les défis que lui posait ce mode privé de règlement des différends. Ce contentieux entre désormais dans la compétence de la Chambre internationale de la Cour d'appel de Paris[32].

III. Le sursaut du juge français grâce aux chambres internationales ?

Comme nous l'avons dit ci-dessus, la Chambre internationale du tribunal de commerce de Paris avait été créée il y a plusieurs années. La création de la Chambre internationale au sein de la Cour d'appel de Paris est beaucoup plus récente[33] et a été conçue comme une des réponses appropriées au Brexit et à l'impossibilité pour les décisions émanant des juridictions anglaises de bénéficier de la coopération judiciaire très approfondie mise en place progressivement depuis 1973 au sein de l'Union européenne.

Cette création est loin d'avoir été pionnière dans le domaine. Avant elle, on a pu dénombrer une petite dizaine de juridictions internationales, dans diverses régions du monde[34], destinées à attirer le contentieux commercial et utilisant la langue anglaise comme langue de procédure, indépendamment du fait que cette langue fut ou non la langue officielle du pays dans lequel elles ont leur siège. À cet égard, la même décision a été prise pour les chambres internationales françaises[35]. En outre, la procédure a été adaptée aux besoins de la pratique et des protocoles de procédure adoptés. Ces protocoles ont été préparés grâce à une concertation entre le barreau de Paris, les juridictions concernées et d'autres acteurs réunis au sein de Paris place de droit afin qu'ils reflètent les besoins de la pratique, tout en respectant les principes fondamentaux de la procédure tels que nous les avons hérités, notamment, de la Convention européenne des droits de l'homme et de la Charte des droits fondamentaux de l'Union européenne.

Il est désormais bien documenté que la création de ces chambres internationales a été un des facteurs déterminants de l'attractivité accrue de la place de Paris dans le domaine du droit bancaire et financier. C'est ainsi que, en 2018, l'*International Swaps and Derivatives Association* (ISDA) a décidé de compléter son offre de conventions modèles en proposant un contrat-cadre

32. La Chambre internationale du tribunal de commerce de Paris était ancienne.

33. C'est en 2017 que le Haut Comité juridique de la place de Paris (HCJP) a publié ses préconisations pour le traitement du contentieux international des affaires passant par la mise en place, à Paris, de chambres spécialisées.

34. Voy. la liste, in C. KESSEDJIAN, « Le Tiers impartial et indépendant en droit international – Juge, arbitre, médiateur, conciliateur », *RCADI*, 2019, t. 403, pp. 212 et s.

35. À l'origine, la Chambre internationale du tribunal de commerce pouvait aussi conduire des procédures dans d'autres langues en fonction des connaissances linguistiques des juges consulaires.

soumis au droit français en complément d'un nouveau contrat-cadre soumis au droit irlandais. Le contrat-cadre de droit français est destiné à être adopté pour toutes les transactions se déroulant sur le territoire de l'Europe continentale. Comme l'indique l'un des artisans les plus actifs de ce beau succès : « C'est très certainement une reconnaissance du dynamisme de la place et de ses acteurs, mais également une reconnaissance de la modernité du droit français, de la solidité du régime de *netting* (résiliation-compensation) et de la fiabilité du système judiciaire français »[36]. En outre, d'après le même auteur, la reconnaissance internationale des régulateurs français a également contribué à convaincre l'ISDA d'adopter ce contrat-cadre. Enfin, on doit également saluer le rapport très charpenté préparé par un groupe de travail au sein du Haut Comité juridique de la place de Paris (HCJP) qui détaille plus amplement que nous ne pourrions le faire ici les atouts du droit français et du recours aux juridictions françaises. Pour ces dernières, le fait que leurs décisions bénéficient de la reconnaissance quasi automatique prévue par le droit judiciaire européen entre indéniablement dans l'équation favorable qui a permis de faire adopter ce nouveau contrat-cadre.

Il est encore trop tôt pour dire si la transition sera effective en pratique, même si de grands établissements de la place ont d'ores et déjà recommandé la transition vers ce nouveau contrat[37]. De la même manière qu'il est encore trop tôt pour dire si la jurisprudence des chambres internationales sera à la hauteur des attentes des entreprises. Rendez-vous est pris pour analyser cette jurisprudence dans une dizaine d'années.

36. A. Caillemer du Ferrage, *Le contrat-cadre ISDA de droit français, Atouts et perspectives et pertinence du droit français en matière financière, Rapport du Haut Comité juridique de la Place financière de Paris*, Paris, European Institute of Financial Regulation, 2020.
37. *Ibid.*

L'arbitrage international, atout de la place de Paris

Michael Ostrove

Avocat à la Cour, Member of the New York Bar,
Global Co-Chair of International Arbitration chez DLA Piper

Maxime Desplats

Avocat à la Cour et Counsel chez DLA Piper

L'arbitrage international est le mode privilégié de résolution des différends commerciaux internationaux. Au moins trois raisons l'expliquent. L'arbitrage garantit un forum neutre, offre de la souplesse et permet d'obtenir une décision finale dont l'exécution à l'étranger est facilitée. Effectivement, rares sont les parties promptes à s'en remettre à l'appréciation du juge de la patrie de son cocontractant. Au-delà des soupçons – fondés ou pas – de biais en faveur des parties locales, vu que la procédure judiciaire se déroulera à l'étranger, potentiellement dans une langue étrangère, en suivant des règles procédurales paraissant profondément absconses et qu'il faille s'en remettre à des avocats jamais encore mandatés, il n'est pas étonnant de voir les acteurs du commerce international préférer l'arbitrage international aux juridictions étatiques. Cela est d'autant plus vrai que l'arbitrage international permet d'avoir recours à une procédure à laquelle les acteurs du commerce international sont habitués – mais aussi une procédure souple qui peut être modifiée selon les besoins des parties. Enfin, grâce à la Convention pour la reconnaissance et l'exécution des sentences arbitrales étrangères conclue à New York le 10 juin 1958, dont cent septante États sont parties à ce jour, l'exécution des sentences arbitrales est généralement plus facile à obtenir à l'étranger que celle d'un jugement prononcé par une juridiction étatique[38].

---

38. Voy. la liste des États contractants à cette convention internationale, accessible à l'adresse internet suivante : < https://www.newyorkconvention.org/ > (consulté le 27 janvier 2022).

Reste que, si l'arbitrage international permet d'éviter le recours au juge étatique, il n'en demeure pas moins qu'à quelques rares exceptions près, il doit être rattaché au système juridique d'un État. L'arbitrage doit avoir un « siège ». Autrement, le bon déroulé de l'arbitrage peut en pâtir. Par exemple, si le défendeur refuse de nommer un arbitre, la constitution du tribunal est bloquée. Or, si le siège de l'arbitrage est doté d'un droit de l'arbitrage solide et d'un système judiciaire favorable à cette méthode de résolution des litiges, le demandeur à l'arbitrage pourra solliciter du juge des juridictions du siège la nomination d'un arbitre en lieu et place du défendeur récalcitrant. Autre illustration de l'importance de ce rattachement, le siège de l'arbitrage fixe les conditions dans lesquelles la sentence prononcée par le tribunal arbitral peut être contestée.

L'importance du siège de l'arbitrage est ainsi telle qu'elle se matérialise dès la rédaction de la convention d'arbitrage. Par exemple, toutes les clauses type des plus grandes institutions arbitrales y font référence[39]. En outre, lorsque des parties à une convention d'arbitrage omettent de sélectionner un siège d'arbitrage, une des premières tâches que le tribunal arbitral (si ce dernier a pu être constitué malgré l'absence de siège) exécute est la fixation d'un siège[40].

L'importance de sélectionner un siège n'étant plus à démontrer, reste à déterminer celui à désigner. À cet égard, les grands sièges, soit ceux les plus fréquemment choisis par les acteurs du commerce international, se livrent une véritable compétition[41]. La raison en est simple et elle est avant tout économique. L'organisation d'arbitrages et le contentieux pouvant en résulter constituent une source de revenus importante. Il ne s'agit pas forcément de revenus pour les avocats et arbitres qui y participent, dans la mesure où ces derniers n'exercent pas forcément leur profession au siège. Mais, entre l'activité des avocats et arbitres qui exercent, eux, au siège et l'activité des centres d'audiences, hôtels, restaurants et autres qui permettent le bon déroulement d'une procédure, l'enjeu est significatif. Pour ne citer que Paris, le chiffre d'affaires annuel produit par l'arbitrage international uniquement au sein des principaux cabinets d'avocats implantés à Paris en 2011 était estimé, de manière très conservatrice, à 200 millions d'euros[42].

---

39. *Cf.* le modèle de la clause type proposé par la LCIA qui prévoit : « *[t]he seat, or legal place, of arbitration shall be [City and/or Country]* ». Des propositions similaires peuvent être trouvées dans les clauses types d'autres institutions arbitrales majeures comme l'ICC, le SIAC, HKIAC, CIETAC ou encore la SCC.

40. G. Born, *International Commercial Arbitration*, 3rd ed., Kluwer Law International, 2021, pp. 2258-2259.

41. Queen Mary University of London, White & Case, *2018 International Arbitration Survey*, https://www.international-arbitration-attorney.com, p. 11 ; L. Vignoli, « Paris, place forte de l'arbitrage international », *Le Monde*, 15 janvier 2016.

42. M. Prada, *Rapport sur certains facteurs de renforcement de la compétitivité juridique de la Place de Paris*, mars 2011, spéc. p. 5.

Une autre considération explique également cette concurrence entre les différentes places d'arbitrage. Il s'agit pour celles-ci de promouvoir le système juridique auquel elles appartiennent ainsi que leur vision du droit de l'arbitrage. Effectivement, il existe des différences notables entre les droits de l'arbitrage. Pour ne citer qu'un exemple, le droit du siège de l'arbitrage régit la question de savoir sous quelles conditions il convient d'appliquer une convention d'arbitrage à une partie qui n'en était pas signataire[43]. Certains droits de l'arbitrage offrent cette possibilité là où d'autres l'interdisent[44]. Or cela peut avoir des conséquences très importantes. Prenons l'hypothèse où un garant refuse d'indemniser le créancier, au motif que la créance garantie n'est pas reconnue par le débiteur. Dans ces conditions, le créancier a tout intérêt à attraire devant un tribunal arbitral à la fois le débiteur et le garant, même si ce dernier n'est pas signataire de la convention d'arbitrage. En effet, si le droit du siège le lui interdit et qu'il souhaite rechercher la responsabilité du garant, le créancier pourrait non seulement avoir à patienter jusqu'à l'issue de l'arbitrage intenté contre le débiteur, mais également à engager ensuite une nouvelle procédure distincte devant les juridictions étatiques compétentes pour faire condamner ce garant sur le fondement de la sentence arbitrale. Autrement dit, du choix du siège d'arbitrage va ainsi dépendre l'obligation ou non pour un créancier d'avoir à s'imposer des années de procédures avec tous les coûts qui y sont liés. Dans le cadre de cette compétition, la place de Paris est extrêmement bien placée – si bien que l'arbitrage international constitue un atout pour Paris. Il faut dire que la place de Paris ne manque pas d'attraits.

Du point de vue juridique, le droit français de l'arbitrage est réputé pour être « pro-arbitrage »[45].

---

43. Paris est ainsi souvent mentionné comme la place d'arbitrage la plus favorable dans le monde à l'extension de clause compromissoire à des tiers en vertu de la jurisprudence et du droit français. *Cf.* F. X. Train, « L'extension de la clause compromissoire – Chronique des années 2012-2017 », *Rev. arb.*, 2017, n° 3, pp. 389-444, spéc. p. 399.

44. Par exemple, la jurisprudence française admet l'extension de la clause d'arbitrage à des tiers non signataires dès lors qu'ils étaient impliqués dans la négociation, l'exécution ou la résiliation du contrat (Cass. [1re civ.], 27 mars 2007, *ABS*, n° 04-20.842 ; Cass. [1re civ.], 7 novembre 2012, n° 11-25.891). Cette extension, en raison de l'immixtion dans le contrat, est également reconnue par les tribunaux suisses (Cour suprême suisse, 17 avril 2019, *ATF*, 145, III, p. 199). Pour des approches plus restrictives adoptées par les tribunaux russes, hollandais et chinois, *cf.* B. Hanotiau, *Complex Arbitrations: Multi-party, Multi-contract, Multi-issue – A Comparative Study*, 2nd ed., International Arbitration Law Library, vol. 14, 2020, §§ 377-385, §§ 461-470.

45. G. B. Born, *International Commercial Arbitration*, 2nd ed., Kluwer Law International, 2014, pp. 141-145.

Le droit français soutient le processus arbitral à chacune de ses étapes[46]. Sauf en de rares cas, empêcher un arbitrage siégeant en France de se tenir ou encore faire annuler une sentence par les juridictions françaises est une entreprise vouée à l'échec.

D'une part, cela s'explique par la qualité du droit français de l'arbitrage. Par exemple, le droit français de l'arbitrage offre la possibilité aux parties à un arbitrage de renoncer à la possibilité de former un recours en annulation de la sentence[47]. Lorsque les parties n'optent pas pour une telle renonciation, le droit français leur précise alors le juge compétent[48] et les quelques rares cas dans lesquels une sentence arbitrale pourrait être annulée[49].

D'autre part, les juridictions en charge de l'application et de l'interprétation du droit français de l'arbitrage concourent également à cette réputation favorable à l'arbitrage. Ces dernières sont neutres, impartiales et rompues à l'arbitrage. La Cour d'appel de Paris dispose, à cet égard, d'une chambre très spécialisée (l'ancienne chambre 1 du pôle 1 qui a désormais été intégrée à la nouvelle « Chambre internationale »[50]). Cette composition permet la mise en place d'une procédure particulière, proche de celle communément suivie en arbitrage international et qui permet même de plaider en langue anglaise[51]. Par ailleurs, la Cour d'appel de Paris rend en matière d'arbitrage international des décisions citées et analysées dans le monde entier. La Cour de cassation n'est pas en reste. Plusieurs de ses conseillers sont des experts reconnus de la matière arbitrale[52].

Logistiquement, la capitale française permet la tenue d'audiences arbitrales dans les meilleures conditions. Certes, le siège de l'arbitrage ne doit pas être confondu avec le lieu où les audiences se tiennent. Un tribunal arbitral siégeant à Paris peut parfaitement tenir audience à Genève et inversement. Il n'en demeure pas moins qu'en général, et par une forme d'automatisme, les audiences ont lieu au siège, sans véritable débat. Quant aux cas où la question du lieu des audiences est effectivement débattue et que les parties peinent à s'accorder, les arbitres tiennent souvent compte du siège pour trancher ce point. Ceci est d'autant plus vrai lorsque le siège

---

46. Liv. IV « L'arbitrage », art. 1442 à 1527 C. proc. civ. ; voy. égal. T. CLAY, « "Liberté, Égalité, Efficacité" : la devise du nouveau droit français de l'arbitrage – Commentaire article par article », *JDI*, n° 2, avril 2012, p. 443 (1re partie) et p. 815 (2e partie).

47. Art. 1522 C. proc. civ.

48. Art. 1519 C. proc. civ.

49. Art. 1520 C. proc. civ.

50. La Chambre internationale a été créée en 2018 au sein de la Cour d'appel de Paris afin de répondre à la nécessité d'adapter « le système juridictionnel français aux enjeux économiques et juridiques internationaux contemporains ».

51. Art. 2.4 du Protocole relatif à la procédure devant la Chambre internationale de la Cour d'appel de Paris.

52. Entre autres, M. Dominique Hascher et Mme Dominique Guihal.

en question est Paris, tant il est facile d'y tenir audience. Effectivement, la Ville Lumière compte de nombreux hôtels et centres de conférences (elle a même été l'une des premières à accueillir des centres spécifiquement dédiés à la tenue d'audiences arbitrales), y compris à proximité de hubs internationaux (aéroports et gares), où peuvent se réunir aisément parties, avocats, arbitres, sténotypistes et interprètes[53]. En outre, vu le nombre impressionnant de spécialistes de l'arbitrage international exerçant à Paris (arbitres, avocats, experts en évaluation des dommages et intérêts, sténotypistes, interprètes), il est souvent plus simple de tenir des audiences à Paris puisqu'ils sont déjà sur place.

Du point de vue économique, la place de Paris est également attrayante. Pour une affaire similaire, le coût d'un arbitrage mené à Paris est sensiblement moins élevé que celui mené dans d'autres sièges régulièrement sélectionnés (comme Londres), surtout lorsque les coûts d'éventuels recours aux juridictions étatiques sont pris en compte (que ce soit pour appuyer ou, au contraire, pour tenter de remettre en cause un arbitrage).

Si l'arbitrage international est donc un atout pour la place de Paris en ce qu'il concourt à son rayonnement, cela n'a toutefois rien d'immuable, notamment lorsqu'il est tenu compte de la concurrence que les différentes places d'arbitrage se livrent. Comme pour tout acteur intervenant sur un marché concurrentiel, si la place de Paris souhaite conserver la place qui est actuellement la sienne et acquérir de nouvelles parts de marché, elle doit donc poursuivre une politique lui permettant de demeurer attractive.

Or, au vu de certains développements, d'aucuns avancent que la place de Paris perd du terrain face à ses concurrents en raison d'un abandon allégué de sa politique en faveur de l'arbitrage.

À cet égard, quatre développements concentrent l'attention.

En premier lieu, il y a la question du sort des arbitrages traitant de situations potentiellement entachées par des problématiques de corruption ou encore de blanchiment. Selon l'article 1520 du Code de procédure civile, une sentence prononcée dans le cadre d'un arbitrage international ayant son siège à Paris sera annulée si elle contrevient à l'ordre public international, c'est-à-dire à une règle qui, selon les juges français, est internationalement reconnue comme fondamentale[54]. En vertu de la jurisprudence prise en application de ce texte, une sentence arbitrale qui donne effet à un contrat obtenu par corruption viole l'ordre public international et doit être annulée[55]. Il n'y a là rien d'ex-

53. *Cf.* la liste des offres et services sur la place de Paris dressée par l'association Paris Place d'arbitrage.
54. CA Paris, 14 juin 2001, *Rev. arb.*, 2001, n° 4, pp. 773-781, note C. Seraglini.
55. CA Paris, 4 mars 2014, n° 12/17681 ; CA Paris, 16 mai 2017, *République démocratique du Congo c. Customs and Tax Consultancy*, n° 15/17442.

traordinaire et d'autres grandes places d'arbitrage partagent cette approche. En revanche, depuis quelques années, l'approche du juge français pour déterminer si un contrat est teinté de corruption a évolué[56].

Auparavant, le juge n'annulait une sentence que s'il était « flagrant » qu'elle donnait effet à un pacte corruptif[57]. En outre, pour opérer ce contrôle, le juge s'interdisait de considérer des éléments qui n'avaient pas été soumis aux arbitres. L'objectif affiché était de respecter le principe selon lequel le juge français contrôlant une sentence ne doit jamais juger à nouveau le litige soumis à l'arbitrage et se limiter à vérifier si la sentence prononcée ne repose pas ou ne donne pas effet à une injustice fondamentale[58].

Désormais, le juge français privilégie une autre approche. Pour vérifier s'il y a eu corruption, il ne se considère pas lié par l'appréciation des arbitres. Par ailleurs, il juge sur la base de tout élément qui lui est présenté, y compris ceux jamais soumis à l'appréciation des arbitres[59]. Il n'hésite d'ailleurs pas à solliciter des parties qu'elles produisent de nouvelles pièces pour l'éclairer. Enfin, le juge français s'appuie sur un faisceau d'« indices graves, précis et concordants », et non sur des « faits de corruption précisément identifiés » en raison de leur « caractère occulte »[60].

De cette nouvelle approche, il résulte que l'annulation d'une sentence pour corruption s'en trouve facilitée. Ceci n'a pas manqué de susciter des critiques ainsi que des craintes sur la compétitivité de Paris en tant que place d'arbitrage. Toutefois, puisque cette nouvelle approche concourt à la lutte contre la corruption, elle nous paraît difficilement critiquable. Elle pourrait même d'ailleurs avoir pour effet de renforcer l'attractivité de Paris, puisque certains acteurs du commerce international pourraient être rassurés par un siège qui ne tolère aucun risque de bénéfice tiré d'un pacte corruptif. En tout état de cause, on peine à imaginer que cette nouvelle approche pèse véritablement sur

56. C. SERAGLINI, « Le contrôle par le juge de l'absence de contrariété de la sentence à l'ordre public international : le passé, le présent, le futur », *Rev. arb.*, 2020, n° 2, pp. 347-376.
57. CA Paris, 18 novembre 2004, *Thalès Air Défense SA c. GIE Euromissile*, n° 2002/19606, puis réaffirmé dans Cass. (1re civ.), 4 juin 2008, *Cytec*, n° 06-15.320, cités dans C. SERAGLINI, « Le contrôle par le juge de l'absence de contrariété de la sentence à l'ordre public international : le passé, le présent, le futur », *op. cit.*, spéc. p. 351.
58. La prohibition de révision des sentences au fond par le juge d'annulation a été affirmée à plusieurs reprises par les juridictions françaises, Cass. (1re civ.), 12 février 2014, *Schneider*, n° 10-17.076 ; Cass. (1re civ.), 4 juin 2008, *Cytec*, n° 06-15.320 ; Cass. (1re civ.), 25 octobre 2005, *Omenex c. Hugon*, n° 02-13.252.
59. CA Paris, 17 novembre 2020, *Sorelec*, nos 18/07347 et 18/02568 ; CA Paris, 21 février 2017, *Belokon c. Kirghizistan*, n° 15/01650, cité dans C. SERAGLINI, « Le contrôle par le juge de l'absence de contrariété de la sentence à l'ordre public international : le passé, le présent, le futur », *op. cit.*, spéc. p. 363.
60. CA Paris, 28 mai 2019, *Sociétés Alstom c. Alexander Brothers*, n° 16/11182 ; voy. aussi CA Paris, 16 mai 2017, *République du Congo c. Customs & Tax Consultancy*, n° 15/17442 ; CA Paris, 21 février 2017, *Belokon c. Kirghizistan*, n° 15/01650.

la sélection du siège de l'arbitrage, tant elle ne devrait s'appliquer qu'à des questions limitées, car nécessairement graves puisque relatives à l'ordre public international. Autrement dit, le contrôle plus étendu du juge français tel que décrit ci-dessus en matière de corruption ou de blanchiment ne devrait pas trouver à s'appliquer dans l'immense majorité des cas. Ceci est d'autant plus vrai que, même pour les arbitrages où des questions de corruption peuvent être débattues, nul doute qu'autant que faire se peut, les arbitres tiendront désormais compte de cette nouvelle approche pour éviter de voir leur sentence annulée. Ceci est d'autant plus probable que la Cour de cassation vient de confirmer la validité de cette nouvelle démarche et, partant, la pérennise. Par sa décision du 23 mars 2022, elle a en effet approuvé le juge de l'annulation qui, pour rechercher si l'exécution d'une sentence arbitrale était de nature à entraver l'objectif de lutte contre le blanchiment, ne s'était pas limité aux éléments de preuve produits devant les arbitres et ne s'était pas estimé lié par leurs appréciations[61].

En deuxième lieu, la question du siège de l'arbitrage et de l'importance de Paris peut également se poser en matière d'arbitrage dit d'investissement, soit celui opposant un investisseur à un État et qui est généralement fondé sur un traité bilatéral ou multilatéral d'investissement. Certes, de nombreux arbitrages d'investissement sont intentés sous l'égide du Centre international pour le règlement des différends relatifs aux investissements (le CIRDI) pour lesquels il n'y a pas de siège à sélectionner[62]. Il n'en demeure pas moins que certains arbitrages d'investissement sont portés devant des institutions arbitrales telles que la Cour internationale d'arbitrage de la Chambre de commerce internationale (la CCI), ou encore devant des tribunaux *ad hoc*, et pour lesquels la sélection d'un siège conserve toute son importance.

Pour ces derniers, si le siège est Paris, les sentences qui en sont issues peuvent être contrôlées par le juge français sur le fondement de l'article 1520 du Code de procédure civile, comme n'importe quelle autre sentence rendue en matière internationale à Paris. En conséquence, si les arbitres saisis d'un arbitrage d'investissement se sont déclarés à tort compétents ou incompétents pour trancher le litige qui leur était soumis, ils peuvent voir leur sentence annulée[63].

Or, justement, la Cour de justice de l'Union européenne (dont la jurisprudence s'impose aux juridictions françaises) a récemment pris position pour que les juridictions des États membres annulent des sentences prononcées sur le fondement de traités bilatéraux d'investissement conclus entre États membres ou encore sur

61. Cass. (1re civ.), 23 mars 2022, n° 17-17.981.
62. E. Rubinina, « The Investment Treaty Arbitration Review: The choice of the seat in investment arbitration », Lexology, 17 juin 2021.
63. CA Paris, 3 juin 2020, *Venezuela c. Serafin Garcia Armas et Karina Garcia Gruber*, n° 19/03588 ; CA Paris, 29 janvier 2019, *Venezueala c. Rusoro Mining Limited*, n° 16/20822 (voy., dans la même affaire, Cass. [1re civ.], 31 mars 2021, n° 19-11.551), cités dans E. Rubinina, « The Investment Treaty Arbitration Review: The choice of the seat in investment arbitration », *op. cit.*

le fondement de traités multilatéraux d'investissement permettant à un investisseur de l'Union européenne de poursuivre un État membre[64]. Pour la Cour de justice de l'Union européenne, le droit de l'Union européenne interdit effectivement aux tribunaux arbitraux constitués en vertu de tels traités de se déclarer compétents[65].

Cette jurisprudence européenne, particulièrement décriée[66], devrait avoir pour effet de pousser les investisseurs de l'Union européenne à éviter que le siège de leur arbitrage ne soit situé dans l'Union européenne, et ce, afin de limiter les risques d'annulation de futures sentences[67]. Ceci est d'autant plus probable que ces risques se sont déjà matérialisés, notamment devant la Cour d'appel de Paris[68]. La France n'est évidemment pas directement responsable de cet état de fait et les solutions pour le pallier sont limitées aujourd'hui. Tout au plus la France, avec les autres États membres, pourrait-elle s'atteler à rassurer les investisseurs européens, et elle pourrait ainsi leur démontrer que le droit de l'Union européenne offre des protections similaires à celles offertes par les traités d'investissement. Paris risque tout de même de devenir une victime collatérale des avis prononcés par la haute juridiction européenne. Pour ne donner qu'un seul exemple, Londres, qui est une autre grande place d'arbitrage en concurrence directe avec Paris, ne va pas manquer de mettre en avant le Brexit et l'indépendance retrouvée de ses juridictions pour accueillir des arbitrages qui auraient autrement été tenus au sein de la Ville Lumière[69].

Si certains peuvent penser ce risque pour Paris somme toute limité à certains arbitrages d'investissement, c'est oublier que l'effet sur la place de Paris ne devrait pas être négligeable. D'abord, l'enjeu tant financier que juridique de ces arbitrages est considérable et il est donc dommageable que Paris ne puisse s'en saisir. Ensuite, avec le vote de nouvelles législations européennes ayant pour objectif de préserver l'environnement, il n'est pas exclu qu'à l'avenir, de plus en plus d'investisseurs européens s'estiment victimes de ces évolutions réglementaires et initient prochainement des arbitrages à l'encontre des États membres. C'est donc potentiellement de toute une vague d'arbitrages dont Paris pourrait être prochainement privée.

En troisième lieu, il est de fait que les recours en annulation sont parfois intentés sur le fondement d'une irrégularité qui n'a pas été soulevée pendant le cours de l'instance arbitrale. En l'absence d'un motif légitime qui aurait empêché

64. CJUE, 6 mars 2018, *Slowakische Republik c. Achmea BV*, n° C-284/16, § 60 ; CJUE (gr. ch.), 26 octobre 2021, *Republiken Polen v. PL Holdings Sàrl*, n° C-109/20, § 56 ; CJUE (gr. ch.), 2 septembre 2021, *République de Moldavie c. Komstroy LLC*, n° C-741/19.

65. *Ibid.*

66. *Cf.* E. GAILLARD, « L'affaire *Achmea* ou les conflits de logiques », *Rev. crit. DIP*, 2018, p. 616.

67. E. RUBININA, « The Investment Treaty Arbitration Review: The choice of the seat in investment arbitration », *op. cit.*

68. CA Paris, 19 avril 2022, n° 20/14581.

69. J. JOURDAN-MARQUES, « Chronique d'arbitrage : après Komstroy, Londres rit et Paris pleure », *Dalloz Actualité*, 17 septembre 2021.

qu'une telle irrégularité soit invoquée en temps utile, le recours en annulation peut être sanctionné sur le fondement de l'article 1466 du Code de procédure civile. Le recours en annulation sera alors jugé irrecevable, quand bien même l'irrégularité alléguée aurait pu entraîner l'annulation de la sentence[70].

Ainsi que l'explique la Cour d'appel de Paris, « le but poursuivi par cette disposition est d'éviter qu'une partie se réserve des armes pour le cas où la sentence lui serait défavorable »[71]. Ce texte est une illustration supplémentaire du caractère favorable à l'arbitrage du droit français de l'arbitrage.

Cette possibilité de « tuer dans l'œuf » le recours en annulation n'existe toutefois réellement que pour autant que l'article 1466 ne fasse pas l'objet d'une interprétation restrictive. Or deux décisions récemment rendues en la matière semblent favoriser des interprétations restreignant sa portée.

Dans la première affaire, un tribunal arbitral s'est déclaré incompétent pour connaître des réclamations formées par des investisseurs à l'encontre d'un État. Les investisseurs ont formé un recours en annulation au motif que le tribunal aurait dû se déclarer compétent. Au soutien de ce moyen, les investisseurs ont soulevé des griefs qui n'avaient pas tous été soulevés devant les arbitres. Sur le fondement de l'article 1466, l'État défendeur a conclu à l'irrecevabilité des griefs jamais invoqués devant les arbitres.

La Cour de cassation a donné raison aux investisseurs jugeant que, « lorsque la compétence a été débattue devant les arbitres, les parties ne sont pas privées du droit d'invoquer sur cette question, devant le juge de l'annulation, de nouveaux moyens et arguments et à faire état, à cet effet, de nouveaux éléments de preuve »[72]. Ainsi qu'une commentatrice n'a pas manqué de le relever, cette interprétation de la notion d'irrégularité « pourrait bien conduire à une évolution de nature du recours en annulation qu'il pourrait contribuer à ouvrir plus largement »[73].

Cela est d'autant plus préoccupant que tout indique que cette jurisprudence a vocation à avoir une portée générale. Effectivement, le conseiller Hascher de la Cour de cassation indique en des termes très généraux que « l'article 1466 du [C]ode de procédure civile sur la renonciation à se prévaloir d'une irrégularité faute de l'avoir soulevé[e] en temps utile devant l'arbitre, a débouché sur des arrêts ayant rejeté des recours en annulation fondés sur des moyens non invoqués devant l'arbitre. La première chambre civile de la Cour de cassation a marqué un point d'arrêt à cette interprétation »[74].

70. CA Paris, 2 décembre 2014, n° 13/17555 ; Cass. (2e civ.), 11 juillet 2002, n° 00-21.823.
71. CA Paris, 2 avril 2019, n° 16/24358.
72. Cass. (1re civ.), 2 décembre 2020, n° 19-15396.
73. L. Weiller, « Cantonnement de la portée de la règle de la renonciation à se prévaloir des irrégularités de la procédure arbitrale en matière de compétence », *Procédures*, n° 2, février 2021, comm. 40.
74. J.-P. Grandjean et M. Aynès, *10e Anniversaire de la réforme du droit français de l'arbitrage*, 13 janvier 2021, https://www.leclubdesjuristes.com, p. 3.

La deuxième affaire concerne un arrêt de la Cour d'appel de Paris, en date du 26 janvier 2021[75], qui semble également venir réduire la portée de l'article 1466.

Au soutien de son recours en annulation, une société a notamment soulevé le fait que le tribunal arbitral n'était pas indépendant, dans la mesure où des arbitres n'avaient pas révélé aux parties des liens entre leurs cabinets respectifs et certaines des parties à l'arbitrage[76].

S'appuyant sur l'article 1466, le défendeur s'est opposé à la recevabilité du recours en annulation au motif que l'auteur du recours avait eu connaissance, en cours d'arbitrage, des faits non révélés par les arbitres, car ceux-ci étaient notoires, et que c'est donc durant l'arbitrage qu'il aurait dû soulever ce problème – et non une fois la sentence prononcée, dans le cadre d'un recours en annulation.

La Cour d'appel de Paris a rejeté l'argument au motif que c'est à l'arbitre qu'il appartient de faire des révélations sur d'éventuels liens susceptibles de générer un doute sur son indépendance. La cour poursuit en concluant qu'ainsi, il ne pouvait être reproché à une partie de s'être abstenue de soulever un fait litigieux, même notoire, en cours d'arbitrage[77].

Cette solution admet, elle aussi, qu'une partie qui a eu connaissance en cours d'arbitrage de faits susceptibles de faire naître des doutes sur l'indépendance d'un arbitre puisse attendre de voir si la sentence lui a été favorable avant de tenter de les exploiter dans le cadre d'un recours. Cela ne semble donc pas militer non plus en faveur de l'efficacité de l'arbitrage.

En quatrième lieu, la lenteur avec laquelle les recours en annulation sont traités en France pose un problème. Par exemple, le débiteur dont les actifs saisissables se situent en dehors de France pourra vouloir intenter un recours en annulation en France à des seules fins dilatoires. L'exécution de la sentence à l'étranger pourra effectivement être suspendue sur le fondement de l'article VI de la Convention de New York, le temps que le recours en annulation soit définitivement tranché[78]. Or, en France, il faut parfois attendre de nombreuses années pour que cela advienne.

À l'inverse, c'est parfois le débiteur qui est victime de cette lenteur. Un exemple récent l'illustre bien. Saisies de la question de savoir si une interdiction d'exécuter aux États-Unis d'Amérique une sentence prononcée à Paris devait

75. En l'occurrence, le président de la Chambre de commerce internationale (« CCI »), CA Paris, Pôle 5, ch. 16, CCI, 26 janvier 2021, R.G. n° 19/10666.

76. Les autres griefs formulés à l'encontre de la sentence ne sont pas pertinents ici.

77. CA Paris, Pôle 5, ch. 16, CCI, 26 janvier 2021, R.G. n° 19/10666, § 112.

78. *Cf.* l'article VI de la Convention de New York qui dispose que, « [s]i l'annulation ou la suspension de la sentence est demandée à l'autorité compétente visée à l'article V, paragraphe 1, e, l'autorité devant qui la sentence est invoquée peut, si elle l'estime approprié, surseoir à statuer sur l'exécution de la sentence ; elle peut aussi, à la requête de la partie qui demande l'exécution de la sentence, ordonner à l'autre partie de fournir des sûretés convenables ».

être maintenue au motif que celle-ci avait de très sérieuses chances d'être annulée, les juridictions américaines se sont notamment appuyées sur la lenteur des procédures françaises (plus de quatre ans) pour lever l'interdiction et autoriser le créancier à entamer des mesures d'exécution forcée[79]. Si la sentence est finalement annulée par les juridictions françaises, cette situation n'aura vraiment pas été satisfaisante.

Ceci est d'autant plus vrai que d'autres sièges traitent ces recours en annulation avec une bien plus grande célérité[80].

* * *

Bien que seul l'avenir permette de déterminer le véritable impact de ces développements sur la place de Paris, il n'en demeure pas moins que, pris séparément ou ensemble, ils ont déjà changé le regard de certains praticiens de l'arbitrage international sur Paris et ont motivé certains observateurs à tirer la sonnette d'alarme. Par précaution, la place de Paris a toutefois de nombreux outils à sa disposition pour contrecarrer les éventuels impacts négatifs de ces développements et conforter sa position. Non seulement elle peut faire évoluer son droit de l'arbitrage, mais elle peut également rendre la place de Paris toujours plus attractive en mettant en place les moyens nécessaires. À cet égard, une piste parmi d'autres pourrait, par exemple, être de raccourcir drastiquement la durée des recours portés contre les sentences arbitrales en allouant à la Chambre internationale de la Cour d'appel de Paris les moyens qui lui sont nécessaires pour traiter ce contentieux avec une bien plus grande célérité. Cette piste a l'avantage de ne nécessiter aucune réforme législative et peut donc être facilement mise en œuvre.

79. *LLC SPS Stileks v. The Republic of Moldova*, n° 19-7106 (D.C. circ. 2021), p. 15. Pour une complète information du lecteur, DLA Piper France LLP, le cabinet d'avocats des auteurs, assiste la République de Moldavie dans cette affaire devant les juridictions françaises. En revanche, il ne représente pas cet État dans cette affaire devant les juridictions états-uniennes.

80. Par exemple, les juridictions londoniennes traitent généralement des recours en annulation en moins d'une année, là où il faut en général compter au moins dix-huit mois devant la Cour d'appel de Paris, voy., en ce sens, T. Fisher et A. Ross, « Osborne Clarke Report shows English Courts' support for process », *Global Arbitration Review*, 25 janvier 2022, https://globalarbitrationreview.com.

L'administration de la preuve dans le procès civil : le meilleur compromis français face au modèle américain

Jean-Yves Garaud

Partner chez Clearl Gottlieb

Les clauses de choix de juridiction figurent parmi les habituelles oubliées des négociations contractuelles entre les acteurs du commerce international. Ces quelques lignes, souvent situées dans les dernières pages des contrats et dont les subtilités ne sont pas toujours maîtrisées, jouent presque les trouble-fêtes lors de la conclusion d'une affaire et il n'est donc pas surprenant qu'elles fassent l'objet de compromis, plus ou moins réfléchis. Mais ces accommodements de dernière minute, une fois la relation consommée, se révèlent souvent être un casse-tête pour les entreprises. En fonction de la juridiction choisie, l'accès à la preuve, nerf de la guerre du procès, sera plus ou moins limité et plus ou moins onéreux : l'administration de la preuve compte en effet parmi les différences procédurales les plus significatives entre le droit civil et la *common law*.

Cette contribution est donc l'opportunité de faire le point en matière d'administration de la preuve sur les avantages comparatifs de la *common law* américaine qui privilégie l'accès à la preuve « quoi qu'il en coûte » (I) et du droit français qui tente de concilier les exigences d'efficacité et de recherche de la vérité (II).

I. L'administration de la preuve aux États-Unis : la vérité transigée

Le droit américain offre un accès facilité à la preuve détenue par l'autre partie ou des tiers, même hors du territoire américain, grâce à la procédure de *discovery* (A). Mais cette quête a un prix qui conduit une écrasante majorité des parties à transiger (B).

A. Un accès quasi illimité à la preuve détenue par les autres parties ou les tiers

La *discovery* constitue vraisemblablement la différence majeure entre le modèle américain et le modèle français de l'administration de la preuve dans le procès civil. Avant d'étudier plus en détail cette caractéristique procédurale de la *common law*, il convient de s'attarder sur les grandes étapes du procès civil américain pour comprendre dans quel contexte elle s'inscrit.

Aux États-Unis, le plaignant commence par faire enregistrer sa demande en justice auprès du tribunal compétent. La demande est ensuite signifiée au défendeur qui dispose d'un court délai pour répondre. À ce stade de la procédure, le défendeur peut tenter de mettre fin à la procédure sur des fondements juridiques, que ce soit par le biais d'une *motion to dismiss* (défenses procédurales), ou d'une *motion for summary judgement* s'il parvient à établir que, même à supposer les faits de la demande établis, la demande doit néanmoins être rejetée pour absence de fondement juridique. L'enjeu de ces *motions* est déterminant, car, à ce stade, il n'y a pas encore eu de *discovery* (ou une *discovery* limitée). Ce n'est que si ces motions sont rejetées et que la procédure continue que commence la phase de *discovery*.

La procédure américaine de *discovery*, régie par les dispositions de la règle 26 du *Federal Rules of Civil Procedure*, distingue les informations qui doivent être transmises spontanément à la partie adverse – tels les documents au soutien de l'argumentation – de celles qui peuvent être demandées soit à l'autre partie, soit à des tiers. Cette deuxième catégorie constitue la véritable différence avec le droit français. Chaque partie peut exiger de l'autre qu'elle divulgue tous les éléments de preuve liés au litige dont elle dispose, même si ces derniers lui sont défavorables. Cette faculté s'explique par la vision américaine de la justice qui privilégie la recherche de la vérité. Plus fondamentalement, le système américain repose sur une profonde méfiance à l'égard de l'État et du juge. Le citoyen qui souhaite rechercher les preuves pour établir son cas est présumé plus efficace que le juge dont le rôle est surchargé et toute latitude doit lui être donnée pour ce faire.

Pour mener à bien la recherche de preuve, les parties disposent d'un véritable arsenal : *interrogatories* (questions écrites envoyées à la partie adverse devant répondre sous serment), *depositions* (auditions réalisées sous serment), demandes de production de documents et demandes d'examen ou d'inspection. Cette phase de *discovery* qui peut durer de nombreux mois constitue un enjeu financier important et est susceptible de perturber significativement le fonctionnement de l'entreprise qui y est soumise. C'est aussi un exercice auquel les entreprises étrangères ne sont pas nécessairement familières. La réponse aux demandes de production de documents peut tourner au cauchemar en l'absence de très rigoureuses procédures internes de rétention de documents. Quant aux *depositions*, ces interrogatoires peuvent durer des journées entières et les cadres des entreprises européennes restent peu habitués à cette épreuve. Au-delà de la difficulté qu'elle représente, la *discovery* est au surplus longue et extrêmement coûteuse. Ceci explique qu'en cas d'échec de la *motion for summary judgement* beaucoup de défenderesses soient contraintes de transiger.

B. Des transactions « forcées »

Dans une écrasante majorité des cas, les affaires introduites devant les juridictions civiles américaines sont transigées avant ou après la *discovery*. En moyenne, seuls 3 % des affaires atteignent le *trial*, c'est-à-dire la phase consistant à débattre sur le fond de l'affaire devant le jury ou le juge, contre en moyenne 75 % des affaires introduites en France[81]. Mais un mauvais accord vaut-il toujours mieux qu'un bon procès ? Rien n'est moins sûr. Le coût et la lenteur de la justice américaine induits notamment par la *discovery* créent un biais dans le comportement des parties à l'égard de la transaction[82]. Ainsi, il est fréquent de voir des *class actions* complètement dénuées de fondement transiger pour des montants s'élevant à plusieurs millions de dollars, car la défense du dossier générerait des frais, principalement de *discovery*, d'un montant supérieur[83]. L'arsenal juridique déployé lors de la *discovery* représente entre 20 et 50 % des frais engagés lors d'un procès[84] – sachant qu'un litige contractuel coûte en moyenne 91 000 dollars US[85] – et allonge sensiblement la durée des procédures. Il faut compter en moyenne vingt-quatre mois pour

81. M. Havaron, « Quel procès civil en 2010 ? Regard comparé sur l'accès à la justice civile en Angleterre, aux États-Unis et en France », *RIDC*, 2010, vol. 62, n° 4, p. 905.
82. E. G. Lee et T.E. Willging, « Defining the problem of cost in federal civil litigation », *Duke Law Journal*, 2010, vol. 60, n° 3, p. 766.
83. P. Thieffry, « Quelques aspects comparés de la procédure civile en France et aux États-Unis », *RIDC*, 1984, vol. 36, n° 4, p. 794.
84. E. G. Lee et T.E. Willging, « Defining the problem of cost in federal civil litigation », *Duke Law Journal*, 2010, vol. 60, n° 3, p. 781.
85. P. Hannaford-Agor, « Measuring the cost of civil litigation », *Voir Dire*, 2013, n° 2, p. 26.

obtenir une décision après un *trial* dans une procédure civile fédérale[86], contre 5,4 mois devant le tribunal de commerce et 9,4 mois devant le tribunal judiciaire en France.

Si les nouvelles technologies permettent désormais de recourir à l'*e-discovery* et donc de rechercher plus rapidement les informations pertinentes, elles ont aussi mécaniquement contribué à l'augmentation du nombre d'informations disponibles[87]. Cette augmentation de la masse d'informations est d'autant plus problématique que le rôle du juge américain lors de la phase de *discovery* est limité, ce dernier n'intervenant qu'à la demande des parties pour limiter la *discovery,* soit en ordonnant des *protectives orders*, soit en statuant sur les objections portant notamment sur le coût disproportionné des mesures, la protection du secret professionnel ou encore le champ de la *discovery*. Ces objections nécessitent la production d'une liste – reprenant les informations de chaque document ainsi que le motif invoqué – à partir de laquelle le juge décidera d'accorder ou de refuser la production des documents.

Les entreprises n'étant pas établies sur le sol américain ne sont pas pour autant épargnées par ces procédures, malgré les tentatives de la France et des pays civilistes de limiter leur portée. La France a ainsi ratifié la Convention de La Haye de 1970 sur l'obtention de la preuve en matière civile et commerciale, laquelle prévoit la possibilité de formuler des réserves pour ne pas exécuter les demandes de *discovery* américaine[88]. Après avoir formulé une réserve stricte, la France a assoupli sa position en autorisant les commissions rogatoires de *discovery* énumérant limitativement les documents ayant un lien direct et précis avec l'objet du litige. Dix ans plus tard en 1980, la France a adopté en complément une loi blocage interdisant à toute personne de demander, de rechercher ou de communiquer, sous toute forme que ce soit, « des documents ou des renseignements d'ordre économique, commercial, industriel, financier ou technique tendant à la constitution de preuves en vue de procédures judiciaires ou administratives étrangères ou dans le cadre de celles-ci »[89]. Cependant, ces dispositions ont eu un impact très limité, les juridictions américaines considérant que ni la Convention de La Haye ni la loi de blocage ne constituent une raison suffisante pour se soustraire aux demandes de production effectuées dans le cadre des *discovery*[90]. En pratique la Convention de La Haye permet de limiter parfois le champ de la

86. The Juris Lab, *Federal Civil Cases Are Resolved in a Year, on Average, but Obtaining a Judgment through Trial Adds an Extra Year*, May, 2021, https://thejurislab.com.
87. N. M. PACE et L. ZAKARAS, *Where the Money Goes. Understanding Litigant Expenditures for Producing Electronic Discovery*, RAND Institute for Civil Justice, 2012.
88. Art. 23 de la Convention sur l'obtention des preuves à l'étranger en matière civile ou commerciale, conclue à La Haye le 18 mars 1970.
89. Art. 1er*bis* de la loi n° 80-538 du 16 juillet 1980.
90. *Société nationale industrielle aérospatiale v. United State District Court*, 482 US 522 (1987).

production des documents et d'organiser les auditions en France. La protection reste minime. Les espoirs de voir durcir la loi de blocage paraissent devoir rester vains compte tenu des contraintes.

II. L'administration de la preuve en France : le meilleur des deux mondes

Le droit français offre traditionnellement un accès beaucoup plus limité à la preuve dont le fardeau repose principalement sur la partie demanderesse, mais le système français s'est progressivement écarté de l'adage « pas de preuve, pas de droit » (A). Il s'est inspiré du modèle américain en introduisant un référé probatoire, une procédure rapide permettant avant tout procès d'établir ou de conserver la preuve de faits dont pourrait dépendre la solution d'un litige (B).

A. L'efficacité remarquable au cours du procès civil des dispositions existantes

Dans le procès civil français, il incombe aux parties de prouver les faits nécessaires au succès de leurs prétentions. L'assignation – l'acte introductif d'instance dans le procès civil – mentionne à peine de nullité la liste des pièces qui doivent être communiquées en temps utile à la partie adverse pour que cette dernière puisse en prendre connaissance et répondre[91]. À la différence du droit américain, le juge français occupe un rôle important dans l'administration de la preuve. Il peut ainsi ordonner à sa propre initiative ou à la demande d'une des parties des mesures d'instructions pour rechercher les faits nécessaires à la solution du litige, s'il ne dispose pas d'assez d'éléments pour statuer. Cette limitation aux faits nécessaires à la solution du litige constitue une autre différence avec le modèle américain de la *discovery*. Le périmètre plus restreint des mesures françaises explique d'ailleurs une partie de l'écart de coût entre les deux modèles, le juge français étant de surcroît tenu d'ordonner les mesures d'instruction les plus adaptées[92].

Contrairement à ce que l'on pourrait imaginer, l'éventail des mesures à la disposition des parties est presque aussi complet que l'arsenal américain : vérifications personnelles du juge, comparution personnelle des parties, déclarations de tiers, attestations écrites, auditions de témoins, production forcée de documents, enquêtes et autres constats, consultations et expertises. La différence est que ces mesures doivent être ordonnées par le juge qui traditionnellement était réticent à accorder des mesures trop larges, exigeant en matière de production

91. Art. 56 C. proc. civ.
92. Art. 147 C. proc. civ.

de documents que la partie requérante identifie précisément le document avant d'en ordonner la production forcée. Le juge français tend désormais à adopter une approche plus libérale en autorisant davantage la production forcée de pièces détenues par la partie adverse ou les tiers. Ces dernières années ont également vu la création des chambres commerciales internationales du tribunal de commerce de Paris et de la Cour d'appel de Paris, au sein desquelles les juges pratiquent une conduite américanisée du procès, parfois en anglais, en utilisant de manière plus libérale les outils procéduraux précités, concrétisant ainsi la volonté politique de la France de présenter un système juridictionnel attractif aux acteurs du commerce international.

B. Avant le procès, l'arme redoutable du référé probatoire

Si « prendre les devants est le meilleur moyen d'assurer ses arrières », le droit français offre au justiciable une arme redoutable en la forme du référé probatoire. Cette procédure permet d'obtenir des mesures d'instructions avant tout procès à condition d'avoir « un motif légitime de conserver ou d'établir avant tout procès la preuve de faits dont pourrait dépendre la solution d'un litige »[93]. Tout comme les mesures ordonnées pendant le procès, les mesures du référé probatoire obéissent au principe d'efficacité et de rationalité économique. Elles doivent être suffisamment précises, les mesures d'investigations générales étant interdites sauf accord de la personne investiguée[94].

L'intérêt de cette procédure réside notamment dans la possibilité offerte par l'article 145 du Code de procédure civile de procéder, si les circonstances l'exigent, de manière non contradictoire, c'est-à-dire par surprise, à une saisie massive de toutes les informations se trouvant sur les serveurs, ordinateurs et téléphones des sociétés et de leurs dirigeants[95]. Pour prévenir une éventuelle instrumentalisation de cette procédure, le droit français offre des garanties permettant la préservation du secret des affaires. La procédure suivie par le juge en cas de possible atteinte au secret des affaires consiste à placer les pièces sous séquestre durant un mois[96]. Si, à l'issue de ce délai, la partie requise n'a pas saisi le juge pour faire prononcer la modification ou la rétractation de l'ordonnance ayant autorisé la saisie, les pièces sont transmises à la partie ayant sollicité la mesure. D'une manière assez similaire à la procédure américaine, la partie requise souhaitant invoquer le secret des affaires devra, pour s'opposer à la communication des pièces saisies, justifier pour chaque pièce l'atteinte au secret et l'absence de pertinence du document pour la solution d'un éventuel

93. Art. 145 C. proc. civ.
94. Cass. (2e civ.), 31 janvier 2019, n° 17-31.535 ; Cass. (2e civ.), 16 mai 2012, n° 11-17.229.
95. Cass. (2e civ.), 30 janvier 2003, n° 01-01.128.
96. Art. R. 153-1 C. com.

litige. Elle devra de surcroît fournir au juge une version intégrale confidentielle ainsi qu'une version non confidentielle ou un résumé des pièces concernées[97]. Le juge des référés, qui n'est pas le juge compétent pour juger de l'éventuel litige, pourra ensuite refuser la communication des pièces à l'autre partie, ou l'autoriser partiellement ou dans leur intégralité, ou encore en restreindre la consultation en fonction de la pertinence des pièces et de l'atteinte au secret des affaires. Le secret des affaires n'est d'ailleurs pas le seul à jouir d'une protection en droit français. Le secret des correspondances avocat-client bénéficie, quant à lui, d'une protection absolue, empêchant en principe la saisie de ces documents ou à tout le moins leur transmission à la partie adverse[98].

Le référé probatoire n'est pas une exception française mais il est considéré comme le pendant français des dispositions américaines de la Section 1782 du Titre 28 du *United States Code*, à quelques nuances près. Ainsi, si les pièces obtenues lors de la procédure française sont susceptibles d'être produites devant les juridictions françaises ou étrangères, la procédure américaine peut, quant à elle, être déclenchée, même en cours de procès, par un tribunal étranger ou par toute partie intéressée qui souhaiterait obtenir des documents pour les produire devant une juridiction internationale ou étrangère. En revanche, les deux procédures sont limitées territorialement et ne peuvent être conduites à l'étranger.

En complément des outils procéduraux précédemment décrits, le droit français permet aussi un certain déversement de la preuve récoltée lors d'une procédure pénale devant les tribunaux civils et notamment des documents obtenus dans le cadre d'une enquête ou d'une instruction en cours, malgré le principe du secret de l'enquête préliminaire et de l'instruction, sous réserve pour la partie civile ou le mis en examen d'y être autorisé par le ministère public[99]. Cette évolution récente de la jurisprudence vient renforcer l'attractivité du système français de l'administration de la preuve.

Ainsi, si le modèle américain offre un accès facilité et quasi illimité à la preuve, le modèle français propose sans doute le meilleur compromis coût-efficacité en matière d'administration de la preuve dans le procès civil. Permettant un combat judiciaire plus égalitaire en restreignant l'accès à la preuve non nécessaire à la solution du litige, le droit français se révèle néanmoins efficace pour établir et conserver la preuve de faits, même avant tout procès.

97. Art. R. 153-3 C. com.
98. Cass. (1re civ.), 3 novembre 2016, n° 15-20.495.
99. Cass. (1re civ.), 30 juin 2016, nos 15-13755, 15-13904 et 15-14145.

Le droit français de la preuve et la protection contre les excès de l'activisme judiciaire international

Noëlle Lenoir

Avocate au barreau de Paris
Ancienne ministre
Ancien membre du Conseil constitutionnel
Présidente du groupe de travail de Paris-Île de France Capitale Économique consacré à la place juridique de Paris

Il est un facteur d'attractivité de Paris comme place de droit qui, pour encore trop méconnu qu'il soit, ne doit pas être négligé à l'heure de la croissance exponentielle des poursuites et des litiges internationaux impliquant des sociétés immatriculées en France, entreprises françaises et filiales de sociétés étrangères : il s'agit des modalités de transfert de preuves depuis la France vers l'étranger. En effet, les règles qui encadrent ces transferts offrent aux sociétés immatriculées en France une protection non négligeable, lorsqu'elles sont confrontées, ce qui est souvent le cas, à des demandes pharaoniques de production de documents. Ces demandes peuvent émaner soit d'autorités publiques étrangères dans le cadre d'investigations internationales, soit de parties privées dans le cadre de litiges transnationaux.

I. La multiplication des contentieux internationaux des affaires

Les entreprises françaises et les filiales françaises des sociétés étrangères sont particulièrement exposées à des demandes de discovery et pre-trial discovery excessives. D'abord, la France est l'un des rares pays européens à être le siège d'un nombre aussi important de champions mondiaux à capitaux d'ailleurs français comme étrangers. En témoignent la variété et la vigueur des entreprises du CAC 40. Ce dernier couvre un large spectre d'industries et de services dans des secteurs sensibles : énergie, banques, grande distribution, mode, défense, agro-alimentaire, aéronautique, transport maritime, construction automobile... Ces entreprises, présentes dans le monde entier, sont plus que d'autres confrontées à des contentieux diligentés par des concurrents, des clients, des fournisseurs, des salariés, des associations, des syndicats, etc., dans le cadre de litiges commerciaux ou relatifs à leur responsabilité sociale d'entreprise.

En effet, nos multinationales sont actives dans des pays à risques où elles ont des filiales, des fournisseurs et des clients. Il en est de même des grands groupes étrangers ayant des filiales en France. Toutes ces sociétés peuvent être accusées en France ou à l'étranger, à tort ou à raison, de se livrer à des pratiques corruptives, d'enfreindre les règles de concurrence, de porter atteinte à l'environnement ou aux droits humains ou sociaux, tous agissements qui peuvent donner lieu à des investigations pénales ou à des enquêtes administratives en France de la part d'autorités publiques étrangères. Si des sanctions leur sont infligées, il y a des chances que ces sociétés soient ultérieurement attraites devant des juridictions étrangères le cas échéant via des actions collectives par ceux qui s'estiment victimes des agissements ainsi sanctionnés. Des entreprises peuvent aussi être poursuivies pour avoir violé des embargos décidés notamment par le législateur américain, comme BNP Paribas en a fait l'amère expérience à raison de ses activités au Soudan[100].

En outre, les sanctions infligées à la Russie pour avoir envahi et déclenché une guerre en Ukraine en février 2022 conduiront les autorités régulatrices ou judiciaires à diligenter des enquêtes à l'encontre des entreprises qui tenteraient ou seraient accusées de tenter de les contourner. S'il est prévisible que les autorités administratives ou judiciaires de certains États membres de l'Union européenne hésiteront à intenter des poursuites contre leurs sociétés nationales lésées par la cessation ou la diminution de leurs activités en Russie, on peut compter sur les régulateurs et les procureurs américains pour y suppléer s'ils

100. Communiqué de presse du Department of Justice américain : « *BNP Paribas agreed [...] to enter a guilty plea to conspiring to violate the International Emergency Economic Powers Act (IEEPA) and the Trading with the Enemy Act (TWEA) by processing billions of dollars of transactions through the U.S. financial system on behalf of Sudanese, Iranian, and Cuban entities subject to U.S. economic sanctions* », 30 juin 2014.

estiment que des sociétés européennes ne respectent pas les sanctions américaines. Sans compter que la révision de nos relations économiques avec la Russie générera, elle aussi, de nouveaux litiges transnationaux.

Last but not least, la loi n° 2017-399 du 27 mars 2017 sur le devoir de vigilance, dont l'objet est de rapatrier en France des actions en responsabilité civile visant des groupes – sociétés mères ou donneuses d'ordre – n'ayant pas pris les mesures qui s'imposent pour éviter les dommages causés par une filiale ou un fournisseur à l'étranger, crée un nouveau type de contentieux internationaux. Certaines de ces actions se doublent d'ailleurs déjà d'un contentieux devant les juridictions du pays étranger où le dommage allégué est survenu[101].

L'exposition en France des entreprises à des poursuites diligentées par des autorités ou parties privées étrangères devant des juridictions étrangères est à la mesure de stratégies judiciaires devenues le mode d'action militante ordinaire des organisations non gouvernementales (« ONG »). Celles-ci y voient l'occasion d'attirer l'attention de la communauté internationale sur les causes qu'elles défendent, en particulier en matière climatique ou de droits de l'homme[102]. Pour les multinationales, c'est un nouveau paradigme. Aucune de leurs activités n'est à l'abri d'un activisme judiciaire qui ne se dément pas. Il s'accroît au contraire dans les pays démocratiques, les ONG n'ayant pas droit de cité dans les régimes autoritaires.

II. Parer aux demandes abusives de transmission de preuves à l'étranger

Pour comprendre les enjeux du transfert des preuves entre la France et l'étranger, que ce soit sous forme de transmission de documents informatiques ou de témoignages pouvant être apportés à distance, il convient de rappeler les différences procédurales fondamentales qui existent entre les pays de *common law* et la France, pays de droit civil.

Ces différences sont de deux ordres. Premièrement, en France, la production des preuves est libre. Une partie ne peut contraindre la partie adverse à produire des documents non versés spontanément qu'en passant par un juge. En matière civile par exemple, il revient au juge d'ordonner avant procès *in futurum* la production de preuves sur la base de l'article 145 du Code de procédure civile[103] et, durant le procès, sur le fondement de l'article 146 du même

101. Règlement (UE) n° 1215/2012 du 12 décembre 2012 concernant la compétence judiciaire, la reconnaissance et l'exécution des décisions en matière civile et commerciale (refonte).

102. M. Torre Schaub, *Les dynamiques du contentieux climatique : usages et mobilisations du droit*, Paris, LGDJ, 2021.

103. « S'il existe un motif légitime de conserver ou d'établir avant tout procès la preuve de faits dont pourrait dépendre la solution d'un litige, les mesures d'instruction légalement admissibles peuvent être ordonnées à la demande de tout intéressé, sur requête ou en référé ».

Code[104]. En revanche, aux États-Unis, la demande de production de preuves dans le cadre du *pre-trial discovery* est transmise de partie à partie, c'est-à-dire d'avocat à avocat. Le juge n'a à intervenir que si les parties ne s'accordent pas sur le périmètre des preuves pour ordonner la production des documents demandés (*motion to order*) ou, au contraire, rejeter la requête (*motion to dismiss*). Deuxièmement, alors qu'en France, au civil comme au pénal, les juges statuent selon leur « intime conviction » et décident donc à quel moment ils se satisfont des preuves produites, aux États-Unis, il faut souvent convaincre un jury et le standard de preuves est en conséquence plus élevé. Au pénal, il faut qu'il n'y ait pas de doute raisonnable (*beyond reasonable doubt*). Au civil, si ce principe n'est en théorie pas applicable, il faut en fait être tout aussi persuasif. Ceci explique, en partie tout au moins, pourquoi les procès civils et les investigations pénales aux États-Unis donnent lieu à des transferts de documents qui se chiffrent par dizaine de milliers, sinon par millions. Ce chiffre ne cesse d'ailleurs d'augmenter tant il est facile par un clic d'envoyer des masses considérables de documents (*Electronically Stored Information*).

Dans ce contexte, le droit français, qui permet d'encadrer la transmission des preuves et d'éviter les débordements propres au *discovery* ou au *pre-trial discovery* à l'américaine, connaît un regain d'intérêt. Les juges français sont aujourd'hui au fait des procédures d'entraide judiciaire internationale qui canalisent le transfert des preuves à l'étranger. Des juges étrangers, aux États-Unis, ont par ailleurs récemment rendu des décisions attestant une meilleure compréhension de notre droit de la preuve et des limites à poser lorsque les demandes de communication de documents vont bien au-delà de ce qui est utile au litige ou à l'investigation en cours.

III. Pourquoi la loi dite improprement de blocage ne fait en réalité que renvoyer aux accords passés entre États pour canaliser les transferts de preuve ?

La loi française n° 68-678 du 26 juillet 1968 relative à la communication de documents et renseignements d'ordre économique, commercial, industriel, financier ou technique à des personnes physiques ou morales étrangères, modifiée par la loi n° 80-538 du 17 juillet 1980, a été adoptée en même temps que des lois analogues en Europe et dans des pays du Commonwealth. Le but

104. « Une mesure d'instruction ne peut être ordonnée sur un fait que si la partie qui l'allègue ne dispose pas d'éléments suffisants pour le prouver.
En aucun cas une mesure d'instruction ne peut être ordonnée en vue de suppléer la carence de la partie dans l'administration de la preuve ».

était de parer aux abus du *discovery* et du *pre-trial discovery* dans un souci de protection des intérêts économiques de l'État liés à l'activité des entreprises visées par des procédures judiciaires ou administratives. Beaucoup de lois étrangères sont demeurées lettre morte, mais non la loi française.

La doctrine, puis les juges américains, ont surnommé cette loi « loi de blocage », ce qui est trompeur. En réalité, elle ne fait que rappeler le principe de la primauté des traités sur les lois. Elle rappelle les parties privées et les autorités publiques étrangères à leur devoir de respecter les traités d'entraide judiciaire internationale. Ces traités sont en règle générale bilatéraux en matière pénale[105]. Le traité applicable en matière civile est un traité multilatéral, à savoir la Convention de La Haye du 18 mars 1970 sur la collecte des preuves à l'étranger en matière civile et commerciale[106].

Cette convention est due à l'initiative des États-Unis en quête d'un terrain d'entente pour réconcilier autant que faire se peut les procédures propres à la *common law* et celles du droit civil écrit. Elle prévoit trois procédures pour la transmission des preuves à l'étranger. La première est la commission rogatoire internationale (CRI) exécutée par un juge[107]. La seconde formule est celle du « commissaire », un tiers neutre qui veille à la régularité de la transmission des preuves sans avoir de pouvoir de contrainte sur les parties. Enfin, la Convention ménage la possibilité de désigner un agent diplomatique ou consulaire de l'État vers lequel les documents doivent être transmis exerçant un rôle analogue à celui d'un commissaire. La France, comme la plupart des autres pays signataires de la Convention, a exprimé une réserve sur le *pre-trial discovery* suivant laquelle ne seraient communiqués que les documents précisément énumérés et en lien direct avec le litige. Sont ainsi exclues les *fishing expeditions* portant sur des masses indifférenciées de documents n'ayant qu'un rapport lointain avec le litige. Cette pratique, bien qu'en principe bannie par les règles de procédure américaines, est monnaie courante. Elle est conçue comme un moyen de faire pression sur la partie requise pour qu'elle se résolve à conclure une transaction financière, s'évitant d'avoir à payer des sommes pharamineuses pour la transmission des preuves et les frais d'avocats y afférents. Ainsi, le coût des procès tue-t-il le procès au profit de transactions plus ou moins équitables.

C'est pour éviter ces abus que la loi de 1968 modifiée a été adoptée. Elle aiguille les autorités et parties privées étrangères requérant des témoignages et/ou des documents en France vers l'entraide judiciaire internationale. Il faut

105. Traité d'entraide judiciaire en matière pénale entre la France et les États-Unis d'Amérique du 10 décembre 1998.

106. Cette convention a été ratifiée par soixante-quatre États, dont les États membres de l'Union européenne, à l'exception de l'Autriche, de la Belgique et de l'Irlande, et les États-Unis.

107. Art. 734 C. proc. civ. : « Le juge peut, à la demande des parties, ou d'office, faire procéder dans un État étranger aux mesures d'instruction ainsi qu'aux autres actes judiciaires qu'il estime nécessaires en donnant commission rogatoire soit à toute autorité judiciaire compétente de cet État, soit aux autorités diplomatiques ou consulaires françaises ».

avouer que cette loi n'a pas totalement atteint son but. Elle n'a eu qu'un succès très modéré devant les juridictions américaines. Dans un arrêt *Aérospatiale* de 1987[108], la Cour suprême des États-Unis en a en effet repoussé l'application, estimant par ailleurs que la Convention Preuves de La Haye était « optionnelle ». En d'autres termes, selon la Cour suprême des États-Unis, les règles de la procédure civile américaine peuvent prévaloir sur le traité. Pour juger s'il y avait lieu d'appliquer la loi française renvoyant à la Convention de La Haye, la Cour s'est référée à la courtoisie internationale, un principe coutumier destiné à permettre de résoudre les conflits entre une loi nationale et une loi étrangère.

En appliquant le *comity test* pour déterminer s'il convenait ou non de respecter la loi française, la Cour suprême a défini plusieurs critères et notamment deux principaux couramment appliqués dans la jurisprudence : le premier vise à mettre en balance les intérêts des États-Unis et ceux de l'État étranger d'où les documents doivent être transmis. Le deuxième critère dit du *hardship* tend à subordonner le respect de la loi étrangère au fait de savoir si ceux qui la violent encourent des sanctions. Depuis l'arrêt *Aérospatiale*, le juge américain se pose ainsi essentiellement deux questions : d'une part, l'intérêt des États-Unis à appliquer la procédure de *discovery* prime-t-il les intérêts de la France à voir appliquée la loi de 1968 ? D'autre part, les entreprises françaises qui ne respectent pas cette loi en transmettant des preuves en dehors de l'entraide encourent-elles des sanctions en France ? Il est facile d'imaginer les réponses qui sont généralement apportées par les juridictions américaines. Le plus souvent, considérant le caractère théorique des sanctions encourues par les entreprises en France pour violation de la loi, le juge américain lui-même estimait pouvoir la méconnaître[109].

Mais la situation évolue sous l'effet de plusieurs facteurs.

En premier lieu, le gouvernement français a mis en place un dispositif de soutien aux entreprises confrontées à des demandes de *discovery* ou de *pretrial discovery* paraissant abusives et de nature à affecter les intérêts économiques essentiels du pays. Un décret de mars 2022 et un arrêté d'avril de cette même année[110] ont été pris pour renforcer à cet effet les compétences du Service de sécurité économique du ministère des Finances (le SISSE). Parallèlement, un guide AFEP/MEDEF, publié sur le site du ministère, a été élaboré pour

108. *Aérospatiale*, 482 U.S. 522.

109. Il est vrai que, depuis 1968, une seule et unique sanction a été infligée, au surplus, non pas à la partie concernée, mais à son avocat dans une affaire atypique (Cass. [crim.], 12 décembre 2007, n° 07-83.228).

110. Décret n° 2022-207 du 18 février 2022 relatif à la communication de documents et renseignements d'ordre économique, commercial, industriel, financier ou technique à des personnes physiques ou morales étrangères, et arrêté du 7 mars 2022 relatif à la communication de documents et renseignements d'ordre économique, commercial, industriel, financier ou technique à des personnes physiques ou morales étrangères.

permettre aux entreprises d'identifier les informations « sensibles/souveraines » à ne pas communiquer à l'étranger dans le cadre de procédures administratives ou judiciaires.

En second lieu, le Règlement général européen sur la protection des données à caractère personnel (RGPD), applicable depuis le 25 mai 2018, est venu conforter la loi française. À l'instar de la loi de 1968, l'article 48 de ce règlement[111] subordonne le transfert de preuves au respect de l'entraide judiciaire. Certes, l'article 49 prévoit, sans autre condition, la possibilité de transférer des données personnelles lorsque cela « est nécessaire à la constatation, à l'exercice ou à la défense de droits en justice ». Mais, dès lors qu'un traité d'entraide existe, l'entreprise concernée doit, conformément à l'article 48 du RGPD, inviter son contradicteur à se tourner vers l'entraide judiciaire internationale. Quelle que soit la base juridique retenue, la transmission hors de l'Union européenne de documents doit être strictement proportionnelle suivant les principes de finalité et de minimisation. Le RGPD interdit donc également les *fishing expeditions*.

Les entreprises européennes qui opposent régulièrement le RGPD lorsqu'elles sont saisies de demandes excessives de *discovery* ou de *pre-trial discovery* se heurtent aux mêmes objections que celles opposées aux entreprises françaises invoquant la loi de 1968 ; la loi européenne étant traitée outre-Atlantique comme toute autre loi étrangère. Mais les choses sont en train de changer.

Dans plusieurs décisions récentes, des juges ont fait droit aux objections des entreprises françaises fondées sur la loi de 1968 et sur le RGPD. À titre d'exemple, dans l'affaire *Salt River Project Agric. Improvement & Power Dist.* du 19 mars 2018[112], un juge fédéral a conclu à l'applicabilité de la Convention de La Haye en admettant que la France avait un intérêt légitime à défendre son système de preuves face à des pratiques de *discovery* contraires à sa tradition juridique nationale. Dans l'affaire *Kristen Behrens vs Arconic Inc.* du 16 septembre 2020[113], un autre juge fédéral a reconnu l'applicabilité de la Convention Preuves de La Haye et du RGPD. Pour en garantir le respect, il a désigné un « commissaire » qu'il a chargé de canaliser le transfert de preuves de France aux États-Unis en sélectionnant les seuls documents en rapport avec le litige ou

111. Selon cet article : « Toute décision d'une juridiction ou d'une autorité administrative d'un pays tiers exigeant d'un responsable du traitement ou d'un sous-traitant qu'il transfère ou divulgue des données à caractère personnel ne peut être reconnue ou rendue exécutoire de quelque manière que ce soit qu'à la condition qu'elle soit fondée sur un accord international, tel qu'un traité d'entraide judiciaire, en vigueur entre le pays tiers demandeur et l'Union ou un État membre, sans préjudice d'autres motifs de transfert en vertu du présent chapitre ».

112. U.S. District Court for the District of Arizona, *Salt River Project Agric. Improvement & Power Dist. v. Trench Fr. SAS*, No. CV-17-01468-PHX-DGC, 303 F. Supp. 3d 1004 (D. Ariz. 2018).

113. U.S. District Court for the Eastern District of Pennsylvania, *Behrens v. Arconic*, No. 19-2664, ECF 76.

ne posant pas de difficulté du point de vue de la protection des données personnelles[114]. Le 23 mai 2022, dans l'affaire *Kashef c. BNP Paribas S.A.*[115], un juge de New York, quant à lui, a admis la validité des arguments de la partie requise en se fondant à la fois sur la Convention Preuves de La Haye, le RGPD et la protection du secret bancaire[116].

Une hirondelle ne fait pas le printemps et les jurisprudences de ce type sont rares. Mais il y a une convergence d'idées qui fait que les juges américains sont plus conscients des coûts excessifs du *discovery* et du *pre-trial discovery* dans le contexte de judiciarisation extrême auquel un nombre croissant d'entreprises ont à faire face. Encore faudrait-il, pour que la protection de l'entraide judiciaire internationale soit effective, que les contrats internationaux renvoient plus souvent au droit français.

114. https://casetext.com/case/behrens-v-arconic-inc-3.
115. United States District Court Southern District Of New York, *Kashef, et al. v. BNP Paribas S.A., et al.*, Order 16-CV-3228 (AKH) (JW).
116. https://casetext.com/case/kashef-v-bnp-paribas-s-a?q=kashef%20v%20BNP%20Paribas%20%22lenoir%22&sort=relevance&p=1&type=case&tab=keyword&jxs=.

Reconnaissance et exécution des jugements : du libéralisme français à l'espace judiciaire européen

Étienne Pataut

Professeur à l'École de droit de la Sorbonne (Université Paris I)

Il y a plusieurs façons d'envisager l'efficacité des décisions étrangères. Une première voie – qui n'a jamais été suivie par le droit français, mais se retrouve dans de nombreux États – est celle de la réciprocité. Elle consiste à faire dépendre l'effet d'un jugement d'un pays particulier sur le territoire du for de l'éventuelle reconnaissance des jugements du for dans cet État. Parfois même, c'est le cas de certains pays nordiques, cette réciprocité ne peut exister qu'en vertu d'un traité entre les deux États : à défaut de traité, aucun effet ne peut être reconnu à une décision étrangère. Cette voie, très restrictive, est étrangère à la tradition française. Elle a le défaut d'être d'une rigueur extrême et, plus théoriquement, de faire dépendre le sort de litiges entièrement privés de considérations politiques qui en sont indépendantes.

Aussi, pendant longtemps, le droit français a-t-il préféré la voie dite de la révision au fond, qui permet au juge français de critiquer le jugement étranger, en droit comme en fait, et de refuser de reconnaître tout effet à celui-ci s'il lui apparaît critiquable. Mais, à nouveau, cette façon de faire s'est heurtée à de très sérieuses objections. Essentiellement, il était reproché au pouvoir de révision de reprendre d'une main ce que les règles de reconnaissance accordaient de l'autre : si le droit français autorise la reconnaissance des jugements étrangers, il faut s'attendre à ce que les juges étrangers rendent des décisions différentes que celles qu'auraient rendues les juges français dans la même situation. Toute autre solution, disaient les critiques, serait à la fois absurde et hypocrite.

Cette critique a convaincu, et la solution fut solennellement abandonnée en 1964, par le célèbre arrêt *Munzer*, véritable tournant libéral du droit français de l'efficacité des jugements étrangers. Aujourd'hui, ce droit est arrivé à un point de maturité tel qu'il est sans doute difficile d'aller plus loin sans intégration politique. Aussi le relais a-t-il été pris par l'Union européenne qui, par touches progressives, a construit un véritable espace intérieur en matière de jugements. Mais cette solution est bien spécifique à l'Union européenne, ce qui en rend l'internationalisation improbable.

I. Le libéralisme à la française

L'approche libérale du droit français en matière d'effet des jugements n'est pas récente. C'est dès le début du XXe siècle qu'a progressivement été introduite une distinction structurante en la matière : celle qui oppose reconnaissance et exécution. La première vise à faire reconnaître le contenu normatif du jugement, la seconde, à le mettre à exécution. Seule cette dernière, qui implique la possibilité de recourir à la force publique, est subordonnée à une procédure préalable : l'*exequatur*. Tant que l'*exequatur* n'a pas eu lieu, aucun acte de coercition ou d'exécution matérielle ne peut être entrepris. La justification en est à trouver fondamentalement dans le monopole étatique et souverain de la violence légitime, caractéristique de l'État. La force publique française ne saurait être mise en œuvre autrement que par une décision française. L'*exequatur* permet donc une forme de « naturalisation » et d'apposer sur une décision étrangère la formule exécutoire française.

À défaut d'exécution, en revanche, le contenu même du jugement étranger pourrait être reconnu sans procédure préalable. C'est ainsi qu'a été progressivement consacré puis étendu le principe d'efficacité immédiate des jugements étrangers. Cette solution permet à celui qui a divorcé à l'étranger de se remarier en France ; à celui dont le jugement étranger a établi la qualité de créancier de faire jouer en France une compensation, etc. Ce principe ne signifie pas que le jugement ne sera jamais contrôlé : il pourra l'être s'il est amené à être contesté, soit par la voie du contrôle incident, à l'occasion d'une procédure connexe, soit par une action en inopposabilité. Mais tant que cette contestation n'a pas eu lieu, le jugement peut produire ses effets sur le territoire français. Il y a là une véritable présomption de régularité. Partie du droit de la famille, cette solution libérale a progressivement été étendue à presque toutes les branches du droit, à l'exception notable des procédures collectives.

Il reste que, si le jugement étranger est soumis au juge français, soit par un contrôle préalable (*exequatur*), soit par un contrôle *a posteriori* (contrôle incident ou action en inopposabilité), il faut en poser les conditions de reconnaissance. Ces conditions, au nombre de cinq au moment de l'arrêt *Munzer* : contrôle de la compétence indirecte, de l'ordre public, de la régularité de la procédure, de la loi appliquée et de la fraude, ont progressivement été allégées par le juge français. Aujourd'hui, outre la fraude qui reste formellement dans le droit positif, mais extrêmement rarement invoquée, deux conditions paraissent pouvoir s'opposer utilement à l'efficacité en France d'un jugement étranger.

La première est le contrôle de la compétence du juge étranger, dit contrôle de la « compétence indirecte ». Celui-ci sert à vérifier si, aux yeux du juge français, le juge étranger était bien compétent. Le choix de la méthode de contrôle, qui a fait l'objet de longues et savantes analyses, a finalement été tranché, là encore dans un sens libéral, par la Cour de cassation en 1985. Celle-ci a décidé que, sauf compétence exclusive française ou fraude, le tribunal étranger devait être reconnu compétent si le litige se rattachait d'une manière caractérisée au pays dont le juge a été saisi. Le critère du lien caractérisé est d'une extrême souplesse et permet au juge requis d'apprécier, au cas par cas, si la saisine du juge étranger lui paraît bien légitime en l'espèce. La solution permet de reconnaître largement cette compétence, tout en s'opposant à des saisines purement opportunistes de juges étrangers totalement dépourvus de liens avec l'affaire en cause. La solution a été très largement approuvée et jamais remise en cause, sinon pour en élargir le champ, notamment en faisant prévaloir une conception très restrictive de la compétence exclusive française. À cet égard, il faut souligner, en particulier, le très bienvenu abandon en 2006 de la compétence exclusive en présence d'une partie française dans le litige à l'étranger. Cette solution était un vestige d'une conception abandonnée de la justice et de la circulation des jugements, qui entachait la réputation d'un droit français pourtant beaucoup plus accueillant que nombre de droits étrangers.

La deuxième est l'ordre public. Il s'agit aujourd'hui, sans aucun conteste, de la condition de reconnaissance la plus importante. Le contrôle de l'ordre public permettra de vérifier si, aux yeux de l'ordre juridique français, la décision étrangère a bien été rendue dans des conditions procédurales acceptables (ordre public de procédure) et aboutit à un résultat qui ne soit pas contraire aux valeurs fondamentales du for (ordre public de fond). Une telle solution a notamment permis d'intégrer dans le contrôle de la régularité des jugements étrangers les exigences du droit au procès équitable au sens de l'article 6 de la Convention européenne des droits de l'homme.

Ainsi, on le voit, le droit français a construit progressivement un droit tolérant, ouvert à l'étranger, sans pour autant démanteler la protection qui est due aux justiciables lorsque la justice rendue à l'étranger ne l'a pas été dans des conditions propres à satisfaire les exigences fondamentales du droit. Aller plus loin supposait toutefois un pas politique qui ne pouvait guère être fait en dehors d'une coopération interétatique renforcée.

II. Le relais européen

La question de la circulation des jugements a très tôt figuré à l'agenda européen. Faute de compétence, la Communauté économique européenne (CEE) ne pouvait pas agir directement par le biais de directives ou règlements, mais c'est bien dans le cadre de l'Europe communautaire des Six qu'ont été entamées les négociations de ce qui allait devenir le texte fondateur de l'espace judiciaire européen : la Convention de Bruxelles de 1968.

Le point de départ de cette convention était une disposition, aujourd'hui disparue, du traité CEE incitant les États à négocier entre eux pour faciliter la reconnaissance des jugements. Poussés par cette incitation, les négociateurs sont allés toutefois beaucoup plus loin que ce mandat initial en adoptant finalement une convention dite double, qui réglait à la fois la compétence internationale et la circulation des décisions en matière civile et commerciale, soit, en pratique, la plus grande partie du droit privé à l'exclusion du droit de la famille et de certaines matières très spécifiques, comme les procédures collectives.

Cette décision, lourde de sens pour l'avenir, a permis de considérablement libéraliser la reconnaissance et l'exécution des jugements. Dès lors, en effet, que les règles de compétence internationales étaient unifiées, inutile de contrôler la compétence du juge d'origine. Le contrôle de la compétence indirecte a donc immédiatement été supprimé et les conditions de circulation des jugements allégées.

L'allégement était d'autant plus important que la Convention de Bruxelles a repris du droit français la distinction entre reconnaissance et exécution. La première était automatique, sous réserve d'un contrôle ultérieur, et seule la seconde était subordonnée à une procédure judiciaire préalable dans l'État requis. Par ailleurs, de nombreux mécanismes de coordination des procédures (litispendance et connexité, notamment) permettaient d'améliorer les perspectives de circulation en empêchant, *ab initio*, la naissance de conflits de décisions. La Cour de justice de l'Union européenne, enfin, a eu son rôle à jouer en renforçant, au fil d'une jurisprudence exigeante, les conditions de circulation des décisions, notamment en imposant une lecture extrêmement rigoureuse de la condition d'ordre public.

Jalon essentiel de la construction d'un espace judiciaire intégré, la Convention de Bruxelles a ensuite servi de modèle pour une très importante série de textes adoptés au début du XXIe siècle. Car, entre-temps, une décision politique d'importance avait été prise : celle de conférer à l'Union elle-même une compétence de droit international privé. Adoptée au moment de la négociation du traité d'Amsterdam de 1997, cette décision a permis l'édiction d'un nombre important de textes touchant à la matière de la reconnaissance et de la circulation des jugements.

La Convention de Bruxelles a ainsi été transformée en règlement européen, dit règlement Bruxelles 1 et, à sa suite, de nombreux textes ont été adoptés en matière de droit de la famille (divorce, autorité parentale, obligations alimentaires, régimes matrimoniaux, successions) de droit commercial (procédures collectives, saisies de créances bancaires) ou de droit judiciaire (titre exécutoire européen, injonction de payer européenne, procédures en matière de petits litiges, preuve, notifications)...

Il en résulte un droit touffu, souvent complexe, et d'une haute technicité. Les procédures sont multiples et différentes les unes des autres, en fonction du texte applicable. Mais elles n'en témoignent pas moins d'un mouvement de fond, qui paraît presque inéluctable en Europe : la disparition progressive de l'*exequatur*. La disparition n'est certes pas complète. D'une part, l'*exequatur* est maintenu en certaines matières et, surtout, d'autre part, sa disparition n'exclut pas une procédure dans l'État d'accueil. Mais cette procédure n'intervient qu'*ex post*, sur demande du débiteur. Une telle solution rapproche considérablement reconnaissance et exécution : faute d'être contestée, une décision émanant du juge d'un autre État européen pourra développer sa force exécutoire sur le territoire de tous les États membres. Mais elle est beaucoup plus radicale en ce sens que ce qui est désormais permis est bien qu'une autorité étrangère donne des ordres à la force publique française. Le saut fédéral est ici d'importance et a d'ailleurs parfois été critiqué, précisément au nom du lien entre justice et démocratie.

Derrière son apparente technicité, la question de la circulation des décisions étrangères cache donc bien des questions théoriques fondamentales. En toute hypothèse, dans l'Union européenne, la libéralisation de la circulation des jugements, désormais presque automatique, est une brique essentielle de la construction de l'Espace de liberté, de sécurité et de justice appelé de ses vœux par le Traité. Plus modestement, elle est aussi un élément déterminant de la libéralisation du commerce intra-européen, en garantissant autant que faire se peut l'articulation des procédures étatiques d'un bout à l'autre de l'Union. C'est aussi en ce sens qu'elle est bien spécifique à l'Union européenne.

III. L'internationalisation ?

Un tel libéralisme ne peut évidemment être transposé sans autre forme de procès à l'ensemble du monde. La confiance mutuelle dont font preuve les États de l'Union européenne, déjà parfois si difficile à mettre en œuvre, n'est pas de mise à l'égard des pays tiers.

En témoignent à l'envi les immenses difficultés qui sont apparues lorsqu'ont été lancées, à la fin du XXe siècle, des négociations mondiales visant à tenter l'élaboration d'une convention double, sur le modèle de la Convention de Bruxelles. Ces débats ne pouvaient être organisés sous de meilleurs auspices.

Initiés par les États-Unis, ils se sont déroulés sous l'égide de la Conférence de La Haye de droit international privé, organisation internationale centenaire et dont la qualité d'expertise est inégalée.

La négociation de cette convention, pourtant, s'est avérée impossible. L'opposition politique, notamment, était insurmontable et, après plus de dix ans de négociations, les concessions des uns et des autres n'ont pas été suffisantes pour permettre à un tel texte de voir le jour.

L'Europe n'acceptait guère d'étendre un système qui marchait bien et qui supposait une confiance qu'elle n'était pas prête à accorder à d'autres ; les États-Unis, pour leur part, n'étaient pas prêts à remettre en question un système de compétence internationale vigoureusement critiqué pour sa complexité et son opacité ; la Chine, enfin, dont la puissance alors grandissante ne s'accompagnait pas d'une ouverture internationale, ne manifestait pas non plus d'appétit excessif pour un texte dont l'essence était de favoriser un commerce international sur des bases juridictionnelles équitables. Les négociations ont donc échoué et le projet de convention double formellement abandonné en 2002.

Toutes ces années de négociations n'ont toutefois pas été inutiles. Elles ont, tout d'abord, conduit à une connaissance bien meilleure et bien plus fine des systèmes judiciaires des uns et des autres et permis, de ce fait, d'identifier précisément les points de blocage. Elles ont surtout conduit à l'adoption de deux conventions, de moindre envergure, certes, mais qui pourraient modeler en profondeur l'avenir de la coopération judiciaire.

La première est celle de 2005 sur les clauses d'élection de for. Cette convention, déjà ratifiée par trente et un pays (mais pas par les États-Unis), a vocation à sécuriser, dans le commerce international, les clauses attributives de juridiction.

La seconde est la Convention de 2019 sur la circulation des jugements en matière civile et commerciale. Ce texte est assurément moins ample que le projet d'origine, et son contenu est fréquemment critiqué en raison de sa complexité et de son relatif manque d'ambition. De ce fait, son succès n'est nullement garanti et la Convention n'est pour l'instant pas entrée en vigueur.

Il a toutefois été ratifié par l'Union européenne le 29 août 2022 et entrera en vigueur dans tous les pays qui la composent le 1er septembre 2023. Une ratification européenne étant susceptible de créer un véritable mouvement d'entraînement, cette convention pourrait bien être la première page, cette fois mondiale, d'une nouvelle histoire de la circulation des jugements.

Les procès climatiques : le droit confronté aux défis d'une nouvelle ère

Jacques Bouyssou

Avocat, cabinet Alerion
Secrétaire général de Paris Place de droit

« Beau ciel, vrai ciel, regarde-moi qui change ! »
(Paul Valéry)

Le séisme qui détruisit Lisbonne le jour de la Toussaint 1755 a profondément choqué l'Europe tant par sa violence que par la circonstance qu'il anéantit une ville catholique le jour d'une fête religieuse. L'homme occidental prenait brutalement conscience de sa fragilité face à la nature – qui cessait d'être vue comme le jouet de la Providence –, mais il ne concevait pas encore la fragilité de la nature face à lui. Tout au plus dans la célèbre polémique qui naquit entre Voltaire et Rousseau, ce dernier releva-t-il la responsabilité de l'homme : « de tous ces maux, il n'y en avait pas un dont la Providence ne fût disculpée, et qui n'eût sa source dans l'abus que l'homme a fait de ses facultés... ».

Deux siècles et demi et une révolution industrielle plus tard, le réchauffement climatique et ses conséquences pour l'humanité apportent à ces mots de Rousseau une terrible confirmation. Rapport après rapport[117], le constat de l'ampleur du réchauffement de la planète et de la responsabilité humaine se précise.

---

117. Groupe d'experts intergouvernemental sur l'évolution du climat (GIEC). *Le sixième Rapport d'évaluation*, 2021, https://www.ipcc.ch, conclut que le climat est en train de changer partout dans le monde et plus rapidement que prévu.

Le philosophe Bruno Latour[118] résumait le choix auquel est confrontée l'humanité : « Est-ce que je stérilise ou est-ce que je féconde les conditions d'existence qui m'ont permis d'être là ? » Il invitait ses contemporains à « tout réinventer à nouveau, le droit, la politique, les arts, l'architecture, les villes ».

C'est un changement de références qui constitue l'un des défis majeurs du XXIe siècle. Dans le domaine du droit, l'ampleur des dommages causés par le réchauffement climatique suscite une forte mobilisation à travers le monde. Face à la globalité d'un phénomène qui défie les frontières, face à l'apparition dans les prétoires de sujets privés de personnalité juridique (la nature, les générations futures) ou encore face à la difficulté d'appréhender la causalité, le droit est appelé à se réinventer. Ces difficultés n'arrêtent pas les plaignants : la multiplication des contentieux climatiques est un phénomène majeur dans la sphère juridique[119].

Devant les juridictions des États signataires de l'Accord de Paris de 2015, les plaignants, accompagnés par une mobilisation de la société civile, peuvent désormais s'appuyer sur le cadre normatif qu'il fournit en fixant un objectif et en soulignant le rôle des acteurs non étatiques. Les juges nationaux doivent puiser dans l'arsenal que leur offre leur droit pour rendre des décisions dont la portée dépasse l'espace territorial de leur État : les décisions rendues ici sont commentées là-bas.

Le juge français, qui dispose d'une construction intellectuelle parmi les plus sophistiquées au monde, a les moyens d'apporter des réponses innovantes aux défis qui se présentent à lui. Ce n'est pas par hasard qu'en 2021, le Conseil d'État et la Cour de cassation ont réfléchi ensemble au contentieux de l'environnement[120]. Dans son propos introductif, Bruno Lasserre, vice-président du Conseil d'État, a évoqué un « laboratoire dans lequel sont élaborés et testés de nouveaux moyens d'action juridique ». C'est tout l'enjeu du contentieux climatique pour le juge et l'avocat.

---

118. B. LATOUR, *Où suis-je ?*, Paris, Les Empêcheurs de Penser en Rond, 2021.

119. Objet d'étude pour le groupe de recherche ClimaLex en France ou le programme *Environmental and Natural Resources Law & Policy Program* de Stanford, *cf.* A. SAVARESI et J. SETZER, « Rights-based litigation in the climate emergency: mapping the landscape and new knowledge frontiers », *Elgaronline*, March 2022.

120. B. LASSERRE, « L'environnement : les citoyens, le droit, les juges », *Regards croisés du Conseil d'État et de la Cour de cassation*, vendredi 21 mai 2021, https://www.conseil-État.fr.

I. Les grands procès climatiques et leur influence dans le monde

L'année 2015 apparaît comme charnière : alors que les opinions publiques dans le monde prenaient conscience de la gravité des conséquences du réchauffement climatique, que les États adoptaient l'Accord de Paris, un tribunal de La Haye rendait une décision commentée largement au-delà des frontières hollandaises. Dans l'affaire *Urgenda*, le juge a reconnu l'existence d'un devoir de diligence obligeant l'État néerlandais à agir plus efficacement contre le dérèglement climatique. En appel, la cour[121] a ajouté à cette obligation les articles 2 et 8 de la Convention européenne des droits de l'homme. La même juridiction, dans une décision du 25 mai 2021, a ordonné à Shell de réduire ses émissions de CO_2 de 45 % d'ici 2030. Une entreprise peut donc se trouver liée par les objectifs de l'Accord de Paris au même titre que les États signataires.

Ailleurs dans le monde, en Afrique du Sud[122], en Australie[123] ou en Colombie[124], des États ont été attaqués pour inaction ou des projets ont fait l'objet de demandes d'annulation pour ne pas prendre suffisamment en compte le climat. Le rapporteur spécial des Nations Unies sur les droits humains et l'environnement établit trois types d'obligations pour les États en matière environnementale : une obligation d'agir et de prendre des mesures adéquates, une obligation d'appliquer la réglementation et d'assister les victimes du réchauffement climatique et une obligation de ne pas autoriser les activités contribuant au réchauffement climatique.

L'une des singularités les plus remarquables du contentieux climatique est la mobilisation de la jeunesse ; cette mobilisation s'accompagne de la mise en avant des générations futures, qui, sur le plan juridique, ne peuvent pas être un sujet de droit. L'affaire *Juliana* en donne une illustration très symbolique : une jeune Américaine a saisi la cour du District de l'Oregon pour dénoncer l'échec du gouvernement des États-Unis à réduire les émissions de CO_2. Le recours se fondait sur des droits inscrits dans la Constitution américaine : le droit à la vie, à la liberté et à la propriété, et faisait appel à la doctrine du *Public Trust* : certaines ressources ne peuvent faire l'objet d'une appropriation privée et recevoir une protection de l'État. Un raisonnement analogue a permis à des jeunes Colombiens dénonçant la déforestation de l'Amazonie de voir reconnaître le droit à un environnement sain, à la santé et à l'eau[125].

---

121. CA La Haye, 9 octobre 2018, *Pays Bas c. Fondation Urgenda*.
122. North Gauteng High Court, 8 mars 2017, aff. *Earthlife Africa Johannesburg*.
123. TAFE, Nouvelle-Galles du Sud, 8 février 2019, *Gloucester Resources Limited v. Minister for Panning*.
124. Corte Constitucional Bogota Comuicado, Expediente D108664 Sentencia C035/16, février 2016.
125. Corte Suprema de Colombia, 7 avril 2018, *Andrea Lozano Barragan y otros c. Presidencia de la Republica y otros*.

En 2021, les droits de l'homme étaient invoqués en matière climatique dans cent douze actions sur 1 841 engagées dans le monde. La Cour interaméricaine des droits de l'homme a ainsi reconnu le droit fondamental à un environnement sain et les impacts du changement climatique sur les droits de l'homme[126]. Au Brésil, l'affaire *Institution of Amazonian Studies* pourrait donner lieu à l'émergence d'un nouveau droit humain : le droit à un climat stable, qui se définit comme un droit essentiel pour la jouissance des autres droits fondamentaux.

II. Les solutions du juge français

A. Les outils

Sur le plan international, la Convention européenne des droits de l'homme offre des moyens. Utilisés avec succès dans l'affaire *Urgenda* aux Pays-Bas, les articles 2 et 8 peuvent aussi être invoqués devant les juridictions françaises.

Fruit d'une coopération internationale, l'Accord de Paris fixe un objectif qui peut servir de mesure pour déterminer l'efficacité d'une action climatique. Il fournit une base aux recours d'autant plus sérieuse que le Tribunal de l'Union européenne[127] reconnaît le caractère contraignant des contributions nationales dans le cadre de l'Accord de Paris.

Sur le plan interne, le bloc de constitutionnalité français intègre depuis 2005 la Charte de l'environnement.

Le législateur complète régulièrement l'arsenal juridique : création d'un chapitre consacré à l'indemnisation du préjudice écologique dans le Code civil (loi du 8 août 2016), inscription de l'urgence écologique et de l'objectif d'une neutralité carbone en 2050 dans le Code de l'énergie (loi du 9 novembre 2019)[128], création de juridictions spécialisées en matière d'environnement et d'une Convention judiciaire d'intérêt public en matière environnementale (loi du 24 décembre 2020) ou encore traduction d'une partie des cent quarante-six propositions de la Convention citoyenne pour le climat (loi « Climat et Résilience » du 22 août 2021).

---

126. Opinion consultativa Corte Interamnericana de derechos humanos OC-23/17, 15 novembre 2017.
127. Trib. UE, ord., 8 mai 2019, aff. T-330/18, *JOUE*, C285 du 13 août 2018.
128. Art. L. 100-1 A du Code de l'énergie : « une loi détermine les objectifs et fixe les priorités d'action de la politique énergétique nationale pour répondre à l'urgence écologique et climatique ».

B. Quelques affaires

L'État et les entreprises transnationales sont appelés dans les prétoires à répondre de sa politique pour le premier et de leurs activités pour les secondes.

En 2021, la justice administrative a rendu trois décisions qui dessinent les contours de la responsabilité de l'État en matière climatique en soumettant la politique climatique française au contrôle du juge et en reconnaissant la légitimité à agir en matière climatique.

Saisi par la commune de Grande-Synthe située en littoral et directement exposée aux conséquences du réchauffement climatique, le Conseil d'État, dans une décision du 1er juillet 2021, avait enjoint au gouvernement de prendre des mesures supplémentaires avant le 31 mars 2022 pour atteindre l'objectif de réduction des émissions de gaz à effet de serre de 40 % d'ici 2030. La commune a indiqué, dès avril 2022, saisir de nouveau le Conseil d'État pour faire constater la carence de l'État à exécuter sa décision, et demander une astreinte jusqu'à ce que de nouvelles mesures permettant à la France de respecter ses engagements soient prises.

Dans l'affaire dite de *La Qualité de l'Air*, le Conseil d'État, estimant que les mesures prises pour améliorer la qualité de l'air n'étaient pas suffisantes, a, par une décision du 4 août 2021, condamné l'État à payer une astreinte de 10 millions d'euros pour le premier semestre de l'année 2021 à plusieurs organismes et associations engagés dans la lutte contre la pollution de l'air. Il évaluera les actions du gouvernement pour le second semestre de l'année 2021 se réservant de fixer une nouvelle astreinte.

Enfin, l'affaire dite « l'Affaire du Siècle », portée par une forte mobilisation citoyenne (pétition signée par 2 millions de personnes), s'appuie sur l'existence d'un principe général d'obligation pour la France d'agir en matière climatique. Le tribunal administratif de Paris a été saisi pour carence fautive sur le fondement du Rapport du GIEC, de l'Accord de Paris, des lois Grenelle 1 et 2, de l'article 1er de la Constitution et, enfin, des articles 2 et 8 de la Convention européenne des droits de l'homme. Dans sa décision du 3 février 2021, il a reconnu la faute de l'État.

Les entreprises sont ciblées tant pour les dommages causés que pour manquement à leurs obligations déclaratives.

Total fait ainsi l'objet d'actions pour juger de la compatibilité de son plan de vigilance avec l'Accord de Paris ou pour ne pas avoir évalué de manière adéquate les menaces d'un projet pétrolier en Ouganda et en Tanzanie sur les droits de l'homme et l'environnement. L'insuffisance des études d'impact au regard des effets prévisibles sur l'environnement sert pour attaquer des projets susceptibles d'avoir des conséquences climatiques néfastes.

Bruno Lasserre définit le nouveau contrôle du juge en matière climatique comme un « contrôle de trajectoire », qui « s'apparente alors à un contrôle de conformité par anticipation, qui amène le juge à s'assurer, à la date à laquelle il statue, non pas que les objectifs ont été atteints, mais qu'ils pourront l'être, qu'ils sont en voie d'être atteints, qu'ils s'inscrivent dans une trajectoire crédible et vérifiable ».

Jeunes concepts juridiques, le devoir de vigilance ou la trajectoire sont des notions que l'État comme les entreprises doivent désormais prendre en considération pour évaluer l'impact climatique de leurs activités.

III. Juger autrement : les défis à relever

A. Juger en France pour le monde

L'avocat intervenant dans les litiges d'un monde globalisé s'étonne que la sphère juridique reste, selon les mots de Mireille Delmas-Marty, si « obstinément nationale ».

Le réchauffement climatique et les dommages qui en découlent, souvent très loin du lieu d'émission, échappent à toute notion de frontière. Le juge est confronté à un phénomène global qui l'invite à sortir de la sphère nationale et à s'approprier la norme internationale.

L'affaire *Lliuya c. RWE* est représentative de cette spécificité du contentieux climatique. RWE étant l'un des plus gros émetteurs de gaz à effet de serre, c'est un Péruvien, le sieur Lliuya qui lui demande réparation devant une juridiction allemande pour la fonte des glaciers dans les Andes et les menaces qui en découlent pour la ville de Huaraz. Les industriels français sont exposés à des actions similaires.

En France, le Conseil constitutionnel, s'appuyant sur le Préambule de la Charte de l'environnement, a consacré la valeur constitutionnelle de la protection de l'environnement dans une décision du 31 janvier 2020. Cette décision appréhende une situation étrangère au territoire national : le Conseil constitutionnel était saisi de l'impact sur la santé humaine et l'environnement de produits prohibés dans l'Union européenne vers des pays autorisant leur usage.

B. Penser différemment la responsabilité

Les contentieux climatiques interrogent la conception traditionnelle de la responsabilité à bien des égards : la recevabilité se heurte à la difficulté pour déterminer le fait générateur du dommage, le lien de causalité à la difficulté pour imputer un dommage à un auteur déterminé.

Pour surmonter les difficultés à établir la causalité, les requérants pourront s'appuyer sur la science et les travaux sur la responsabilité des émissions des gaz à effet de serre. Le chercheur américain Richard Heede[129] a, par exemple, établi une liste d'auteurs principaux de l'accélération du réchauffement climatique, qui permet de déterminer, pour chacun d'entre eux, une part de responsabilité. En France, le Réseau Action Climat identifie les responsabilités de grandes entreprises.

Le droit s'efforce de trouver des solutions pour faciliter la recevabilité : la loi définit (art. 1248 C. civ.) les personnes pouvant agir en réparation du préjudice écologique. Le juge semble prêt à une certaine souplesse pour légitimer les actions dénonçant les conséquences de l'inaction publique. C'est en effet ainsi que l'on peut lire la position du Conseil d'État lorsqu'il se donne la mission de contrôler la politique climatique du gouvernement ou du juge pénal lorsqu'il relaxe[130] les décrocheurs de portrait du président de la République qui invoquent l'état de nécessité face au défaut de respect de ses engagements par l'État.

Cependant, les efforts du législateur et du juge restent encore vains pour appréhender la principale difficulté : selon la distinction héritée du droit romain entre les personnes et les choses, la nature, chose privée de droits, est à la disposition de l'homme, sujet de droit. Elle ne peut donc ni engager une action ni recevoir réparation.

C. Vers une personnalité juridique pour la nature : les arbres pourront-ils plaider ?

Dès 1990, Michel Serres appelait dans *Le Contrat naturel* à faire de la nature un sujet de droit, faisant ainsi écho à Christopher Stone qui, de l'autre côté de l'Atlantique, se demandait si les arbres devaient pouvoir plaider.

Ces thèses considérées avec scepticisme par les juristes lors de leur publication ne sont plus regardées comme des élucubrations. Un juge indien a reconnu la personnalité juridique du Gange tandis qu'en Nouvelle-Zélande, c'est une loi qui a fait du fleuve Whanganui un sujet de droit. Il s'agit désormais d'un sujet de réflexion pour les juristes du XXIe siècle.

La question de la personnalité juridique des fleuves ou des arbres pourrait paraître aussi datée aux générations futures que la Controverse de Valladolid à nos contemporains. Elle mérite d'être considérée avec intérêt, ce que fait Camille de Toledo avec un collectif pluridisciplinaire comptant la contribution

129. R. Heede, « Tracing anthropogenic carbon dioxide and methane emissions to fossil fuel and cement producers, 1854-2010 », *Climatic Change*, 2014, n° 122, pp. 229-241.
130. TGI Lyon, 16 septembre 2019 – *cf.* V.G. Beaussonie, « Décrochage du portrait du Président de la République », *JCP G*, 2019, act. 1042.

de juristes[131]. Le droit français dispose d'outils pour étendre la personnalité juridique au-delà de l'être humain. Il l'a déjà fait en reconnaissant la personnalité morale aux sociétés. La notion n'est d'ailleurs plus étrangère au droit de la République : en Nouvelle-Calédonie, le Code de l'environnement des îles Loyauté prévoit que « certains éléments de la nature pourront se voir reconnaître une personnalité juridique dotée de droits qui leur sont propres... ».

Le droit français qui, avec la codification, a montré au monde sa capacité à offrir des solutions protectrices des plus faibles dispose des atouts pour inventer des instruments offrant la protection à des sujets privés de droits – tout en assurant aux parties un droit accessible et prévisible.

L'adage de Lacordaire donnant à la loi un rôle protecteur face aux excès de la liberté devrait trouver une application en matière climatique et nourrir une espérance de la société envers les juristes.

Propositions :

Alors que le droit français offre des outils juridiques pour traiter les contentieux climatiques, leur traitement procédural paraît inadapté pour fournir des solutions pérennes et crédibles dans un contexte international.

L'émergence des contentieux climatiques devant les juridictions françaises requiert un traitement procédural qui conforte la crédibilité des décisions françaises. Les recommandations suivantes y contribueraient.

Être mandaté par une victime pour agir. Il suffit à une association pour agir en justice que son action entre dans le cadre de son objet statutaire. Nos voisins allemands ont une approche plus rigoureuse en exigeant que l'association requérante soit mandatée par une victime. Cette exigence contribue à une approche juridique vertueuse et dissuade les actions abusives.

Encourager la transparence pour écarter les suspicions : l'opacité de nombreuses ONG contribue à entacher de suspicion leurs actions alors que celles-ci, inspirées par des motivations d'intérêt public, devraient être exemplaires. Les soupçons de manipulations et de guerre économique ne sont pas loin lorsque les actions visent des États ou des entreprises multinationales. Les enjeux que représentent les affaires climatiques méritent qu'elles soient à l'abri de ce type de suspicion. Pour être recevable à agir, une ONG devrait être transparente notamment sur ses sources de financement, l'identité et le parcours de ses dirigeants, ses activités...

Valoriser l'utilisation de l'expertise scientifique. Les actions climatiques reposant nécessairement sur une analyse scientifique, il serait utile d'encadrer l'expertise en matière climatique par un code de bonne conduite et d'encourager l'audition des experts.

---

131. C. DE TOLEDO (dir.), *Le fleuve qui voulait écrire*, Paris, LLL, 2021.

Le droit français de la construction, atout pour l'attractivité de la place juridique de Paris

Juliette Mel

Avocate

L'intitulé surprend. D'un côté, parce que, pour un praticien français du droit de la construction, Paris n'est pas plus attractif que Nice, Lyon, Cayenne ou Nouméa. L'universalisme du droit de la construction le rend, hormis quelques spécificités coutumières locales[132], applicable sur l'ensemble du territoire, c'est-à-dire en métropole et dans les D.O.M.-T.O.M. De l'autre, parce que le droit français de la construction, s'il constitue l'une des principales branches du droit des affaires français tant les enjeux financiers, industriels, entrepreneuriaux et humains sont colossaux, semble parfois décrié pour sa réglementation (sur)protectrice.

C'est pourtant cette réglementation qui en fait un véritable atout, toutefois insuffisamment mis en exergue.

Cette réglementation permet, il est vrai, d'encadrer, de protéger, mais aussi de faciliter.

Protéger le maître d'ouvrage, c'est favoriser la mise en œuvre de projets. Responsabiliser le constructeur, c'est pérenniser la bonne fin des projets.

Imposer des assurances obligatoires permet de faire face aux aléas de la construction, que ce soit en cas de travaux ou après les opérations de réception.

---

132. Par exemple, la Nouvelle-Calédonie bénéficie d'un régime dérogatoire en matière de responsabilité des constructeurs dont les nouvelles dispositions sont applicables depuis le 1er juillet 2020.

Le droit français de la construction, reposant en grande partie sur les principes du droit commun des contrats, est un modèle exporté dans de nombreux pays[133] qui mériterait, encore, d'être mis en avant.

L'influence du FIDIC[134] et, plus généralement, de la *common law* sur les procédures d'arbitrage des contrats internationaux de construction est encore trop grande[135].

Mais l'heure n'est pas à la critique, bien au contraire. Il s'agira, en quelques lignes, de montrer en quoi le droit français de la construction est un moyen de renforcer l'attractivité de la place juridique de Paris. Ce renforcement, bien que protéiforme, peut être décrit autour de deux parties au contrat de construction : le maître d'ouvrage (I) et le constructeur (II).

I. Des maîtres d'ouvrage protégés, mais libérés

Le droit des contrats de la construction est, à l'opposé des contrats de la promotion immobilière qui sont particulièrement réglementés[136], libre.

Il y a, finalement, très peu d'articles du Code civil ou d'autres codes qui viennent réglementer le contenu du contrat de construction. Autrement dit, la liberté contractuelle est reine. Autrement dit encore, les parties se trouvent assez libres dans la rédaction des contrats.

133. La Belgique (le nouveau Code civil belge a été adopté le 4 avril 2019), les Pays-Bas (le Code néerlandais date de 1838), l'Italie (Code italien de 1868), l'Espagne et le Portugal s'inspirent des dispositions du Code Napoléon.

134. La FIDIC (Fédération internationale des ingénieurs-conseils) rassemble quatre-vingt-huit fédérations nationales et a pour objet de développer des modèles de conventions utilisés pour les projets de construction à dimension internationale. L'influence est réelle, la Banque mondiale incite les divers acteurs à utiliser ces contrats types. La FIDIC propose divers modèles de conventions regroupés dans des Livres mis à jour régulièrement (le Livre rouge pour les travaux de construction dont la première version date de 1957 ; le Livre jaune pour les opérations de conception-réalisation ; le Livre argent pour les contrats clé en main ; le Livre or pour les contrats de conception-réalisation-exploitation).

135. S. Ribac, « The development of international construction contracts and international construction arbitration principles under French and English law: A comparative perspective », *Cahiers de l'Arbitrage*, n° 1, 2018, p. 53.

136. Art. L.221-1 et s., L241-1 et s., L241-7 et s., L271-1 et s., L262-1 et s., R222-1 et s., R262-1 et s. du Code de la construction et de l'habitation. Cette liberté se manifeste également par l'influence du droit commun des obligations sur le droit de la construction, voy. not. en ce sens G. Durand-Pasquier, « L'impact des règles de conclusion des contrats », in *Réforme du droit des contrats et droit de la construction et de l'immobilier*, *RDI*, 2016, pp. 316 et s., spéc. pp. 322 et s., et H. Périnet-Marquet, « L'impact de la réforme du droit des contrats sur le droit de la construction », *RDI*, 2015, pp. 251 et s.

Il existe, bien entendu, des exceptions, comme pour certains marchés publics[137], et des limites, comme certaines règles d'ordre public[138] auxquelles il n'est pas possible de déroger[139], mais l'ensemble donne l'impression d'une réelle liberté contractuelle.

Cette liberté contractuelle se trouve renforcée par la prise en compte des usages de la construction, les fameuses « règles de l'art » parfois rédigées, par exemple, dans des documents normalisés par l'AFNOR[140].

Ainsi, les contrats peuvent « contractualiser » les règles de l'art[141] afin de les rendre obligatoires sans pour autant qu'il soit nécessaire de les intégrer, par la rédaction de leur contenu dans le contrat.

La taille, la lisibilité, la compréhension et l'interprétation des contrats s'en trouvent facilitées.

Le maître d'ouvrage est, également, protégé par l'assurance obligatoire qu'il doit souscrire pour la réalisation de certains travaux[142].

L'assurance dommages-ouvrage est un mécanisme extrêmement efficace. Elle permet la prise en charge, par l'assureur, en un temps record, puisque celui-ci doit se prononcer dans des délais très courts allant de soixante à nonante jours, par principe, suivant la survenance du sinistre, sur la prise en charge des dommages les plus graves qui peuvent affecter la construction, appelés dommages de nature décennale.

L'assureur dommages-ouvrage doit, en effet, préfinancer l'intégralité du coût des travaux de reprise des dommages, à charge pour lui, une fois subrogé dans les droits du maître d'ouvrage, de se retourner contre les constructeurs réellement responsables des dommages[143].

137. Il est notamment fait obligation aux personnes publiques de respecter la procédure de passation des marchés publics prévue aux articles L2120-1 et suivants du Code de la commande publique.

138. La loi n° 75-1334 du 31 décembre 1975 relative à la sous-traitance est considérée comme étant d'ordre public, voy. not., en ce sens, Cass. (3e civ.), 10 juin 2014, n° 14-40.020. Sont également d'ordre public les dispositions relatives à l'assurance obligatoire (art. L. 241-1 et s. et A. 243-1 et s. du Code des assurances).

139. Les juges censurent toute stipulation contractuelle qui aurait pour objet de réduire ou de limiter la portée des clauses types prévues par l'article A. 243-1 du Code des assurances, voy. not. Cass. (2e civ.), 22 février 2007, n° 06-10.125, où la Cour de cassation casse l'arrêt d'appel qui avait donné effet à un plafond de garantie en matière de police RC décennale.

140. La norme AFNOR NF P 03-001 applicable aux marchés privés peut être librement choisie par les parties.

141. Pour une illustration récente : CA Rennes (4e ch.), 21 octobre 2021, n° 20/00293.

142. En vertu de l'article L.242-1 du Code des assurances sont tenus de souscrire une assurance dommages-ouvrage les propriétaires de l'ouvrage, les vendeurs ou les mandataires des propriétaires de l'ouvrage, qui font réaliser des travaux de construction.

143. En application de l'article L.124-3 du Code des assurances, il peut demander aux constructeurs et à leurs assureurs le remboursement de l'intégralité des sommes versées : Civ. (3e civ.), 16 mars 2011, n° 10-30.189.

Le droit français de la construction permet, également, au maître d'ouvrage d'être moderne. Remploi des matériaux[144], BIM[145], performance énergétique[146] et recyclage[147] sont autant d'exemples de l'adaptation du droit français de la construction aux grands enjeux du monde de demain.

Le maître d'ouvrage, réputé partie faible au contrat de construction, est donc protégé, mais ne paraît pas surprotégé. Il est protégé pour être libre.

Cette protection n'a pas pour autant pour corollaire une responsabilité sans bornes du constructeur. Les vases ne sont pas communicants.

II. Des constructeurs responsabilisés, mais assurés

La responsabilité des constructeurs est étendue. Si, avant la réception[148], le constructeur est responsable sur le fondement du droit commun, l'intensité de l'obligation qui pèse sur lui, qui s'analyse en obligation de résultat pour la majorité des constructeurs[149], le rend responsable des désordres[150], du non-respect des délais[151], de l'enveloppe budgétaire[152], de la défaillance d'un sous-traitant[153], du mauvais choix des matériaux[154], etc., dont il ne pourra s'exonérer que par la cause étrangère, si peu admise par les juges[155].

144. J. Mel, « Smart building et responsabilité des constructeurs : une révolution ? », *Gaz. Pal.*, n° 34, p. 52.
145. L. Bernat, « BIM, quels impacts juridiques ? », *Qualité construction*, n° 162, mai-juin 2017, p. 73 ; J. Roussel, « BIM, maquette numérique et assurance construction », *RDI*, 2017, p. 515.
146. J. Mel, « Ne vous en déplaise : un système de chauffage solaire qui ne permet pas la réduction de consommation envisagée peut être réparable sur le fondement de la responsabilité décennale », *EDA*, n° 03, pp. 4 et s., commentaire de l'arrêt Cass. (3e civ.), 21 janvier 2021, n° 20-14068.
147. Sur l'ensemble de la question : J. Mel, « Rénovation énergétique et responsabilité des constructeurs », *Lexbase, La lettre juridique*, avril 2021, et « La Loi "Climat et résilience" et la rénovation des bâtiments », *Lexbase, Hebdo édition privée*, septembre 2021.
148. Voy. not. Cass. (3e civ.), 19 février 2002, n° 99-16.250 à propos d'un abandon de chantier.
149. Sur cette obligation de résultat : Cass. (3e civ.), 24 mai 2012, n° 11-20.097. Cass. (3e civ.), 29 mars 2000, n° 98-19804, où, en l'occurrence, la Cour souligne que le maître d'ouvrage délégué, qui n'est pas constructeur, est soumis à une obligation de moyens.
150. Cass. (3e civ.), 19 juin 1996, n° 94-19.947.
151. CA Paris (ch. 23, sect. A), 14 juin 2000, n° 1999/00867.
152. Cass. (3e civ.), 11 février 2021, n° 19-22.943, J. Mel, « L'étendue du devoir de conseil du constructeur de maison individuelle sur l'enveloppe budgétaire du projet », *Lexbase Quotidien*, mars 2021.
153. C.E. (ss-sect. 3 et 5 réun.), 18 novembre 1992, n° 58547.
154. Cass. (3e civ.), 1er février 1977, n° 75-14.459 et Cass. (3e civ.), 10 juillet 2013, n° 12-21910.
155. CA Colmar, 31 mai 2018, n° 15/05991.

Après la réception, le régime de responsabilité qui pèse sur le constructeur se renforce. À côté du droit commun, dont le domaine demeure, mais devient subsidiaire[156], s'applique le droit spécial de la construction prévu aux articles 1792 et suivants du Code civil.

Ce régime dit de droit spécial de la responsabilité des constructeurs s'articule en trois branches.

- La responsabilité civile décennale des constructeurs, prévue aux articles 1792, 1792-2 et 1792-4 du Code civil, rend les constructeurs, et les fabricants sous certaines conditions, solidairement responsables des dommages les plus graves qui affectent les ouvrages et/ou éléments d'équipement, soit ceux :
  - qui rendent l'ouvrage impropre à sa destination ;
  - qui affectent l'ouvrage dans sa solidité ;
  - qui affectent l'élément d'équipement indissociable de l'ouvrage dans sa solidité ;
  - qui portent atteinte à la sécurité des personnes.
- La responsabilité biennale des constructeurs prévue à l'article 1792-3 du Code civil, qui s'analyse en une garantie de bonne fin en cas de non-fonctionnement d'un élément d'équipement.

  Cette garantie dure deux ans à compter de la réception.
- La garantie de parfait achèvement de l'article 1792-6 du Code civil qui permet, pendant le délai d'un an suivant la réception, de réparer tous les désordres, aussi minimes soient-ils, qui ont été dénoncés dans le procès-verbal de réception, c'est-à-dire qui font l'objet de réserves, ou qui sont apparus dans le délai d'un an de la réception.

  Il s'agit d'un outil particulièrement efficace, dont l'entrepreneur est débiteur, qui va lui imposer la reprise des désordres pour « parachever » l'ouvrage.

Parallèlement au droit spécial de la responsabilité des constructeurs, le droit commun de la responsabilité subsiste.

Certains sourient sans doute déjà à l'énoncé de ces (très) nombreux moyens de mettre en cause le constructeur, mais il faut aussi y voir une façon de les protéger.

D'une part, les constructeurs et, dans une moindre mesure les fabricants, sont solidairement responsables. Aussi, après l'obligation à la dette envers le maître d'ouvrage, s'exerce l'action en contribution à la dette entre

156. Cass. (3e civ.), 2 février 2017, n° 15-29.420 : l'entrepreneur est débiteur d'une obligation de résultat jusqu'à la levée des réserves. Cass. (3e civ.), 30 juin 2009, n° 08-18.410 : le maître d'ouvrage peut donc privilégier une action fondée sur la responsabilité contractuelle plutôt qu'une action au titre de la garantie de parfait achèvement. Après la levée des réserves, la haute juridiction privilégie l'application exclusive des garanties prévues par le Code civil, Cass. (3e civ.), 1er mars 2011, n° 10-15.208 (ici, la garantie de bonne fin).

eux qui permet, cette fois-ci, de ne leur attribuer une quote-part d'imputabilité qu'en considération de leur faute commise dans la réalisation du dommage.

D'autre part, les constructeurs sont protégés par leurs assureurs.

Le législateur a, en effet, mis en place une assurance dite responsabilité civile décennale obligatoire, sous peine de sanctions pénales, pour prendre en charge les dommages les plus graves, c'est-à-dire ceux de nature décennale. Étant précisé qu'en fait, les constructeurs sont, également, assurés au titre de leur responsabilité civile professionnelle, même si ces polices, facultatives, peuvent parfaitement stipuler d'importantes franchises et autres exclusions qui viennent réduire la couverture du sinistre.

* * *

Le droit français de la construction est aussi enviable à plus d'un titre et ces quelques lignes ne peuvent se résoudre à embrasser toutes les spécificités qui en font un atout pour l'attractivité de la place juridique de Paris.

L'approche pèche, nécessairement, par simplisme, mais elle permet de montrer, par quelques points saillants, ce qui fait que certains pays exportent le modèle français ou soumettent, en cas de litige, les contrats internationaux de la construction[157], au droit français ainsi qu'à la juridiction française.

L'approche ne doit, pas davantage, céder à un excès de chauvinisme. L'arbitrage dans le domaine de la construction échappe encore trop aux règles françaises pour être, pour l'essentiel, régi par celles du FIDIC[158].

Ces réflexions se concluront sur l'ironie de la situation. Les règles du FIDIC ont, en effet, été développées par une fédération fondée par la France avec deux autres parties francophones, la Belgique et la Suisse, en 1913, alors que ces règles sont aujourd'hui largement basées sur les principes de la loi anglaise[159] peu adaptable au droit français de la construction.

157. Peu de pays exportent le modèle du droit français de la construction. Ils soumettent, encore moins, les contrats de construction à la loi française, qui est très, voire trop, dirigiste (responsabilité de plein droit, garantie décennale ne sont pas la norme). Sur l'attractivité du droit français des contrats, voy. L. USUNIER, « Le Rapport *Doing Business* 2012, la concurrence des systèmes juridiques et l'attractivité du droit français des contrats », *RDC*, 2012, p. 575.

158. Notons que la CCI (Chambre de commerce internationale), dont le siège est à Paris, est un haut lieu de l'arbitrage international.

159. S. RIBAC, « The development of international construction contracts and international construction arbitration principles under French and English Law: A comparative perspective », *op. cit.*, p. 53.

Le droit français n'a pas su se saisir pleinement de l'enjeu. La démarche adoptée est pourtant la bonne. Les entreprises françaises de la construction sont reconnues, et la France a soutenu des projets de grande envergure, en faisant appel à des techniques contractuelles innovantes[160].

Il y a donc encore à faire et il y aura sans doute toujours à faire, pour améliorer le droit français de la construction et, par-devers lui, l'attractivité juridique de la place de Paris.

160. En témoigne le projet du Tunnel sous la Manche qui fut l'occasion de mettre en place un *Dispute Adjudication Board* chargé de connaître des difficultés juridiques, économiques et techniques au fil de l'eau, répondant ainsi à une nécessité de flexibilité et de rapidité des réponses à apporter, les pertes en cas de retard du chantier pouvant être énormes. Lire, à cet égard, P. MALINVAUD, « Réflexions sur le "Dispute Adjudication Board" », *RDI*, 2001, p. 215.

La lutte contre la corruption ou les vertus et limites de la CJIP

Arthur Dethomas

Arthur Dethomas est avocat aux barreaux de Paris et de New York, ancien secrétaire de la Conférence, associé au cabinet Hogan Lovells (Paris) LLP

L'absence de tout instrument équivalent au *Deferred Prosecution Agreement* américain, permettant de lutter contre la délinquance économique et financière des entreprises mondialisées, a longtemps freiné l'efficacité de notre justice pénale. Les accords signés entre les autorités judiciaires américaines et des sociétés françaises étaient alors légion – à l'instar d'Alcatel-Lucent, Technip, Total ou encore Alstom[161].

Ce temps est révolu, « tout a changé de face », depuis le 9 décembre 2016 et l'introduction en droit français d'un outil efficace de justice pénale négociée, la Convention judiciaire d'intérêt public (CJIP)[162].

Arme judiciaire dans la lutte contre la corruption, la fraude fiscale[163] et les atteintes à l'environnement[164], la CJIP est un incontestable succès qui contribue au rayonnement international de la place juridique de Paris. Alors que j'écris ces lignes, vingt-quatre conventions ont déjà été conclues, par des multinationales comme des PME, parmi tous les secteurs d'activité : Airbus, la Société Générale, Google France et Google Ireland, la SAS Poujaud, etc.

---

161. A. Gaudemet et N. Lenoir, « Corruption internationale, l'espoir placé dans la Convention d'intérêt public est-il en passe de devenir réalité ? », *JCP E*, n° 40, 4 octobre 2018.
162. Loi n° 2016-1691 du 9 décembre 2016 relative à la transparence, à la lutte contre la corruption et à la modernisation de la vie économique (dite « loi Sapin II »).
163. Loi n° 2018-898 du 23 octobre 2018 relative à la lutte contre la fraude.
164. Loi n° 2020-1672 du 24 décembre 2020 relative au Parquet européen, à la justice environnementale et à la justice pénale spécialisée.

I. La souplesse d'une justice négociée à la française

Le succès de la CJIP tient avant tout à la souplesse de sa mise en œuvre, aussi bien dans ses conditions d'application que dans le déroulé des négociations entre le Parquet et la personne morale.

Les textes du Code de procédure pénale sont silencieux sur d'éventuelles conditions d'ouverture d'une procédure de CJIP, mentionnant simplement l'incompatibilité avec une action publique préalablement mise en mouvement[165]. Ce critère même n'est qu'un trompe-l'œil, l'article 180-2 du Code susvisé autorisant le recours à la CJIP, y compris lors de l'information judiciaire. Reste que des textes de droit souple suggèrent de prendre en compte d'autres critères liés à l'intérêt public[166], dès lors que la conclusion d'une CJIP exclut toutes poursuites pénales futures à l'égard de la personne morale[167].

Le déroulé des négociations entre la personne morale et le Parquet est également laissé à l'entière appréciation de ce dernier. Sa liberté est totale quant aux termes de la convention qu'il choisit – ou non – de proposer à la société. Les sanctions envisagées pour la personne morale peuvent être ou non cumulatives et seront adaptées à chaque cas d'espèce, dans le respect des limites posées par la loi. Le Parquet dispose à cet égard d'un large éventail de sanctions[168] :

- la fixation d'une amende d'intérêt public, proportionnée aux avantages tirés des manquements constatés. Elle ne peut excéder « 30 % du chiffre d'affaires moyen annuel calculé sur les trois derniers chiffres d'affaires annuels connus à la date du constat [des] manquements » ;
- un programme de mise en conformité d'une durée maximale de trois ans sous le contrôle de l'Agence française Anticorruption (AFA). Ce programme consiste à s'assurer de l'existence et de la mise en œuvre en son

165. Art. 41-1-2 C. proc. pén.
166. La circulaire JUSD1802971C du 31 janvier 2018 relative à la présentation et la mise en œuvre des dispositions pénales prévues par la loi n° 2016-1691 du 9 décembre 2016 relative à la transparence, à la lutte contre la corruption et à la modernisation de la vie économique suggère de prendre en compte « les antécédents de la personne morale, le caractère volontaire de la révélation des faits, le degré de coopération avec l'autorité judiciaire dont la personne morale fait preuve ». Les Lignes directrices du PNF et de l'AFA sur la mise en œuvre de la Convention judiciaire d'intérêt public du 26 juin 2019 soulignent ainsi que la proposition de CJIP doit être réservée « aux situations dans lesquelles il apparaît conforme à l'intérêt public de ne pas engager de poursuites pénales ».
167. Sauf, conformément à l'article 41-1-2 III du Code de procédure pénale, « si le président du tribunal ne valide pas la proposition de convention, si la personne morale mise en cause décide d'exercer son droit de rétractation ou si, dans le délai prévu par la convention, la personne morale mise en cause ne justifie pas de l'exécution intégrale des obligations prévues », auquel cas il est prévu que « le procureur de la République met[te] en mouvement l'action publique, sauf élément nouveau ».
168. Art. 41-1-2 C. proc. pén.

sein des mesures et procédures énumérées au II de l'article 131-39-2 du Code pénal. Il s'agit de permettre à terme à la personne morale partie à la convention de prévenir le risque d'atteinte à la probité ;

- des modalités de réparation des dommages causés par l'infraction, puisque, « lorsque la victime est identifiée, et sauf si la personne morale mise en cause justifie de la réparation de son préjudice, la convention prévoit également le montant et les modalités de la réparation des dommages causés par l'infraction dans un délai qui ne peut être supérieur à un an »[169].

Cette place laissée à la négociation entre les parties incite les personnes morales à coopérer avec les autorités judiciaires et l'AFA, d'autant que de sa coopération dépendra le montant de l'amende d'intérêt public proposée par le Parquet[170].

II. Un outil efficace aux intérêts réciproques

La CJIP est un outil précieux pour les personnes morales désireuses d'éviter une procédure judiciaire traditionnelle, longue et coûteuse, et dont l'aléa s'étend jusqu'au jour du jugement[171]. La CJIP « présente à cet égard l'intérêt de permettre à la personne morale de provisionner les sommes relatives à l'amende d'intérêt public et d'en informer son actionnariat »[172].

Les effets de la CJIP contribuent aussi à son attractivité auprès des personnes morales. D'abord, les conventions n'emportent pas déclaration de culpabilité, mais la simple reconnaissance des faits, ce qui distingue notamment la CJIP de son équivalent pour les personnes physiques, la CRPC, comparution sur reconnaissance préalable de culpabilité, également appelée « plaider-coupable ».

Ensuite, l'ordonnance d'homologation du juge nécessaire à sa validation ne peut être assimilée à un jugement de condamnation et la convention ne peut être inscrite au bulletin n° 1 du casier judiciaire.

Ceci présente un avantage certain, l'extinction de l'action publique et l'absence de condamnation pénale permettant de préserver la crédibilité économique de la personne morale. En effet, en vertu de l'article L. 2141-1 du

---

169. Art. 41-1-2, I, 2°, et art. 41-1-3, 3°, C. proc. pén.
170. Voy., à cet égard, les Lignes directrices du PNF et de l'AFA du 26 juin 2019.
171. E. Houlette, « Des dispositifs répressifs innovants : la Convention judiciaire d'intérêt public, le monitoring, la peine de programme de mise en conformité », *Colloque de la conformité à la justice négociée, Actualité de la lutte anticorruption*, 17 mai 2018 ; E. Houlette, « Le Parquet national financier : le perpétuel défi de la lutte contre la grande criminalité financière », *Revue Justice Actualités*, n° 19, juin 2018.
172. Lignes directrices du PNF et de l'AFA du 26 juin 2019.

Code de la commande publique, toute condamnation pénale relative à la délinquance économique et financière prive la personne morale condamnée de la procédure de passation des marchés publics nationaux. La conclusion d'une CJIP évite donc une telle exclusion. Il en va de même pour la majorité des appels d'offres relatifs à des marchés publics internationaux.

Pour l'autorité judiciaire, la CJIP est une arme efficace permettant une réponse ferme face à des infractions pour lesquelles les poursuites pénales aboutissent difficilement. Le montant des amendes perçues par le Trésor public dans le cadre des vingt-quatre procédures de CJIP menées à bien, plus de 3 milliards d'euros, témoigne de l'efficacité du dispositif. La CJIP a également permis le versement au Trésor public plus de 660 millions d'euros de dommages et intérêts.

L'introduction de la Convention judiciaire d'intérêt public a enfin permis au Parquet national financier (PNF) de s'affirmer comme un acteur central dans la lutte internationale contre la corruption et de renforcer la coopération entre celui-ci et les autorités judiciaires étrangères, notamment le *Department of Justice* (DOJ) américain et le *Serious Fraud Office* (SFO) britannique. À cet égard, la CJIP Airbus a fourni une illustration d'une coordination réussie entre les différentes autorités, aussi bien durant les enquêtes que dans la conclusion des accords[173]. Le PNF et le SFO britannique ont notamment signé un accord d'équipe commune d'enquête visant la coopération au stade des enquêtes et le partage des preuves.

Conséquence de la réussite de la CJIP, une grande partie de la doctrine et des praticiens soutient son extension, à terme, à la plupart des infractions relevant de la délinquance économique et financière[174].

Pour autant, malgré ses qualités indéniables, la CJIP reste perfectible à certains égards.

III. Vers plus de sécurité et de prévisibilité

Comme le reconnaissait très récemment la Mission d'information sur l'évaluation de l'impact de la loi Sapin II dans son projet de Rapport publié le 7 juillet 2021[175], le dispositif de la CJIP pourrait être amélioré. Les faibles garanties données à la personne morale lors des négociations et l'absence de

173. E. Daoud et H. Partouche, « Étude comparative des CJIP : bilan et perspectives », *Dalloz Actualité*, 27 avril 2020.

174. Union syndicale des magistrats, *Bilan et perspectives de la convention judiciaire d'intérêt public*, 2020, https://www.union-syndicale-magistrats.org ; Club des juristes, *Pour un droit européen de la compliance*, novembre 2020, https://www.leclubdesjuristes.com.

175. R. Gauvain et O. Marleix, *Projet de rapport d'information, mission d'information sur l'évaluation de l'impact de la loi n° 2016-1691 du 9 décembre 2016 relative à la transparence, à la lutte contre la corruption et à la modernisation de la vie économique, dite « loi Sapin 2 »*, 7 juillet 2021, https://www.assemblee-nationale.fr.

statut des personnes physiques impliquées dans les faits sont autant de points préjudiciables à l'attractivité et à l'efficacité de la CJIP, fondée, rappelons-le, sur l'auto-incrimination des sociétés.

A. Les garanties offertes à la personne morale

La personne morale qui initie une procédure de CJIP s'engage dans des négociations où elle ne maîtrise rien, ou presque. Elle ne sait ni si le Parquet lui proposera *in fine* une convention, ni le montant de l'amende à laquelle elle s'expose, ni si les informations qu'elle divulguera pour assurer le succès des négociations ne seront pas réutilisées, en cas d'échec, devant la juridiction d'instruction ou de jugement[176]. Malgré ceci, une coopération pleine et entière est attendue de la société.

La CJIP repose dès lors sur une balance des risques et des avantages à y recourir et sur la confiance que la personne morale peut avoir dans les garanties du dispositif et de sa mise en œuvre avec le Parquet. Naturellement averses aux risques et incertitudes juridiques, les personnes morales seront tentées de se détourner de la CJIP si son dispositif n'offre pas de garanties suffisantes.

1. Des critères d'entrée en négociation

D'abord, comme le recommande le projet de Rapport d'information sur la loi Sapin II, des critères doivent être définis visant à assurer à la personne morale qui les remplirait que des négociations seront effectivement engagées.

Ceci implique que les négociations avec le Parquet soient davantage formalisées, ce qui présente le risque de rigidifier la CJIP, mais nous pensons que des critères souples peuvent être fixés, tout en permettant de réduire l'incertitude existant actuellement. En revanche, aller jusqu'à imposer des critères qui contraindraient le Parquet à proposer une convention à la personne morale qui y satisferait semble trop rigide et vraisemblablement contre-productif.

2. Un barème plus précis du calcul de l'amende

Conjointement, un barème de calcul de l'amende pourrait être mieux défini.

Actuellement, la loi prévoit que le montant de l'amende d'intérêt public est fixé de manière proportionnée aux avantages tirés des manquements constatés, dans la limite de 30 % du chiffre d'affaires moyen annuel calculé sur les trois derniers chiffres d'affaires annuels[177]. La dimension punitive du calcul de

176. A. KIRRY, A. BISCH et A. FLEURIOT, « Convention judiciaire d'intérêt public : Lignes directrices PNF/AFA. Quel encouragement à l'autodénonciation ? », *JCP E*, 2020, n° 18.
177. Art. 41-1-2 C. proc. pén. Dans le cas d'une filiale d'un groupe, le chiffre d'affaires sera celui de la seule entité faisant l'objet de la proposition de convention, et non celui du groupe auquel elle appartient. À cet égard, voy. la circulaire DACG du 31 janvier 2018 et les Lignes directrices du 26 juin 2019.

l'amende nécessite toutefois la prise en compte de la gravité des manquements constatés, appréciée par le Parquet en fonction de facteurs de majoration : personne morale déjà condamnée, corruption d'agents publics, ou de minoration : excellente coopération, révélation spontanée des faits. Ceci aboutit à la fixation d'un coefficient multiplicateur. Ce coefficient, en règle générale, « sera au moins égal à deux, de manière à ce qu'après exécution de la convention, la commission de la fraude ait coûté à l'entreprise plus cher que ce qu'elle lui a rapporté »[178].

Si cette méthode de fixation de l'amende contribue à la souplesse de la CJIP française, les personnes morales ne pourront, même avec des conseils juridiques rodés en la matière, prévoir le montant d'une amende qui peut varier du simple au double sur la seule appréciation de la gravité du manquement.

De nouvelles Lignes directrices pourraient dans cette optique être publiées par l'AFA et le PNF, les dernières datant de juin 2019.

3. Une concertation préalable avec le juge

L'affaire dite « Bolloré » a montré l'importance capitale d'un dialogue entre la personne morale, le Parquet et le juge afin de minimiser le risque d'échec du processus. Si, dans cette affaire, le juge a homologué la CJIP des sociétés Bolloré et Financière de l'Odet SE, il a refusé dans la foulée d'homologuer la CRPC de Vincent Bolloré et de son bras droit, personnes physiques. Ce refus, désaveu de la négociation menée sous l'égide du Parquet, a illustré les risques pour la personne morale qui s'engage dans un processus de CJIP, pouvant résulter en une distorsion manifeste des droits de la défense des individus dont le plaider-coupable a été rejeté. Ils devront dès lors comparaître devant le tribunal correctionnel, tandis que le refus d'homologation de leur CRPC aura reçu la publicité que l'on connaît et que la personne morale qu'ils représentent aura conclu sur ces mêmes faits une CJIP.

Le procureur national financier, M. Jean-François Bohnert, suggère de revoir le pouvoir de contrôle du juge, qui pourrait simplement porter sur le respect par la CJIP des conditions légales et sur la qualité du consentement des parties[179]. Nous n'y sommes pas favorables. Ce qui est en jeu n'est pas l'indispensable pouvoir de contrôle laissé au juge du siège. En revanche, ce contrôle doit être global et appliqué de manière cohérente dans une même affaire. Pour éviter que se multiplient de tels épisodes, qui doivent pour la pérennité du dispositif rester une exception, il est nécessaire que, sur le modèle des *private hearings* prévus dans le système britannique, le juge, le Parquet et la personne

178. Voy., à cet égard, la circulaire DACG du 31 janvier 2018 et les Lignes directrices du 26 juin 2019.

179. P. JANUEL, « Faut-il faire évoluer la CJIP », *Dalloz Actualité*, 12 avril 2021.

morale envisageant de conclure une CJIP tiennent une discussion informelle en amont de la conclusion de la CJIP afin de maximiser le taux d'homologation et en assurer la cohérence.

Il y va de l'avenir de la CJIP et de la crédibilité du PNF à l'échelle nationale et internationale.

4. L'assurance que les informations transmises ne seront pas réutilisées

Afin de respecter certains principes fondamentaux de la procédure pénale tels que le droit de ne pas s'auto-incriminer ou celui de loyauté de la preuve, il faut, comme le propose le projet de Rapport précité, s'assurer que les informations transmises par la personne morale soient cantonnées à la procédure de CJIP selon un principe de spécialité. Outre les cas, prévus par la loi, où le président du tribunal refuse de valider la convention et où la personne morale exerce son droit de rétractation dans les dix jours qui suivent l'homologation[180], la faculté pour le procureur de la République de produire dans un autre cadre des documents reçus lors de la négociation de la CJIP doit être strictement encadrée.

B. Le sort réservé aux personnes physiques

Le sort des personnes physiques pourrait enfin être revu lors de réformes futures. La CJIP n'est, en effet, ouverte qu'aux personnes morales. En ce qu'elle n'emporte pas de reconnaissance de culpabilité et ne laisse pas de trace sur le casier judiciaire de la personne impliquée, la CJIP n'a pas été étendue aux personnes physiques « sans quoi la critique selon laquelle il s'agirait d'une manière d'échapper à la prison pourrait être exacte »[181]. Néanmoins, la conclusion d'une CJIP aura nécessairement un impact sur les personnes physiques impliquées dans les faits litigieux, notamment les dirigeants de la personne morale[182]. Or, en l'état, la conclusion d'une CJIP n'est pas sans risque pour les personnes physiques.

Le risque principal est celui du bouc émissaire[183]. Le manquement ayant donné lieu à une CJIP a, par définition, été commis par, avec le concours ou à l'instigation d'une ou plusieurs personnes physiques. Or, comme le soulignent

---

180. Art. 41-1-2 III C. proc. pén.

181. M. Michel Sapin, lors de la 2e séance du 7 juin 2016 à l'Assemblée nationale.

182. Ceci est d'autant plus vrai que la personne morale sera récompensée des mesures prises à l'encontre des personnes physiques identifiées comme responsables des faits : voy., en ce sens, M. Delorme, « Le Parquet national financier : le perpétuel défi de la lutte contre la grande criminalité financière », *Colloque de la conformité à la justice négociée, Actualité de la lutte anticorruption*, 17 mai 2018.

183. G. Daïeff et G. Poissonnier, « Convention judiciaire d'intérêt public – Les premiers pas prometteurs de la justice pénale négociée », *La Semaine du Droit pénal et Procédure pénale*, 2018, n° 38, pp. 1648 et s.

certains magistrats, la tentation est grande pour le Parquet qui a conclu la CJIP de réutiliser les informations et pièces mises à disposition par la société dans leurs poursuites des personnes physiques. Dans ce cas, l'indépendance du Parquet dans son enquête est sérieusement mise à mal, d'autant que la société peut être amenée à sélectionner, volontairement ou non, les pièces transmises, avec pour effet de protéger certains cadres méritants, ou de désigner des coupables, sortes de boucs émissaires. Il serait donc utile, pour assurer une justice équitable aux personnes physiques, de s'assurer que le Parquet a bien demandé tous les documents nécessaires à ses poursuites, diligences dont il doit rendre compte.

Enfin, comme on l'a vu, il est nécessaire d'améliorer la coordination entre CJIP et CRPC. Le cas Bolloré a montré l'étanchéité entre ces deux procédures qui, même lorsqu'elles sont négociées de manière simultanée, ne garantissent pas un règlement global et cohérent des affaires[184].

Ce point est essentiel, car ce sont bien des personnes physiques qui seront à l'origine des négociations d'une CJIP, si bien que les garanties apportées aux représentants légaux des sociétés en cause consolideront concomitamment le dispositif et son succès.

Ces améliorations favoriseront la portée extraterritoriale de la loi Sapin II, dont on peut regretter qu'elle n'ait pas encore permis à ce stade de traiter des dossiers pour des faits de corruption à l'étranger.

À l'approche du sixième anniversaire de la CJIP, il est en tout cas évident que cet outil efficace d'une justice négociée à la française a trouvé sa place dans notre système pénal et contribue à renforcer la crédibilité, notamment à l'international, de la place juridique de Paris.

184. Projet de rapport d'information du 7 juillet 2021, préc.

Lutte contre la corruption : une nouvelle ambition française

Eric Russo

Avocat au barreau des Hauts-de-Seine
Associé du cabinet Quinn Emanuel Urquhart & Sullivan LLP
Ancien magistrat

La France a longtemps été considérée, sans doute à juste titre, comme insuffisamment impliquée dans la lutte contre la corruption.

De fait, traditionnellement, le nombre de condamnations prononcées en France était inversement proportionnel à l'abondance du *corpus* législatif réprimant la corruption sous ses diverses manifestations (corruption d'agent public étranger, corruption privée, trafic d'influence, favoritisme, prise illégale d'intérêts...).

On se souviendra que, dans un rapport datant de 2014[185], l'OCDE stigmatisait le fait que la justice française n'avait encore jamais définitivement condamné une entreprise pour des faits de corruption internationale, alors que, dans le même temps, Technip, Alcatel-Lucent, Total, Alstom et d'autres fleurons de notre industrie étaient successivement mis à l'amende par les autorités américaines, *Department of Justice* (DoJ) et *Securities and Exchange Commission* (SEC) en tête, contraintes d'accepter le versement de centaines de millions de dollars au Trésor américain afin d'échapper aux poursuites au titre de la violation du *Foreign Corrupt Practices Act (FCPA)*.

Rappelons-nous aussi que, jusqu'en 1998, les « frais commerciaux exceptionnels » généreusement distribués à leurs agents intermédiaires par les champions français de l'exportation constituaient légalement des charges fiscalement déductibles.

---

185. OCDE, Groupe de travail sur la corruption, *France : Rapport de suivi écrit de phase 3 et recommandations*, décembre 2014.

Toutefois, consciente des responsabilités qu'impose sa place dans l'économie mondiale comme de l'exposition de plus en plus forte de ses entreprises aux sanctions des régulateurs étrangers, la France a accompli au cours des dernières années des efforts considérables pour moraliser la vie des affaires et apporter sa contribution à l'établissement d'un *level playing field* dans le commerce international.

Ce renversement total de paradigme a été rendu possible en premier lieu grâce à une modification profonde de notre cadre institutionnel et législatif qui propose désormais une alliance originale entre prévention, détection et répression des atteintes à la probité, au travers, en particulier, du dispositif institué par la loi dite Sapin II[186].

Il a pris corps avec la mise en place de nouvelles institutions judiciaires et administratives dont l'action combinée a permis d'imposer un référentiel anticorruption et favorisé le développement d'une véritable culture de la conformité qui se diffuse au sein des entreprises de toutes tailles et dans tous les secteurs d'activité.

Il se traduit par des résultats tangibles, qui se mesurent en dizaines de millions, voire milliards d'euros d'amendes désormais prononcées par la justice française contre les entreprises qui enfreignent les règles.

Cinq ans après la loi Sapin II du 9 décembre 2016, de nouvelles réformes sont déjà en cours d'élaboration. C'est le signe du dynamisme vertueux dans lequel la France, et singulièrement la place juridique de Paris où se concentrent l'essentiel des moyens ici mis en œuvre, a désormais choisi de s'inscrire.

I. L'émergence d'un nouveau modèle, entre prévention et détection

« Partout où elle se trouve, la corruption pénalise l'économie nationale, fausse la concurrence entre les entreprises, nuit au pacte social et entrave le fonctionnement normal des institutions publiques » (Michel Sapin)[187].

La loi Sapin II, portée par l'ambition d'élever la législation française aux meilleurs standards internationaux et de contribuer à une image positive de la France dans la lutte contre la corruption, a constitué un tournant décisif. Ce texte fondateur constitue l'acte de naissance de la compliance à la française. Sur le terrain de la répression, il a également doté les autorités judiciaires françaises d'un nouvel outil, la Convention judiciaire d'intérêt public (CJIP), dont

186. Loi n° 2016-1691 du 9 décembre 2016 relative à la transparence, à la lutte contre la corruption et à la modernisation de la vie économique.

187. L. COHEN-TANUGI, « La France et la lutte contre la corruption dans les affaires internationales : vers un changement de paradigme ? », *En Temps réel, les Cahiers*, juin 2016.

le PNF est le principal utilisateur et qui a révolutionné l'approche française de la délinquance économique et financière, en particulier dans les dossiers de corruption internationale.

Il serait vain d'évoquer le nouveau visage de la lutte contre la corruption en France sans considérer ensemble ces deux aspects de la question. L'efficacité du modèle français repose aujourd'hui autant sur la régulation administrative au travers de la prévention et de la détection des atteintes à la probité que sur la répression judiciaire.

D'une étude réalisée en 2020 par l'Agence française anticorruption (AFA) auprès des entreprises françaises, on retiendra notamment que la moitié de celles qui sont aujourd'hui dotées d'un programme de conformité anticorruption l'ont mis en place depuis moins de quatre ans. Cette statistique illustre à quel point la loi Sapin II a constitué un puissant catalyseur de la compliance en France.

Rappelons en effet que, depuis l'entrée en vigueur de la loi, toutes les entreprises de plus de cinq cents salariés dont le chiffre d'affaires est supérieur à 100 millions d'euros ont l'obligation légale de mettre en œuvre un programme de prévention et de détection de la corruption et du trafic d'influence organisé autour de huit mesures obligatoires, parmi lesquelles l'élaboration d'une cartographie des risques, la diffusion d'un code de conduite, la mise à disposition d'un système d'alerte interne, l'organisation de formations spécifiques à destination des salariés concernés ou encore des procédures de contrôles internes de premier, de deuxième et de troisième niveau.

L'originalité et la force du système français, si on le compare par exemple à ses homologues américain et britannique, repose sur le fait que la loi française fait peser une obligation personnelle sur les instances dirigeantes de l'entreprise, dont le non-respect est susceptible d'être sanctionné *per se*. Si la loi Sapin II s'est indéniablement inspirée du FCPA américain de 1977 et du *Bribery Act* britannique de 2010 quant aux mesures de prévention et de détection de la corruption dont elle impose la mise en œuvre, la France est allée plus loin en prévoyant que le non-respect de cette obligation soit sanctionné d'une amende administrative, indépendamment de la commission d'un quelconque acte de corruption.

Là où le *Department of Justice* (DOJ) américain et le *Serious Fraud Office* (SFO) britannique examinent le programme d'une entreprise à l'occasion d'une enquête pénale, et dans le but de déterminer si des carences éventuelles de ce programme ont favorisé la commission de faits de corruption, le principe en France est que les entreprises sont susceptibles d'être contrôlées à tout moment par l'AFA, de sa propre initiative et indépendamment de toute enquête judiciaire. L'exigence est tout autre.

Mais le rôle majeur joué par l'AFA depuis début 2017 dans l'émergence d'une culture de la conformité en France ne se limite pas à la possibilité de contrôler les entreprises assujetties et de sanctionner leurs instances dirigeantes. À la vérité, si la crainte du contrôle a pu contribuer à cette émergence, il nous semble que c'est surtout l'accompagnement proposé par l'AFA aux entreprises qui a favorisé l'appropriation par ces dernières des obligations de prévention et de détection mises à leur charge. Cela sans négliger les efforts importants qui ont été déployés par les entreprises concernées pour se hisser à hauteur des standards attendus, y compris celles qui ne sont pas assujetties à l'obligation de conformité de par la loi Sapin II. En témoignent les récents travaux menés en commun par l'Agence et le mouvement des ETI-PME.

Au travers des recommandations et multiples guides pratiques qu'elle a publiés, l'AFA a progressivement construit ce qu'il est désormais convenu d'appeler un référentiel anticorruption, récemment salué dans un rapport parlementaire comme « une avancée remarquable qui permet de hisser la France au niveau des meilleurs standards internationaux »[188].

On mesure ici concrètement le chemin qui a été parcouru en quelques années. Et les progrès sont également spectaculaires sur le terrain de l'action judiciaire.

II. Le temps des premiers succès judiciaires

« Le succès n'est pas un but mais un moyen de viser plus haut »
(Pierre de Coubertin)

Si le Parquet national financier (PNF) n'a pas été créé par la loi Sapin II[189], il lui doit en revanche d'avoir favorisé une nouvelle approche des enquêtes en matière de corruption. C'est d'ailleurs parce qu'il était convaincu que cette nouvelle approche était nécessaire que le procureur financier s'était personnellement prononcé, lors des débats parlementaires, en faveur de l'adoption des dispositions créant la Convention judiciaire d'intérêt public. Il faut se souvenir qu'à l'époque, le projet cristallisait de nombreuses oppositions, aussi bien au Parlement que dans le milieu judiciaire, où l'on brandissait la menace de l'avènement d'une « justice de classes ».

Du constat dressé par l'OCDE en 2012 et en 2014 quant à l'incapacité de la justice française à sanctionner les actes de corruption dans les transactions internationales, il ressortait pourtant que cette impuissance était liée à la fois à des facteurs consubstantiels à ce type d'infractions : difficulté de rapporter la preuve d'un pacte de corruption et de retracer des mouvements financiers multiples, le plus souvent éparpillés dans plusieurs juridictions opaques, comme à

188. Mission d'évaluation de l'impact de la loi n° 2016-1691 du 9 décembre 2016 relative à la transparence, à la lutte contre la corruption et à la modernisation de la vie économique, *Rapport d'information*.
189. Le PNF a été créé par la loi n° 2013-1117 du 6 décembre 2013 et par la loi organique n° 2013-1115 du 6 décembre 2013.

d'autres facteurs propres au système pénal français parmi lesquels l'absence de dispositif transactionnel similaire au *Deferred Prosecution Agreement* (DPA), lequel, adossé à la coopération des entreprises concernées, avait déjà prouvé son efficacité dans la résolution d'affaires de corruption aux États-Unis et ailleurs.

En instituant au travers de la CJIP la possibilité de mettre fin aux poursuites par un accord transactionnel reposant sur le paiement d'une amende et la mise en œuvre d'un programme de mise en conformité, mais sans déclaration de culpabilité, la loi Sapin II a apporté une réponse appropriée aux difficultés qui étaient auparavant rencontrées par la justice française pour traiter les dossiers les plus complexes. La CJIP permet en effet de parvenir à une résolution plus rapide, acceptée par l'entreprise et ses dirigeants, tout en offrant davantage de sécurité juridique, puisque insusceptible de recours une fois validée.

Ainsi que le relève le récent rapport d'évaluation de la France par le groupe de travail de l'OCDE sur la corruption, « la nouvelle politique pénale de la France en matière de responsabilité des personnes morales est désormais principalement mise en œuvre par le biais de la CJIP dont la création marque un tournant dans la mise en œuvre de la responsabilité des personnes morales dans les affaires de corruption d'agent public étranger »[190].

Depuis l'entrée en vigueur de la loi Sapin II, trente-deux CJIP ont été validées, dont onze dans des affaires de corruption nationale et internationale.

L'instauration de la CJIP a constitué un tournant historique pour la justice pénale économique et financière, dont elle a contribué à restaurer l'efficacité, la crédibilité internationale et la souveraineté vis-à-vis des entreprises françaises. Il est d'ailleurs intéressant de constater qu'à l'heure où des réflexions s'engagent sur les ajustements qui doivent être apportés à ce dispositif, la question n'est plus celle de son acceptabilité sociale, mais bien de trouver de nouveaux leviers qui permettront d'amplifier encore le nombre d'accords conclus.

La France dispose aujourd'hui des outils juridiques pour résoudre efficacement des enquêtes complexes en matière de corruption et plus largement de délinquance économique et financière, même si des efforts seront sans doute encore nécessaires pour y consacrer des moyens suffisants. Ainsi, le procureur de la République financier a-t-il pu proclamer que le PNF est désormais « en capacité de travailler à armes égales avec les autorités judiciaires anglo-saxonnes »[191].

Sans la CJIP, la résolution en moins de quatre ans de la tentaculaire affaire *Airbus* sur laquelle le PNF a assis l'essentiel de sa crédibilité internationale[192] n'aurait tout simplement pas été possible. Car seule la perspective d'un

190. OCDE, *Mise en œuvre de la Convention de l'OCDE sur la lutte contre la corruption – Rapport de phase 4 – France.*

191. J.-F. Bohnert, « Nous sommes en capacité de travailler à armes égales avec les autorités judiciaires anglo-saxonnes », *Dalloz Actualité*, 18 mars 2018.

192. R. Thomason, « Airbus Resolution set new Standard for French, UK, US Cooperation, France's PNF Head says », *Mlex*, 2 décembre 2021.

accord coordonné entre les autorités de poursuite a permis d'obtenir la pleine coopération de l'entreprise, de sorte que seules les autorités susceptibles de proposer ce type d'accord étaient en mesure d'inviter Airbus à cette coopération.

On a souvent évoqué le traumatisme de l'affaire *Alstom*, champion de l'industrie française lourdement sanctionné par les autorités américaines avant d'être brutalement racheté par General Electric. Alors que la crainte s'est répandue qu'un même scénario se renouvelle dès l'enquête Airbus rendue publique, le fait de pouvoir recourir à la CJIP a non seulement permis d'éviter pareil dénouement, mais encore a-t-il permis au PNF de se positionner aux avant-postes de l'enquête, dans un partenariat étroit avec le SFO, tandis que le DOJ acceptait son rôle de *junior partner* après avoir constaté que l'autorité judiciaire française « faisait le job ». Dit autrement, si la CJIP avait existé en 2014, le désastre de l'affaire *Alstom* aurait probablement pu être évité.

Plus largement, au-delà des affaires conclues par le biais d'une CJIP, le nouveau regard posé par la justice pénale financière sur la grande délinquance économique et financière se lit aussi au travers des décisions par lesquelles la responsabilité pénale des entreprises est plus fréquemment retenue.

Dans le prolongement du mouvement initié par les arrêts *Pétrole contre nourriture*[193], plusieurs décisions récentes de la chambre criminelle de la Cour de cassation en témoignent. Ainsi, cette dernière a-t-elle récemment confirmé la responsabilité de la holding française du fait des actes de corruption commis par les salariés de ses filiales étrangères[194], nonobstant l'absence de lien juridique direct avec ces derniers. Ainsi encore en matière de fusions-acquisitions[195] où la société absorbante est désormais amenée à répondre des actes de corruption commis par l'absorbée avant la fusion. Sans parler des amendes plus lourdes, qui se chiffrent désormais en millions, voire en milliards d'euros, qui ont été prononcées par les juridictions de première instance comme d'appel dans plusieurs dossiers de délinquance économique et financière.

Participe également de ce mouvement la première condamnation prononcée dans le dossier dit des « biens mal acquis », qui vise la constitution sur le territoire français par des dirigeants de pays étrangers de patrimoines considérables à partir de fonds publics détournés ou de pots-de-vin perçus dans leurs pays d'origine, faits constitutifs de blanchiment. Il est remarquable ici de constater que, si, au détour des années 2010, les associations de lutte contre la corruption ont dû s'employer pour convaincre la justice française de s'emparer de ces faits, cette dernière joue désormais pleinement son rôle. Un haut responsable politique de la Guinée-Équatoriale a été condamné à trois ans d'emprisonnement avec sursis et à 30 millions d'euros d'amende, outre la confiscation de ses biens d'une valeur estimée à 150 millions d'euros. D'autres

193. Cass. (crim.), 14 mars 2018, n° 16-82.117.
194. Cass. (crim.), 16 Juin 2021, n° 19-81.162.
195. Cass. (crim.), 25 novembre 2020, n° 18-86.955.

enquêtes sont en cours visant des situations similaires, dans lesquelles les entreprises françaises qui sont soupçonnées d'avoir apporté leur aide aux responsables politiques étrangers concernés sont également judiciairement menacées.

III. Le temps de la consolidation

« Tout accomplissement est une servitude.
Il oblige à un accomplissement plus haut »
(Albert Camus)

Six ans après l'entrée en vigueur de la loi Sapin II, il est déjà temps de réformer à nouveau. Plusieurs évolutions législatives importantes sont intervenues ou envisagées.

La première concerne la détection des faits délictueux au travers du régime de protection des lanceurs d'alerte.

Un régime déjà très protecteur avait été inséré dans la loi Sapin II, dont l'ambition était de reconnaître le rôle des lanceurs d'alerte, de les accompagner et d'interdire les représailles à leur encontre, tout en encadrant les révélations afin de prévenir les abus.

À la faveur de la transposition de la directive européenne 2019/1937 du 23 octobre 2019 relative aux personnes qui signalent des violations du droit de l'Union, la loi du 21 mars 2022[196]. Elle améliore la protection accordée aux lanceurs d'alerte ainsi qu'à leur entourage et aux associations et syndicats qui œuvrent à leurs côtés, et par ailleurs facilite la diffusion des signalements à destination des autorités, celle-ci n'étant d'ailleurs plus subordonnée à un premier signalement auprès de la hiérarchie interne.

Selon son auteur, la nouvelle loi offre aujourd'hui « la meilleure protection des lanceurs d'alerte en Europe »[197]. Cette réforme importante est un pas supplémentaire vers une plus grande transparence de la vie des affaires en France.

Si elle s'avère un succès, son impact sera sans conteste important pour la vie des entreprises, qui se trouvent dans le même temps exposées à une exigence accrue de la société civile en matière environnementale ou au travers d'obligations supplémentaires mises à leur charge et qui sont créatrices de responsabilités nouvelles, telles que le devoir de vigilance dont le contrôle a été confié au tribunal judiciaire de Paris. Scrutées par des ONG et par la presse d'investigation, dont l'action est puissamment relayée par les réseaux sociaux, les entreprises devront probablement faire face à un nombre accru d'alertes internes qu'elles devront traiter avec la plus grande diligence.

196. Loi n° 2022-401 du 21 mars 2022 visant à améliorer la protection des lanceurs d'alerte.
197. P. Januel, « Députés et sénateurs s'entendent sur les lanceurs d'alerte », *Dalloz Actualité*, 3 février 2022.

Un autre projet consiste à réformer plus amplement la loi Sapin II afin de faciliter la mise en jeu de la responsabilité pénale des personnes morales, d'améliorer la détection et la prévention des atteintes à la probité au sein des acteurs publics et de rendre la CJIP plus attractive pour les entreprises et leurs dirigeants.

En effet, entre 2012 et 2021, le nombre d'enquêtes judiciaires ouvertes en France en matière de corruption d'agent public étranger a été multiplié par 3,5. Le PNF consacre par ailleurs la moitié de son activité aux seules atteintes à la probité : corruption, trafic d'influence, prise illégale d'intérêts, favoritisme dans les marchés publics, ce qui représente autour de trois cents enquêtes en cours. Les pouvoirs publics cherchent donc désormais le moyen de résoudre ces enquêtes dans les meilleures conditions.

Si la proposition de loi qui a été déposée à la suite du rapport d'évaluation de la loi Sapin II[198] ne reprend pas l'ensemble des recommandations de cette dernière, elle avance un certain nombre de pistes de réflexion en ce sens, telles que l'élargissement du champ d'application à de nouvelles infractions ou encore la possibilité de créer de nouvelles incitations pour les entreprises et leurs dirigeants à entrer dans le dispositif de la CJIP.

En parallèle, il est intéressant de noter que, sous l'impulsion une fois encore des ONG, la France a inscrit dans sa loi[199] le principe de restitution aux populations concernées, au travers du financement de projets de développement, des fonds détournés par leurs dirigeants et saisis par la justice française dans le cadre des enquêtes sur les « biens mal acquis ». Si ce principe de restitution a déjà été mis en œuvre de manière empirique par d'autres pays : États-Unis, Suisse, Royaume-Uni, la France est ainsi le premier pays au monde à l'inscrire dans sa loi.

* * *

Six ans après l'adoption de la loi Sapin II, la justice française est désormais aux avant-postes de la lutte contre les atteintes à la probité. Il s'agit d'une avancée majeure qui contribue indéniablement à la crédibilité et à la force de la place juridique de Paris.

198. Proposition de loi déposée par M. le député Raphaël Gauvain visant à renforcer la lutte contre la corruption déposée le 21 octobre 2021.
199. Loi n° 2021-1031 du 4 août 2021 de programmation relative au développement solidaire et à la lutte contre les inégalités mondiales.

Les droits humains et l'entreprise. Quel juge ?

Gwenola Joly-Coz

Première présidente près la Cour d'appel de Poitiers

D'aucuns pourraient penser que l'entreprise n'a pas à se préoccuper des droits humains, tout occupée qu'elle est à organiser sa production et son profit. Pourtant, l'entreprise est désormais considérée comme un lieu de vie où s'épanouissent des femmes et des hommes tout au long de leur vie professionnelle, jamais totalement séparée de leur vie personnelle.

Il faut d'emblée saluer l'abandon de « droits de l'homme » au profit de « droits humains », en miroir de l'anglais *human rights*, qui permet d'élargir la vision des relations envisagées avec l'entreprise. La sémantique est toujours porteuse de sens. Ne pas limiter la réflexion aux droits à l'homme, faussement neutre, toujours masculin, pour se tourner résolument vers la notion mixte d'humains exprime une évolution du positionnement favorable à l'émergence en France de nouveaux chemins.

Ceux-ci sont en cours de construction sous nos yeux. Les valeurs et les engagements, des dirigeants comme des salariés, réclament une place dans l'entreprise. La conscience des sujets « droits humains » s'amplifie et se développe au fil des ans, des mutations sociologiques, des grandes épreuves collectives. La pandémie de Covid-19, la « grande démission » ou le mouvement « Me too » bouleversent les équilibres.

La justice, à sa place, est interpellée par ces questions émergentes, parfois pour trancher un litige, parfois pour sanctionner une infraction. Elle doit tenir son rôle, attendu par le justiciable manager, encadrant ou exécutant, mais aussi par la société civile, associations, leaders d'opinion ou influenceurs.

Aussi est-il particulièrement pertinent de faire le point sur la situation de 2022.

I. Droits humains et entreprise : une interaction en formation

A. Le Droit

Si le respect des droits humains est toujours apparu comme une prérogative de la puissance publique, l'évolution du monde a attrait dans son champ des acteurs de la vie économique et sociale comme les entreprises multinationales ou les ONG.

Est alors établie une relation de réciprocité selon laquelle l'entreprise reconnaît que, sans humanité, l'activité n'est pas possible et où l'humanité admet que sans entreprises supports d'échanges internationaux, monétaires, mais aussi culturels, elle s'appauvrit. Une interaction positive entre ces deux ensembles hétérogènes peut s'engager.

L'Organisation des Nations Unies (ONU) est la première incitatrice. Elle indique que les droits humains sont des droits inaliénables de tous les êtres humains, sans distinction aucune, notamment de race, de sexe, de nationalité, d'origine ethnique, de langue, de religion ou de toute autre situation.

L'Assemblée générale de l'ONU a adopté le 26 juin 1945 la *Charte des Nations Unies* et, le 10 décembre 1948, la *Déclaration universelle des droits humains*, qui établissent une liste de droits civils, culturels, politiques, économiques et sociaux.

Ce socle s'élargit par l'adoption d'un corpus de traités internationaux regroupant la Convention pour la prévention et la répression du crime de génocide, la Convention internationale sur l'élimination de toutes les formes de discrimination raciale, la Convention sur l'élimination de toutes les formes de discrimination à l'égard des femmes, la Convention relative aux droits de l'enfant, la Convention relative aux droits des personnes handicapées ou les Conventions fondamentales de l'Organisation internationale du travail.

La question du respect par les entreprises et au sein des entreprises de ces principes inaliénables et universels se pose, et c'est un droit souple, incitatif et volontaire, qui se construit progressivement, dégageant des principes généraux :

- 1976 : adoption de la première version des Lignes directrices de l'OCDE à l'attention des entreprises multinationales, réactualisée en 2011 ;
- 1977 : publication par l'Organisation internationale du travail de sa déclaration tripartite sur les entreprises multinationales et leur politique sociale ;
- 2008 : proclamation d'un premier cadre normatif par les Nations Unies ;
- 2011 : déclinaison en trois principes directeurs : protéger, respecter, réparer.

L'Union européenne, par sa directive du 15 novembre 2014 (2014/95/UE), rend obligatoire la publication d'informations non financières. Elle vise les entités d'intérêt public : les entreprises cotées, les banques, les compagnies d'assurances et celles désignées comme telles par les États membres, dépassant cinq cents salariés. Elles doivent communiquer les informations nécessaires à la compréhension de l'évolution de l'incidence de leur activité, relatives aux questions environnementales, sociales, de respect des droits humains et de lutte contre la corruption. Et inclure une brève description des principaux risques liés à ces questions en rapport avec les activités de l'entreprise, des relations d'affaires, produits ou services, susceptibles d'entraîner des incidences négatives dans ces domaines, la manière dont l'entreprise gère ces risques et les indicateurs clés de performance de nature non financière concernant les activités en question. Pour aider les entreprises à remplir leurs obligations, la Commission européenne a publié, le 27 juin 2017, des Lignes directrices non contraignantes.

Le thème « Entreprises et droits humains » est donc aujourd'hui inséré dans un ensemble de normes de droit international, à destination des États et des entreprises, visant à promouvoir et à protéger les droits humains. Or l'on imagine aisément que des atteintes puissent être commises par des entreprises, comme le confirment les Principes directeurs des Nations Unies : « les entreprises peuvent avoir une incidence sur pratiquement tout l'éventail des droits de l'homme internationalement reconnus ».

Le juge judiciaire, garant des libertés et du respect des droits humains, est désormais saisi de l'adéquation avec l'environnement économique. Peuvent lui être soumis des domaines aussi divers que le droit de propriété, le droit du travail, le droit à la vie privée, les droits relatifs à la santé et aux conditions de vie, dont le droit à l'eau et à la nourriture. Sans exclure le droit des minorités et le droit à l'égalité, à l'absence de discrimination, interdictions de haine raciale et des stéréotypes et préjugés néfastes sur le genre.

La capacité du juge français à s'en emparer et à faire jurisprudence à partir de la casuistique qui lui est soumise est fondamentale pour permettre à la place de Paris de se renouveler en tant que lieu d'influence et d'innovation.

B. Les devoirs

Les Principes directeurs des Nations Unies relatifs aux entreprises et aux droits humains articulent les niveaux de responsabilités qui incombent aux États et aux acteurs économiques privés autour de trois devoirs.

Le devoir de protéger incombe aux États, responsables de prendre les mesures nécessaires pour protéger les personnes de toutes violations de leurs droits et notamment empêcher les atteintes commises par des entreprises, enquêter sur ces atteintes aux droits de l'homme, en punir les auteurs, et les réparer.

Il appartient donc aux États d'adopter les dispositions, réglementaires d'abord, civiles et pénales ensuite, propres à permettre aux juristes, aux avocats et, enfin, aux juges de s'emparer des faits dénoncés.

Le devoir de respecter les droits humains est une norme de conduite générale attendue des entreprises, quels que soient leur lieu et leur domaine d'activité. Il s'impose indépendamment des capacités ou de la détermination réelle des États où elles opèrent à remplir leurs propres obligations en la matière.

En vertu de ce deuxième pilier, les entreprises sont invitées à mettre en place des processus pour identifier les impacts réels et potentiels de leurs actions sur les droits humains, les prévenir, en atténuer les effets et rendre compte de la manière dont elles agissent pour y remédier. Ces processus doivent permettre d'évaluer les incidences de leur activité sur les droits humains, à regrouper les constatations, à les traiter et, enfin, à suivre les mesures correctives.

Le droit de recours et le droit à réparation peuvent être judiciaires ou non, pour toutes personnes victimes d'une violation de leurs droits. Le recours doit être effectif, étendu à la notion de « réclamation ». Les entreprises sont ainsi mobilisées à de multiples niveaux.

Par principe, il leur est demandé de participer à la promotion de ces droits humains en favorisant des activités respectueuses. Elles ne doivent pas attenter à ces droits par leurs activités, en ne se rendant ni auteures ni complices. Elles doivent anticiper en s'assurant en amont auprès de leurs fournisseurs comme de leurs sous-traitants des garanties apportées.

Dans leur cadre international, elles doivent se montrer respectueuses des droits fondamentaux des populations locales et s'efforcer d'obtenir une « *licence to operate* » qui traduit la confiance qu'elles sauront obtenir auprès des parties-prenantes en faisant la preuve de leur volonté de réduire ou de supprimer les impacts négatifs de leurs activités sur les droits humains et d'apporter réparation à ceux dont les droits auront pu être violés.

C. Les attentions

Ces principes imposent aux entreprises dans leurs projets de « porter attention à ». Le défaut d'attention peut entraîner des sanctions par les juridictions.

La vigilance ou *due diligence* est un devoir général de surveillance des risques liés aux activités et aux relations d'affaires des entreprises. Liées à l'anticipation et à la diligence raisonnable, les entreprises doivent s'efforcer d'empêcher la réalisation des risques identifiés. Ce devoir de vigilance est sanctionné lorsque les diligences ne sont pas mises en œuvre et la responsabilité du débiteur de cette obligation peut être recherchée en cas de dommage, fruit d'un manquement à ce devoir.

La notion d'impact négatif défini par le guide interprétatif des principes directeurs de l'ONU comme « toute action prévenant ou réduisant la capacité d'une personne de jouir de ses droits fondamentaux ». Les entreprises doivent donc observer leurs impacts négatifs et positifs. En limitant les premiers et en accroissant les seconds, elles sont à même d'avoir un effet multiplicateur puissant sur la jouissance réelle des droits fondamentaux des personnes.

La responsabilité sociale des entreprises définie par le ministère de l'Europe et des Affaires étrangères comme « la façon dont les entreprises intègrent les objectifs de développement durable dans leurs pratiques en veillant à la maîtrise de leurs impacts sur la société tout en étant à l'écoute des attentes de celle-ci ». La Commission européenne parle de la « maîtrise des effets sur la société ». L'Institut des Nations Unies pour la formation et la recherche (UNITAR) mentionne « un concept de management et une procédure qui intègre des préoccupations sociales et environnementales dans les activités des entreprises et les interactions de l'entreprise avec l'ensemble de ses parties prenantes ». Par ces diverses approches, l'idée est claire et les entreprises se sont dotées au fil des ans de services dédiés.

II. Le droit positif français et le juge

La France se distingue par son intérêt tout particulier au thème « Entreprises et droits humains ». Elle a adopté, au fil des ans et de l'émergence des préoccupations, toute une série de textes propres à faire progresser la prise en compte des problématiques, qui s'avèrent multiples et complexes. La place du juge y est diverse.

A. L'information publique dès 2001

Dès la loi du 15 mai 2001 relative aux nouvelles régulations économiques, les sociétés cotées sont contraintes à publier dans leur rapport annuel de gestion des informations à caractère social et environnemental. La loi du 30 juillet 2003 relative à la prévention des risques technologiques et naturels et à la réparation des dommages exige des entreprises la communication de leur prévision de gestion des risques sur les sites Seveso.

La loi du 12 juillet 2010 portant engagement national pour l'environnement, dite « Grenelle II », précise les objectifs : étendre l'obligation de *reporting* social et environnemental et renforcer la crédibilité des informations publiées, au moyen de la vérification par un tiers externe.

En 2012, le décret n° 2012-557 du 24 avril relatif aux obligations de transparence des entreprises en matière sociale et environnementale intègre les droits humains, et oblige les entreprises à assurer le suivi et à rendre compte en externe de leur démarche.

En 2017, la Déclaration de performance extrafinancière remplace le rapport de responsabilité sociale des entreprises et devient un outil de pilotage stratégique de l'entreprise. Il doit être concis et accessible, concentré sur les informations significatives intéressant ses parties prenantes.

B. L'égalité femmes-hommes, à partir de 2011

La loi Copé-Zimmermann du 27 janvier 2011 relative à la représentation équilibrée des femmes et des hommes au sein des conseils d'administration et de surveillance a été fondatrice dans la prise en compte de l'égalité femmes-hommes au titre des droits humains.

Elle crée le dispositif légal français d'obligation pour les entreprises de mettre en place des quotas de 40 % de femmes dans leurs conseils d'administration et de surveillance, qui s'est avéré très efficace.

La loi Rixain, du 24 décembre 2021, entrée en vigueur le 1er mars 2022, vise à accélérer l'égalité économique et professionnelle. Elle instaure une proportion minimale de répartition entre les sexes au sein des postes dirigeants pour les entreprises de plus de mille salariés. Le mécanisme des quotas est repris. Dans les entreprises qui emploient au moins mille salariés, la proportion de femmes et d'hommes parmi les cadres dirigeants et les membres des instances dirigeantes devra être d'au moins de 30 % au 1er mars 2026 et de 40 % au 1er mars 2029. En cas de non-respect, une pénalité financière pourra être prononcée par l'administration, d'un montant maximal de 1 % de la masse salariale.

Le 25 novembre 2020, quarante Allemandes, dont Ursula von der Layen, présidente de la Commission européenne, signent un texte « Ich bin eine Quotenfrau » pour assumer leur nomination à la faveur d'un dispositif obligatoire qui leur a fait échapper à la discrimination dont elles auraient pu être victimes sans cette protection légale.

Cette génération de femmes leaders affirme être fière d'un dispositif d'aide qui ne fait qu'amender, de manière transparente, les mécanismes opaques, mais puissants, qui aboutissent à la reproduction de nominations masculines.

L'Index de l'égalité femmes-hommes complète le dispositif. Créé par la loi du 5 septembre 2018, cet outil évalue les inégalités entre les femmes et les hommes dans les entreprises sous la forme d'une note sur 100, établie à partir de grands indicateurs comme l'écart de rémunération, l'écart des augmentations individuelles ou la parité parmi les dix plus hautes rémunérations. Il est encore amélioré par la loi Rixain, qui crée de nouvelles obligations en cas de note insuffisante, moins de 75 sur 100 : l'entreprise employeuse devra fixer et publier ses objectifs de progression.

La responsabilité vis-à-vis des violences conjugales, principalement faites aux femmes, est un nouveau champ de responsabilité pour les entreprises. Un des derniers aspects est porté par la loi du 24 décembre 2021, « lutte contre la dépendance et la violence économiques au sein du couple », qui impose le versement du salaire et des prestations sociales sur un compte dont le bénéficiaire est nécessairement titulaire ou cotitulaire.

C. La vigilance, la loi de 2017

Déjà la loi n° 2014-790 du 10 juillet 2014 visant à lutter contre la concurrence sociale déloyale instaure une obligation de vigilance. En transposant la directive européenne sur le détachement des travailleurs, elle y précise la responsabilité des maîtres d'ouvrage vis-à-vis de leurs sous-traitants et cocontractants.

Mais c'est par l'adoption de la loi n° 2017-399 du 27 mars 2017 relative au devoir de vigilance des sociétés mères et des entreprises donneuses d'ordre que la France s'est montrée pionnière en devenant le premier État à intégrer le devoir de vigilance des entreprises en matière de droits humains dans son *corpus* juridique par une loi dédiée.

Elle demande aux entreprises d'établir un plan de vigilance comportant « les mesures de vigilance raisonnable propres à identifier les risques et à prévenir les atteintes graves envers les droits humains et les libertés fondamentales, la santé et la sécurité des personnes ainsi que l'environnement, résultant des activités de la société et de celles des sociétés qu'elle contrôle ». Elle précise que cette obligation englobe les activités des sous-traitants ou fournisseurs avec lesquels est entretenue une relation commerciale établie ».

Le plan de vigilance doit comprendre une cartographie des risques, des procédures d'évaluation des filiales, sous-traitants et fournisseurs avec lesquels est entretenue une relation commerciale établie, des actions adaptées d'atténuation des risques ou de prévention des atteintes graves, un mécanisme d'alerte et de recueil des signalements et un dispositif de suivi des mesures mises en œuvre et d'évaluation de leur efficacité.

Le plan de vigilance et le compte rendu de sa mise en œuvre effective sont inclus dans le rapport annuel et rendus publics.

Le manquement de l'entreprise à ses obligations engage sa responsabilité et l'oblige à réparer le préjudice que l'exécution de ces obligations aurait permis d'éviter. Cette action en responsabilité est introduite devant la juridiction par toute personne justifiant d'un intérêt à agir : une victime, mais aussi un syndicat, une association ou une ONG.

Il est expressément prévu que le juge pourra ordonner « la publication, la diffusion ou l'affichage de sa décision ou d'un extrait de celle-ci, selon les modalités qu'elle précise. Les frais sont supportés par la personne condamnée ».

La décision peut être exécutée sous astreinte. Cependant, les amendes prévues par le texte initial ont été supprimées à la suite de la décision du Conseil constitutionnel du 23 mars 2017.

D. L'information du consommateur, la corruption et l'alerte, 2018

La loi du 31 juillet 2014 relative à l'économie sociale et solidaire donne la possibilité aux consommateurs de vérifier, auprès des distributeurs, des fabricants et des producteurs, les conditions dans lesquelles sont fabriqués les produits qu'ils commercialisent en France.

La loi du 9 décembre 2016 relative à la transparence, à la lutte contre la corruption et à la modernisation de la vie économique, dite « Sapin II », veut prévenir le risque de corruption et instaure la première protection des lanceurs d'alerte. Ainsi, les plus importantes entreprises françaises doivent-elles formaliser un programme de prévention et de détection de la corruption. La sanction pénale des comportements liés au trafic d'influence est alourdie. La loi crée une protection du lanceur d'alerte, en imposant aux entreprises de plus de cinquante salariés de mettre en place des procédures de recueil des signalements émis par les salariés ou par des collaborateurs extérieurs et occasionnels.

Entrée en vigueur le 1er janvier 2018, elle est une loi des plus novatrices en Europe.

Conclusion

Les avocats de la place de Paris ont pris la mesure des enjeux en publiant un guide pratique *Entreprises et droits humains*. L'arrêt de la Cour de cassation *Pétrole contre nourriture* du 14 mars 2018 est emblématique de la nouvelle responsabilité pénale des entreprises qui peut être retenue.

Tout est désormais en place pour que ces questions, densifiées au fil des décennies, prennent une ampleur considérable, dont le juge français doit être conscient pour investir tout son espace de régulateur.

Un Code de droit des affaires pour l'Europe

Philippe Dupichot

Professeur à l'École de droit de la Sorbonne (Université Paris 1)
Président de l'Association Henri Capitant des Amis de la culture juridique française

Dans la sphère juridique, l'intégration européenne est loin d'être achevée. Il est en effet des domaines où la construction juridique communautaire doit être améliorée, voire approfondie, pour que l'on puisse un jour considérer que les règles du jeu commercial sont véritablement uniformes au sein du marché unique ou, pour le moins, au sein de la zone euro[200].

C'est pour vérifier la prémonition d'hommes et de femmes de bonne volonté issus de la société civile[201] que l'Association Henri Capitant a souhaité, il y a quelques années déjà, dresser un inventaire de l'acquis communautaire en droit des affaires. L'inventaire trilingue qui en a résulté, publié sous le titre *La Construction européenne en droit des affaires : acquis et perspectives* (éd. Lextenso, octobre 2016), a permis de dresser un bilan volontairement synthétique de l'apport de l'Union européenne dans douze matières fondamentales du droit des affaires au sens large : droit du marché, droit du commerce électronique, droit des sociétés, droit des sûretés, droit de l'exécution, droit des entreprises en difficulté, droit bancaire, droit des assurances, droit des marchés financiers, droit de la propriété intellectuelle, droit social et droit fiscal.

---

200. La présente contribution est une version actualisée d'un article paru initialement aux *Mélanges en l'honneur de Michel Grimaldi*, éd. Defrénois, octobre 2020, puis, sous une forme synthétique et bilingue, à la *Revue européenne du droit*, *RED*, décembre 2021.
201. En particulier, ému par les turbulences de la crise grecque et par le risque d'un délitement de l'Union européenne, Paul Bayzelon, instigateur déjà du projet OHADA il y a près de trente ans, eut l'intuition qu'une monnaie unique ne pouvait suffire à déterminer un espace de droit des affaires commun et qu'il fallait sans doute penser l'Europe du droit plus ambitieusement.

Curieusement, une telle entreprise n'avait guère été conduite auparavant ; son principal enseignement est simple : le droit européen des affaires reste largement à construire. Or, si le projet a logiquement suscité des critiques stimulantes[202], il n'apparaît pas que le diagnostic ait été contesté par quiconque.

De là, un glissement (inévitable) de l'analyse vers l'initiative qu'ont souhaité conduire des juristes de tous horizons : un projet de Code européen des affaires[203]. Le projet s'intègre dans une longue histoire, qui suggère d'ailleurs nettement que l'édification d'un droit commercial contribue à structurer les échanges et la Cité elle-même. Jadis, les foires du Moyen Âge ont joué un rôle important dans la construction d'une Europe des échanges : on leur doit en partie le développement des techniques cambiaires, la sévérité des anciennes banqueroutes et l'importance attachée au respect de la parole donnée dans le commerce de marchandises. Et ainsi que le relevait Reiner Schulze en 2016 : « [e]n Allemagne, la codification du droit commercial au cours du XIXe siècle a largement précédé la naissance du Code civil – pratiquement de quatre décennies en ce qui concerne le Code général du Commerce allemand. En Espagne, le Code de commerce a même vu le jour soixante ans auparavant. À la naissance de ces marchés nationaux, un Code de commerce est apparu comme une nécessité impérieuse aux fins de faciliter le commerce et de renforcer l'économie. Les commerçants et les entreprises ont eu besoin du Code de commerce pour franchir les anciennes frontières du nouveau "marché intérieur" national de l'époque »[204].

Dans cette contribution, on présentera d'abord les *raisons* du projet de Code européen des affaires (I), puis l'état actuel de sa *réception* dans la sphère politique (II) et, enfin, quelques questions posées par son *élaboration* (III).

I. Les raisons

Un Code européen des affaires serait formidablement utile. Les raisons de s'y atteler sont d'ordre juridique certes (A), mais aussi économique (B) et politique (C).

202. L. d'Avout, « L'étonnante initiative en faveur d'un code européen des affaires », *JCP G*, 2019, p. 559 ; L. d'Avout, « La France et l'Allemagne en quête d'un droit des affaires commun », *JCP E*, 2019, p. 1276.
203. P. Dupichot, « Du Brexit au Code européen des affaires », *Dr et patr.*, 2016, n° 262 ; « Vom Brexit zum Europäischen Wirtschaftsgesetzbuch », *ZEuP*, 2017, n° 2, pp. 245 et s. ; L. Bélanger, « Un code européen des affaires, le droit au cœur de la consolidation de l'Europe », *JCP*, 2017, p. 790.
204. R. Schulze, *Initiative pour un Code européen des Affaires, Discours inédit au CNB*, 1er juillet 2016.

A. Des raisons juridiques

Le droit des affaires européen souffre formellement d'un déficit majeur d'accessibilité et d'intelligibilité. La consultation du site « Eur-Lex » – qui tend pourtant à « l'accès au droit de l'Union européenne » – en est la preuve, tellement est-elle malaisée pour quiconque souhaite se renseigner sur le droit européen des affaires. Les « synthèses de la législation de l'UE », destinées pourtant à un public non spécialisé, sont « classées en 32 domaines d'action (*sic*) ». Or ces domaines sont profondément éclatés et plus de la moitié d'entre eux intéresse le droit des affaires. En particulier, l'entrée « Entreprises » est d'une parfaite indigence puisqu'elle se contente de renvoyer incomplètement à d'autres domaines d'action (« Marché intérieur », « Concurrence », « Commerce extérieur », « Fiscalité », « Douanes »). Pareille situation est d'autant plus regrettable que l'accessibilité et l'intelligibilité de la loi sont, pour le moins aux yeux du juriste français, des objectifs de valeur constitutionnelle[205].

L'Union européenne semble prendre conscience de ces insuffisances. Le 13 avril 2016, un accord interinstitutionnel a, du reste, été conclu entre la Commission, le Conseil et le Parlement européen, intitulé « Mieux légiférer », qui « vise à améliorer la manière dont l'Union européenne légifère et à faire en sorte que la législation de l'Union européenne serve mieux les citoyens et les entreprises. Il devrait rendre le processus législatif de l'Union européenne plus transparent, plus ouvert aux contributions des acteurs concernés et plus facile à comprendre. Il contribuera également à évaluer l'incidence de la législation de l'Union européenne sur les petites et moyennes entreprises, l'industrie locale et le grand public ». L'esprit de l'accord se retrouve aussi dans l'initiative « *Better Regulation* » de la Commission, visant notamment à garantir une meilleure qualité de la législation. Toutefois, ces accords ou programmes tendent surtout à limiter le nombre de nouveaux règlements et directives, plutôt qu'à les ordonner logiquement ; à ce titre, ils remettent souvent en exergue les principes de subsidiarité et de proportionnalité[206].

En effet, le périmètre et l'étendue de la construction juridique communautaire sont tributaires de la répartition des compétences résultant du Traité sur le fonctionnement de l'Union européenne (TFUE). Aussi, l'acquis communautaire est-il naturellement plus fort en matière de droit de la concurrence – qui relève de la compétence exclusive de l'Union – que dans les domaines relevant de compétences partagées et justiciables des principes de subsidiarité et de proportionnalité, le marché intérieur par exemple, ou *a fortiori* de la fiscalité, encore soumise à la règle de l'unanimité. Cet éclatement des compétences aura été un puissant frein à l'adoption de règles matérielles uniformes : la

205. C. const., 16 décembre 1999, DC n° 99-421. C. const., 27 juillet 2006, DC n° 2006-540.
206. Commission européenne, *Améliorer la réglementation : de meilleurs résultats pour une Union plus forte*, 14 septembre 2016, COM/2016/0615.

construction communautaire dans le champ du droit des affaires s'est effectuée d'une façon profondément hétérogène. Riche sur certains thèmes : marché, commerce électronique, propriété industrielle, sociétés, elle est parcellaire sur d'autres : sûretés, voies d'exécution, opérations bancaires, fiscalité.

B. Des raisons économiques

Plus de soixante-trois ans après la signature du Traité de Rome, il devient chaque jour plus étrange que les vingt-sept États membres commercent entre eux sous l'empire de droits des affaires éclatés et, pour dix-neuf d'entre eux, moyennant une monnaie commune.

Le qualificatif si connu de « marché commun » sied mal pour désigner une zone de commerce au sein de laquelle subsistent des disparités notables entre les droits nationaux des affaires. Pour ne donner que deux exemples bien connus, les taux de l'impôt sur les sociétés varient du simple au triple entre États membres, et nul ne niera que les législations sociales diffèrent grandement. Partant, les États membres se font parfois concurrence entre eux – plutôt que de présenter un front uni à l'égard des autres pays – et le *law shopping* s'en trouve favorisé.

Or, entendu en un sens large, le droit des affaires détermine les règles du jeu commercial. Le président Giscard d'Estaing l'a d'ailleurs finement relevé : « [l]e droit de l'entreprise est un vecteur puissant de la convergence économique, fiscale et sociale. Cette convergence est essentielle à la consolidation de l'Euro qui est aujourd'hui la colonne vertébrale de la construction européenne. [...] ce droit, qui régit le quotidien des entreprises, n'a pas été suffisamment pris en compte par les dirigeants européens »[207]. Ce sont bien ces centaines de milliers d'entreprises, de petite, moyenne et plus grande tailles, qui sont les forces vives des économies européennes et de leur nécessaire convergence. Elles constituent la source première de la création de richesses, de la croissance et de l'emploi et doivent évoluer dans un environnement juridique, fiscal et social convergent, dès lors qu'elles opèrent au sein d'un espace monétaire unifié, de libre circulation des biens, des services, des capitaux et du travail.

C'est pourquoi il est temps d'adosser la monnaie unique, l'euro, à un socle de droit unifié des affaires. Un tel socle de droit unifié des affaires pourrait faire gagner de précieux points de croissance aux États membres et être un vecteur de richesse pour les entreprises européennes. Il faciliterait grandement le développement des échanges intracommunautaires en incitant TPE et PME à commercer au-delà de leurs frontières, avec une plus grande sécurité et

207. V. GISCARD D'ESTAING, « Préface », in *La Construction européenne en droit des affaires : acquis et perspectives*, Paris, Lextenso, 2016, pp. 1 et s.

en toute confiance. Il faut en effet rappeler que, comparé au commerce entre États fédérés des États-Unis d'Amérique, le commerce entre États membres de l'Union est encore peu développé[208].

Un rapide tour d'horizon suggère en effet qu'il n'est guère de grande zone d'échange sans droit uniforme. L'Union européenne se distingue sur ce point malencontreusement par la faible intégration juridique de son droit des affaires. Les barrières linguistiques et culturelles n'expliquent pas tout ; donc, un socle de droit unifié des affaires contribuerait-il grandement à améliorer « le fonctionnement du marché intérieur » au sens de l'article 26 du TFUE.

C. Des raisons politiques

L'Europe est en proie au doute : ébranlée par le Brexit, bousculée par la crise sanitaire, la voici qui redécouvre la guerre à ses frontières orientales. Aussi, il importe de redonner du sens et du souffle à l'Union européenne.

À l'intérieur des frontières de l'Union européenne, montrer que l'Europe s'intéresse à ses entrepreneurs et à ses entreprises paraît une nécessité. En effet, à l'exception notable des règles intéressant la concurrence, le commerce électronique et la propriété industrielle, la construction européenne en droit des affaires s'est insuffisamment intéressée à la pratique quotidienne des commerçants et entreprises de l'Union européenne (TPE et PME) et, plus généralement, de ceux qui ne sont ni banquiers, ni assureurs, ni consommateurs[209]. Si ces dernières thématiques sont fondamentales, leur récurrence et leur omniprésence dans l'arsenal législatif de l'Union accréditent dangereusement l'image – chère aux europhobes et aux extrêmes – d'un droit éloigné des préoccupations des très petites et moyennes entreprises, plus « financier » que véritablement « commercial ».

208. K. Head et T. Mayer (2002), « Non-Europe: The magnitude and causes of market fragmentation in the EU », *Review of World Economics*, 2(136), pp. 285-314, cité par V. Gomez Bassac, *Rapport sur l'élaboration d'un Code européen des Affaires*, Vie Publique, 2019, p. 37 ; V. Aussilloux, Ch. Emlinger et L. Fontagné, « Y a-t-il encore des gains à l'achèvement du marché unique européen ? », *Lettre du CEPII*, 2011, n° 316, concluant que « l'élimination de toutes les barrières au commerce subsistant au sein de l'Union européenne apporterait des gains deux à trois fois supérieurs à ceux déjà obtenus. Un tel objectif d'élimination des barrières constitue une hypothèse extrême, voire irréaliste. Néanmoins, l'ampleur des gains potentiels est telle que ces résultats démontrent que la poursuite de l'intégration européenne constitue l'un des principaux leviers de la croissance européenne ».

209. Mentionnons toutefois les utiles acquis suivants : Groupement européen d'intérêt économique, société européenne, titre exécutoire européen, saisie conservatoire européenne de comptes bancaires, marque européenne, dessins et modèles européens, droit des garanties financières, assiette de la TVA, etc.

Aussi, se réjouira-t-on que le commissaire européen au Marché intérieur, Thierry Breton, semble vouloir réorienter la politique de l'Union européenne. Il affirmait ainsi dans un grand quotidien[210] que « la politique industrielle en Europe ne peut plus être conduite avec pour seul but de réduire les prix pour le consommateur. Nos entreprises à la base de nos emplois, de nos progrès et de notre souveraineté doivent être replacées au cœur de nos politiques [...] il y aura un avant et un après-Commission von der Leyen ». Il importe donc de replacer l'Union européenne au service des citoyens et des entrepreneurs, afin que celle-ci soit, à nouveau, considérée comme un espace de liberté, et non de contrainte.

À l'extérieur des frontières européennes, le droit de l'Union doit tendre à embrasser la valeur d'un modèle : devenir une source d'inspiration pour les législateurs étrangers, de réflexion pour les juristes de tous pays, de sécurité juridique pour les investisseurs. À cette condition seulement, il rayonnera, et l'Europe avec lui. C'est sans doute là un enjeu de civilisation : un droit est porteur de concepts et de valeurs qui sont le produit d'une culture et d'un mode de vie. Parce qu'il y a une civilisation européenne, il doit y avoir un droit européen des affaires accessible et intelligible. Or, quoique l'Union européenne se soit construite par le droit et sur le droit, ce dernier n'est guère pour l'heure un phare de la civilisation européenne dans le champ des échanges économiques.

II. La réception

Simple initiative d'une société savante, le projet de Code européen des affaires revêtait logiquement les allures d'une pure utopie lors de son lancement[211]. Tel n'est plus le cas aujourd'hui : l'idée que l'Europe ait besoin d'un droit des affaires intégré et codifié se diffuse chaque jour davantage. Elle rencontre ainsi une adhésion croissante dans la sphère politique, non seulement au sein du couple franco-allemand (A), mais aussi au-delà (B).

A. Par le couple franco-allemand

Après un démarrage français, l'objectif d'unification du droit européen des affaires recueille un écho favorable au sein du couple franco-allemand, dont l'importance n'est plus à démontrer pour l'avenir de l'Europe. Dans son discours sur l'Europe prononcé en Sorbonne le 26 septembre 2017, le président Emmanuel Macron a logiquement entendu s'appuyer sur ce moteur

---

210. T. Breton, « L'Union européenne ne doit plus avoir pour seul but de réduire les Prix pour le Consommateur », *Le Figaro*, 2 mars 2020.

211. Le travail ayant conduit à l'inventaire a été mené de mi-2015 à octobre 2016 ; les travaux de rédaction d'un projet de Code ont été initiés en mars 2017.

franco-allemand pour appeler à l'intégration des droits des affaires : « À ceux qui disent que c'est trop dur, je dis : pensez à Robert Schuman, cinq ans après une guerre dont le sang séchait à peine. Sur tous les sujets que j'ai évoqués, nous pouvons donner une impulsion franco-allemande décisive et concrète [...]. Pourquoi ne pas se donner d'ici à 2024 l'objectif d'intégrer totalement nos marchés en appliquant les mêmes règles à nos entreprises, du droit des affaires au droit des faillites ? » L'annonce était d'importance : l'impulsion sera franco-allemande ou ne sera pas[212].

Puis, le 22 janvier 2018, le Bundestag et l'Assemblée nationale ont adopté une résolution commune plaidant pour « la réalisation d'un espace économique franco-allemand avec des règles harmonisées, notamment en ce qui concerne le droit des sociétés et l'encadrement des faillites d'entreprises ». Un rapport parlementaire du 29 novembre 2018 rédigé par les députés Christophe Naegelen et Sylvain Waserman, sur l'« Avenir de la zone euro », reprenait à son compte – parmi quatre propositions pour renforcer la zone euro – « le projet de Code européen des Affaires » porté par l'Association Henri Capitant[213], en préconisant de lui donner une assise franco-allemande.

Dans le prolongement de ce rapport, un important traité franco-allemand sur la coopération et l'Intégration franco-allemandes a été signé à Aix-la-Chapelle, le 22 janvier 2019, lequel accorde une place de choix à l'intégration des droits des affaires. Son article 20, § 1er, dispose ainsi que : « (1) [l]es deux États approfondissent l'intégration de leurs économies afin d'instituer une zone économique franco-allemande dotée de règles communes. Le Conseil économique et financier franco-allemand favorise l'harmonisation bilatérale de leurs législations, notamment dans le domaine du droit des affaires, et coordonne de façon régulière les politiques économiques entre la République française et la République fédérale d'Allemagne afin de favoriser la convergence entre les deux États et d'améliorer la compétitivité de leurs économies ».

Quelques semaines après l'adoption du traité d'Aix-la-Chapelle, un décret du 13 février 2019 du premier ministre Édouard Philippe confiait à Valérie Gomez-Bassac, universitaire et députée, une « mission parlementaire temporaire ayant pour objet l'élaboration d'un code européen des affaires ». Au terme de près de quarante-six auditions en France et de trente-deux conduites dans cinq grandes capitales européennes (Berlin, Bruxelles, Budapest, Dublin, Rome), Valérie Gomez-Bassac a rendu son rapport le 8 juillet 2019. Au vu notamment des travaux engagés par l'Association Henri Capitant, elle y relève que « le Brexit ainsi que le renouvellement opéré au Parlement européen comme à la Commission européenne sont autant d'opportunités pour avancer rapidement

212. R. Krüse et F. Riester, « Pour un Code européen des Affaires », *Le Monde*, 5 mai 2018.
213. Ch. Naegelen et S. Waserman, *Rapport d'information AN*, 29 novembre 2018, n° 1453, « L'Avenir de la zone euro », pp. 85-91.

vers la création d'un Code européen des Affaires lisible, exigeant et adapté à toutes les entreprises, et répondant à une vraie attente des acteurs économiques, partout en Europe ; [...] l'Europe doit être une chance pour tous, et le marché européen ne peut pas être une opportunité uniquement pour les grands groupes. Pour créer de l'adhésion au libre-échange européen, chacun doit pouvoir y trouver une opportunité pour développer son entreprise, quelle que soit sa taille »[214].

B. Au-delà du couple franco-allemand

Les réflexions actuelles se diffusent opportunément au-delà du couple franco-allemand.

Dans son Livre blanc sur l'avenir de l'Europe, publié le 1er mars 2017, la Commission Juncker identifiait, à l'horizon 2025, un troisième scenario parmi cinq scenarios possibles (intitulé « Ceux qui veulent plus font plus »), consistant à ce qu'« un groupe de pays travaille en collaboration et convient d'un "code de droit des affaires" commun unifiant le droit des sociétés, le droit commercial et des domaines connexes, qui aide les entreprises de toute taille à exercer facilement leurs activités au-delà des frontières ».

Et la Commission de rappeler qu'il est loisible « aux États membres qui le souhaitent d'avancer ensemble dans des domaines spécifiques » autour de « coalition de pays volontaires » s'accordant sur des modalités juridiques particulières de coopération. On songe au premier chef ici à la possibilité de recourir au dispositif de la « coopération renforcée », laquelle a vu ses modalités assouplies par le traité de Lisbonne[215]. Impliquant la participation d'au moins neuf États membres, la coopération renforcée peut être instituée dans tous les domaines de l'action européenne pourvu qu'elle ne porte pas sur une compétence exclusive de l'Union européenne – à l'instar du droit de la concurrence –, qu'elle permette de renforcer le processus d'intégration de l'Union et soit autorisée par le Conseil des ministres.

Mais on pourrait rêver à une adoption à l'échelle de l'Union elle-même, à la demande du Conseil européen et donc des gouvernements, et ce, quitte à affronter la règle de l'unanimité des Vingt-sept. Il serait à cet égard mortifère pour l'Union que l'impulsion franco-allemande ne serve pas l'objectif d'intégration des droits des affaires de tous les États membres qui le souhaitent. La France et l'Allemagne ne sont fortes que lorsqu'elles ouvrent une nouvelle voie, ouverte aux autres pays, sans risquer d'apparaître aux yeux de leurs voisins comme un club fermé de deux membres.

---

214. V. Gomez Bassac, *Rapport sur l'élaboration d'un Code européen des Affaires*, Vie Publique, 2019.
215. Art. 20 TUE et art. 326 et s. TFUE.

Aussi, on se réjouira que la délibération de l'Assemblée franco-allemande précitée du 6 février 2020 mentionne, au-delà de l'ambition concrète de l'élaboration d'un code franco-allemand des affaires, « l'objectif d'une codification du droit des affaires européen tout entier » à plus long terme. Les années à venir seront, en toute hypothèse, déterminantes.

La situation politique internationale consécutive à l'invasion de l'Ukraine commande, à plus forte raison, que la souveraineté de l'Europe se manifeste, entre autres, par l'adoption d'un Code européen de droit des affaires[216].

III. L'élaboration

Comment élaborer un tel Code européen des affaires ? Il reviendra aux gouvernements des États membres de l'Union de se prononcer, le cas échéant, en faveur d'un tel projet et, dans l'affirmative, d'en arrêter le processus rédactionnel[217]. On se limitera donc à présenter ici l'offre de Code européen préparée au sein de l'Association Henri Capitant en partenariat avec la Fondation pour le droit continental. L'élaboration dudit projet au sein de l'Association Henri Capitant repose sur la codification (A) et s'inscrit dans une vision[218] de ce que pourrait être un droit européen des affaires plus intégré (B).

A. La codification

Le choix de la codification s'impose au regard de ses qualités. Michel Grimaldi décrivait avec profondeur les qualités et valeurs intrinsèques d'un droit continental qui – à la différence de la *common law* – ne s'inscrit pas dans une culture du contentieux et dont la codification facilite grandement l'accessibilité tant matérielle qu'intellectuelle : « matérielle, parce qu'elle est plus facile à connaître lorsqu'elle est contenue dans une loi ou dans un code que lorsqu'il faut l'extraire d'un ensemble de décisions ; intellectuelle, parce qu'elle est plus facile à comprendre lorsqu'elle est formulée en termes généraux et abstraits que lorsqu'elle est enrobée dans les faits d'une espèce particulière »[219].

216. Ph. Dupichot, « Le projet de Code européen des Affaires à l'heure de la PFUE et de la guerre en Ukraine », *D.*, 14 avril 2022.

217. Même s'agissant du projet de Code franco-allemand dont le principe est acté, les modalités précises d'organisation des travaux du groupe de travail « Harmonisation du droit français et du droit allemand des affaires et des faillites » sont, à ce jour, inconnues.

218. Voy., sur la question, M. Lehmann, « Braucht Europa ein Handelsgesetzbuch? », *ZHR*, n° 181, 2017, pp. 9-42 ; M. Lehmann, « Das Europäische Wirtschaftsgesetzbuch – Eine Projektskizze », *GPR*, n° 6, 2017, pp. 262 et s. ; M. Lehmann, J. Schmidt et R. Schulze, « Das Projekt eines Europäischen Wirtschaftsgesetzbuchs », *Zeitschricht für Rechtspolitik*, n° 8, 2017, pp. 225 et s. ; Association Henri Capitant, « Le projet d'un Code européen des Affaires, 7es Journées franco-allemandes de l'Association Henri Capitant », *SLC*, vol. 34, 2020.

219. M. Grimaldi, « Le droit continental face à la mondialisation », in *Études à la mémoire de Bruno Oppetit*, Paris, Litec, 2009, pp. 293 et s., spéc. nos 4 et 5.

La codification dessine un droit sûr qui n'oblige pas à aller chercher le contenu de la règle de droit devant le juge et donc peu coûteux, car il prévient la chicane. Elle est la garantie d'un droit accessible et intelligible, répondant à un impératif démocratique, et le vecteur d'un droit équilibré qui prend en considération l'efficience économique sans pour autant lui sacrifier son âme, sachant introduire une dimension raisonnée de protection du faible.

On entend parfois que la codification serait une « spécificité franco-française », qu'il ne faudrait surtout pas porter à l'échelon de l'Union (à peine de réveiller le démon des conquêtes napoléoniennes, lequel exporta le Code civil par la force des baïonnettes ?). De telles réticences sont pour le moins surprenantes.

D'une part, l'immense majorité des États membres de l'Union a reçu le droit continental en partage. Et, depuis le départ du Royaume-Uni, seuls trois pays sur vingt-sept restent attachés à la *common law* : Chypre, Irlande et Malte, lesquels ne comptent que 6,5 millions d'habitants sur un total post-Brexit de 446 millions[220]. On ne saurait donc sérieusement redouter que la perspective d'adoption d'un Code de droit des affaires au sein de l'Union méconnaisse « les différents systèmes et traditions juridiques des États membres » (art. 67 TFUE). La codification pourrait au contraire constituer un marqueur d'une culture juridique européenne, d'une façon de penser et d'écrire le droit afin de lui donner un plan et une structure qui lui font défaut.

D'autre part, les atouts d'une codification du droit des affaires sont tels que la première puissance économique au monde, pourtant de *common law*, a codifié son droit commercial via l'*Uniform Commercial Code* (UCC) : or, si un éminent comparatiste français a douté qu'il s'agisse là d'un code *stricto sensu*[221], le juriste nord-américain y voit volontiers le triomphe d'une technique romaniste de codification, d'inspiration française, dont il souligne les vertus[222] !

C'est dire s'il est permis de rêver à l'adoption, un jour, d'un Code bleu et or qui aura pour mission d'accroître la lisibilité du droit de l'Union et de le réincarner à l'attention des entreprises européennes.

---

220. M. Bussani, « Faut-il se passer du *Common Law* (européen) ? Réflexions sur un Code civil continental dans le droit mondialisé », *RIDC*, janvier 2010, pp. 7 et s., spéc. p. 13. Comp. les chiffres de l'étude de l'Université d'Ottawa repris in Conseil d'État, *L'influence internationale du droit français*, Paris, La Documentation française, 2001, pp. 21-22 : la *civil law* était alors, à l'état pur, le système de presque 24 % de la population mondiale, tandis que seulement 6,5 % de cette population vivent sous un système de pure *common law*.
221. D. Tallon, « Le Code de commerce uniforme des États-Unis », *RIDC*, 1971, pp. 617 et s., selon qui l'UCC « n'est pas un code et encore moins un Code de commerce », car, plus qu'une refonte systématique de tout le droit ou une renaissance du droit commercial en pays de *common law*, il traduirait une « abdication des juristes devant la pratique » et une mise bout à bout d'une série de lois uniformes souvent préexistantes.
222. W. Hawkland, « The Uniform Commercial Code and the Civil Codes », *Louisiana Law Review*, vol. 56, n° 1, 1995, pp. 231-247. Comp. M. Franklin, « On the legal method of the Uniform Commercial Code », *Law & Contemp. Prob.*, 1951, pp. 330-333, citant les travaux de la Commission Julliot de la Morandière.

B. La vision

La vision portée par l'Association Henri Capitant est celle d'un Code, c'est-à-dire de « l'ensemble des dispositions légales relatives à une matière spéciale ou réunies par le législateur »[223] ou, suivant le Vocabulaire juridique, de « l'ensemble cohérent des règles qui gouvernent une matière [...] (en général selon un plan systématique) »[224]. L'œuvre apparaîtra d'emblée comme impossible à réaliser et de (très...) longue haleine : elle n'en doit pas moins constituer dès à présent une direction, un objectif à atteindre, de nature à inspirer d'ores et déjà le législateur européen qui entend « Mieux légiférer ».

Au cas présent, le choix a été fait de se placer du point de vue d'un entrepreneur européen souhaitant commercer dans l'Union sur un marché intérieur défragmenté, et ce, dans une perspective « B to B ». Son périmètre couvre le droit commercial général[225], le droit du marché, le droit du commerce électronique, le droit des sociétés, le droit des sûretés, le droit de l'exécution, le droit des entreprises en difficulté, le droit bancaire, le droit des assurances, le droit des marchés financiers, le droit de la propriété intellectuelle, le droit social, le droit fiscal.

Il sera susceptible d'évoluer au gré des contraintes et priorités du législateur européen[226], pourvu qu'une cohérence soit conservée aux matières abordées.

Si la nature et le contenu des travaux différeront inévitablement suivant les matières, et ce, compte tenu de l'hétérogénéité de l'acquis communautaire et de la ventilation des compétences entre les États membres et l'Union, il ne saurait être question de consolidation rationnelle dans les matières délaissées jusqu'à présent par l'Union européenne (droit des sûretés, contrats d'assurance, etc.), mais seulement d'œuvre créatrice. Le travail de codification-compilation est certes utile pour répondre au déficit d'accessibilité, mais il ne permettrait pas l'avènement d'un marché authentiquement européen. Il s'agira notamment de proposer des nouveaux instruments contractuels, répondant aux besoins des entreprises de l'Union : besoin d'une structure adaptée par une Société européenne simplifiée[227] ; de financement par un prêt européen susceptible d'être garanti par une euro-hypothèque, euro-gage et euro-cautionnement ; de couverture par une assurance européenne, etc.

Les travaux de l'Association tendent à l'élaboration de règles matérielles uniformes, de « règlements », et non de simples « directives », susceptibles de rayonner au-delà même de la zone euro. Idéalement, un tel Code serait

223. Dictionnaire de E. Littré, 3e entrée.
224. G. Cornu (dir.), *Vocabulaire juridique de l'Association Henri Capitant*, Paris, PUF, 2020.
225. Le contrat de vente n'a pas été pour l'heure intégré aux travaux.
226. Notamment, l'inclusion du droit social et du droit fiscal ne manquera pas de susciter des débats passionnels. Elle n'en est pas moins fondamentale à l'avènement d'un marché unique.
227. Appellation retenue par le groupe de travail de droit des sociétés (voy. notre « Édito », *BJS*, 118q8, juin 2018, p. 1), préférentiellement à celle de « SAS européenne ».

pleinement général, se substituerait totalement aux droits nationaux et serait interprété uniformément par la CJUE[228]. Pratiquement, la réponse différera des matières. En droit des pratiques anticoncurrentielles et s'agissant d'une compétence exclusive de l'Union européenne, il importera tout particulièrement que le Livre se substitue aux droits nationaux, afin de remédier à l'actuelle superposition. En droits bancaire, des sociétés ou des sûretés, au contraire, les Livres n'auront pas vocation à supprimer les droits nationaux, mais plutôt à les enrichir de nouveaux instruments offerts. Il conviendra donc, au cas par cas, de penser cette articulation des droits afin de limiter leur superposition : le recours à certains principes directeurs, dérivés des droits nationaux et de l'acquis sans leur être substitués, pourrait alors être une voie médiane et réaliste. La perméabilité des différentes dispositions d'un code européen à la liberté contractuelle sera pareillement variable. Les acteurs devront souvent courber l'échine devant l'impérativité du droit de la concurrence ou du droit fiscal. Mais ils auront le loisir de choisir ou non tel instrument européen nouveau et donc, le cas échéant, de mettre en concurrence ces nouveaux outils avec ceux prévus par les droits nationaux : la SES ne chassera ainsi ni la SAS, ni la SARL, ni la GmbH, ni la BV, mais elle pourra leur faire de l'ombre.

La France et les États ayant en partage le génie de la codification ont la responsabilité d'en faire le précieux don à l'Europe pour l'aider à triompher des secousses qui l'ébranlent. Dessiner un droit des affaires commun et l'ordonner autour d'un plan cohérent redonnerait enfin du sens et une direction à l'Union. En pleine présidence française de l'Union européenne, le 14 mars 2022, M. Clément Beaune, secrétaire d'État chargé des Affaires européennes, prenait publiquement parti pour ce projet, relevant que « la bataille des idées en faveur d'un code européen des affaires est désormais gagnée » : il importe dorénavant que le législateur européen s'engage en faveur d'une codification du droit des affaires, au service d'une souveraineté européenne.

228. R. Cabrillac, « Un Code européen des Affaires, une chance pour la construction européenne », *D.*, 13 juin 2019, n° 15, milite pour un Code non optionnel, donc se substituant aux droits nationaux et dont le contenu pourrait faire l'objet d'un renvoi préjudiciel en interprétation devant la CJUE (art. 267 TFUE).

La sécurité juridique au défi de l'extension du pouvoir du juge

Pierre Steinmetz

Préfet honoraire
Membre honoraire du Conseil constitutionnel

1. Le Brexit a renforcé le besoin d'une réflexion renouvelée et accrue sur la place du Grand Paris en Europe et dans le monde, et, partant, sur l'attractivité de la place de Paris.

Au nombre des facteurs déterminants, on prend généralement en considération :

- la stabilité politique et le caractère démocratique du régime ;
- la « qualité de la vie », au sens le plus large ;
- la situation géographique et la qualité des infrastructures ;
- la qualité et la diversité des services privés de haut niveau, particulièrement dans les domaines d'avenir ;
- la fiabilité de l'administration et du cadre juridique régissant les rapports économiques et sociaux. Les acteurs économiques attendent de celui-ci l'efficacité, avec une législation évolutive sans être proliférante, et une justice réactive. Ils en attendent aussi, et peut-être surtout, la sécurité juridique, ce qui suppose une justice prévisible et intelligible.

Si les premières exigences sont généralement considérées comme satisfaites, le dernier point demande une attention particulière en raison d'évolutions qui, pour ne pas être récentes, ont atteint un degré qui suscite l'inquiétude.

2. La sécurité juridique repose sur « l'État de droit », qui caractérise un État dans lequel chacun se soumet à la règle, y compris celui qui en est l'auteur. C'est le contraire de l'arbitraire.

L'État de droit ne se confond donc ni avec les droits de l'homme ni avec la démocratie, mais il les conditionne, puisque, s'il fait défaut, il ne peut y avoir de garantie ni pour les libertés individuelles ni pour le fonctionnement régulier des institutions.

Dans les États démocratiques, il se définit par la souveraineté populaire, source de toute légitimité, la hiérarchie des normes et un contrôle juridictionnel.

Mais le mécanisme fondamental, la garantie des garanties, est l'équilibre des pouvoirs qui, dans notre Constitution, repose sur leur séparation. Le législateur fait la loi ; l'exécutif la met en œuvre ; le juge l'interprète et veille à sa bonne application.

Ce schéma théorique, dans son innocente simplicité, est évidemment battu en brèche par la réalité, depuis le pouvoir réglementaire autonome de l'exécutif jusqu'aux indispensables constructions jurisprudentielles, sans oublier les autorités indépendantes.

Il n'en reste pas moins le fondement théorique et politique de nos équilibres institutionnels.

C'est lui qui est aujourd'hui mis en cause du fait d'évolutions concordantes tendant à instaurer, au nom de la protection des droits et libertés individuels, une primauté du « juridictionnel » sur le législatif et l'exécutif.

3. En ce qui concerne le législatif, l'évolution vers la prééminence du juridictionnel a commencé dès 1971 avec la décision *Liberté d'association* par laquelle le Conseil constitutionnel se reconnaissait, ou s'arrogeait, le pouvoir de contrôler la constitutionnalité des lois non seulement au regard du texte même de la Constitution, mais aussi de son Préambule, ainsi que des « grands principes reconnus par les lois de la République ». Cette jurisprudence, depuis validée par le constituant, n'en était pas moins à l'époque un coup de force, contraire à la lettre de la Constitution et à tous les travaux préparatoires. Elle donnait au juge constitutionnel la faculté d'abroger ou d'interpréter la loi votée par le Parlement en se référant à des critères généraux qui lui laissaient une marge d'appréciation, voire de créativité, considérable[229]. Le fait qu'il ait longtemps usé de ce pouvoir avec prudence et mesure ne change rien à la chose : c'était une révolution[230]. Le Conseil constitutionnel s'attribuait la « compétence de sa compétence » tant en ce qui concerne son étendue que sa profondeur. Alors même qu'elle n'en était qu'à ses débuts, le doyen Vedel reconnaissait qu'il était mal à l'aise devant cette substitution

229. Et quasiment illimitée, la Déclaration des droits de l'homme et du citoyen de 1789 couvrant les droits politiques, le Préambule de la Constitution de 1946 couvrant les droits sociaux et la Charte de l'environnement les droits de la nature...

230. Le recours croissant au motif « d'incompétence négative », la découverte de nouveaux principes fondamentaux ou l'élévation d'objectifs généreux (comme la « Fraternité ») au rang de règles constitutionnelles en ont encore élargi la portée.

du juge au Parlement, mais qu'il avait retrouvé sa sérénité lorsqu'il avait pris conscience qu'il suffisait au législateur d'endosser ses habits de constituant pour avoir le dernier mot.

Pourtant, cette garantie était elle-même déjà potentiellement contournée du fait de la décision *IVG* de janvier 1975, par laquelle le Conseil constitutionnel avait estimé n'être juge que de la constitutionnalité des lois, et non de leur conventionalité, c'est-à-dire de leur conformité aux traités régulièrement ratifiés. Le Conseil constitutionnel laissait ainsi implicitement aux juridictions administratives et judiciaires le soin de contrôler la conventionalité des lois et d'en écarter, le cas échéant, l'application. La Cour de cassation s'emparait de ce nouveau pouvoir dès le mois de mai[231]. Le Conseil d'État, après avoir un moment résisté, s'alignait en 1989[232]. Dès lors, l'appréciation de l'applicabilité des lois et, donc, le pouvoir du Parlement dépendaient de leur conformité aux traités et donc aussi à leur interprétation par les cours internationales. Celles-ci ayant, à travers la Charte des droits fondamentaux de l'Union européenne et la Convention européenne des droits de l'homme, un référentiel analogue à celui du Conseil constitutionnel, et chaque institution ayant à cœur d'être meilleur défenseur des droits que les autres, il en est résulté une certaine fuite en avant, pour ne pas dire une certaine surenchère. En tout état de cause, le législateur perdait la main...

L'instauration, en 2008, de la Question prioritaire de constitutionnalité (QPC), qui permet à tout justiciable de contester, à tout moment, une loi dont il lui est fait application si elle affecte ses droits et libertés constitutionnellement garantis, achevait cette longue évolution. Celle-ci a produit deux effets dont on commence à peine à mesurer l'importance.

Le premier est que la loi n'est plus certaine. Une jurisprudence de la Cour de cassation, du Conseil d'État ou du Conseil constitutionnel peut changer sa portée et même parfois son sens, sans que, souvent, le législateur puisse s'y opposer. La règle n'est plus connue qu'à l'issue du contentieux... On objectera, à bon droit, que l'interprétation de la loi est vieille comme le juge. Mais, quand les juges sont multiples, maîtres de leurs critères d'appréciation, et souverains de fait, on conviendra que le changement n'est pas seulement de degré, mais de nature...

Le second est que, le législateur se trouvant ainsi largement dépendant des instances juridictionnelles, et celles-ci étant irresponsables, c'est l'équilibre des pouvoirs qui est mis en cause. Nous y reviendrons.

4. En ce qui concerne l'exécutif, le processus de son contrôle et de sa soumission au droit est l'histoire même de la juridiction administrative. Le Conseil d'État, au titre du contrôle de légalité, c'est-à-dire de la conformité

231. Cass., décision 1975, *Jacques Vabres*.
232. C.E., arrêt 1989, *Nicolo*.

d'un acte administratif à la loi votée par le Parlement, et, dans une prudente mesure, aux principes généraux du droit, a en effet développé une jurisprudence qui a encadré l'action administrative, la rendant prévisible et concourant ainsi activement à l'instauration d'un État de droit effectif. Par ailleurs, cette jurisprudence, qui accompagnait l'évolution des lois qu'elle faisait respecter, était libérale et a contribué à l'affermissement de la démocratie. Le juge était le prolongement du législateur.

Cet heureux équilibre s'est trouvé mis en cause, non seulement par la perte de souveraineté du législateur déjà évoquée, mais par la conjonction de deux éléments nouveaux.

Le premier est l'apparition, aux côtés des « droits-libertés », des « droits-créances ». Or, si, s'agissant des droits-libertés, le juge peut se contenter de contrôler que la règle n'a pas été transgressée, il est naturellement porté, pour les droits-créances, à apprécier si le justiciable a été effectivement et pleinement rempli de ses droits.

Le second est la création, par la loi du 30 juin 2000, du référé-liberté qui donne au juge le pouvoir, si l'urgence le justifie, « d'ordonner toute mesure nécessaire à la sauvegarde d'une liberté fondamentale » qui serait menacée d'une « atteinte grave et manifestement illégale ».

Cette procédure se comprenait et pouvait se justifier s'agissant de « droits-libertés » : elle était alors comme le prolongement et le complément de l'annulation pour excès de pouvoir. Mais le juge administratif, dans une interprétation très « accueillante », a considéré que les droits-créances étaient également des libertés fondamentales.

Dès lors, la probabilité était forte de passer du contrôle de légalité au contrôle d'effectivité, c'est-à-dire, en fait, d'opportunité.

Nous sommes bien loin du pouvoir d'injonction confié au juge par les articles L 111-1 et 2 du Code de justice administrative pour lui permettre d'assurer l'effectivité de ses décisions, même si, sous l'influence du droit communautaire, une interprétation et une pratique extensives avaient prévalu...

Ainsi, comme en ce qui concerne la contestation de la loi, celle de l'action de l'administration aboutit, en ce cas à ce que la règle n'est fixée et connue qu'à l'issue du contentieux. Cette donnée est d'autant plus déstabilisante que le juge ne se borne pas à un simple contrôle de légalité, mais soupèse en détail les droits en cause, souvent concurrents, les conditions de travail de l'administration, les autres impératifs d'intérêt général, etc.

La crise du Covid en a donné une illustration spectaculaire. Le Conseil d'État, saisi d'une multitude de recours d'inspiration politique ou syndicale, leur a donné, comme on pouvait s'y attendre, des réponses « raisonnables », et il a généralement conclu que le gouvernement n'avait pas commis d'illégalité manifeste. Le terme « manifeste » impliquait un examen sommaire, dans l'esprit du contrôle de l'abus de pouvoir. Par exemple : a-t-on détourné les pouvoirs sanitaires pour interdire une action syndicale ? Cependant, le juge a procédé, comme s'il avait voulu « se couvrir » contre les critiques à venir, à un examen poussé, pour ne pas dire exhaustif, des situations concrètes, dans tous leurs aspects. Il ouvrait, de ce fait, la voie à tous les *a contrario* et contribuait ainsi à l'insécurité juridique. Cette tendance a été renforcée par la « coconstruction » de la décision en audience de référé, le juge conciliant les parties ou tranchant entre elles en séance. La loi n'est plus faite « avant » pour être appliquée « après » : elle est faite au moment de l'appliquer, en fonction de considérations d'équité ou d'opportunité.

5. Il apparaît ainsi, même s'il ne s'agit que des prémices d'une évolution, que la loi devient incertaine, tant dans son applicabilité temporelle que dans sa consistance même.

L'objection, déjà évoquée, de la nécessité d'un juge interprétant, voire adaptant la loi, n'est plus à ce stade, recevable, ou tout au moins ne peut être acceptée comme excuse absolutoire.

La prise en compte, comme règles de droit positif immédiatement applicables, de principes généraux figurant dans le Préambule de la Constitution et les conventions internationales, ou qui en sont déduits, l'extension de la compétence des juges par les moyens du contrôle de conventionalité et de la QPC, l'utilisation systématique des recours à des fins politiques, syndicales ou de représentation d'intérêts ont bouleversé les équilibres acquis.

La question n'est plus affaire de juristes. Elle est politique, au sens le plus élevé du terme. Elle est de savoir « qui fait la loi » ?

6. Le simple fait que cette question puisse se poser est inquiétant à trois titres.

En premier lieu, car c'est la démocratie elle-même qui est en question. Le juge se prononce au nom du peuple français ; il ne le représente pas. Or « la souveraineté nationale appartient au peuple qui l'exerce par ses représentants et par la voie du référendum »[233]. C'est ce principe, d'application nécessairement imparfaite, mais à proprement parler fondamental, que l'extension indéfinie et incontrôlée du champ juridictionnel met en cause. Et ceci alors même que le juge fonde de plus en plus ses décisions, non sur la Constitution, mais sur les traités internationaux, eux-mêmes interprétés par d'autres juges[234]. C'est ainsi que la politique d'immigration a été définie et mise en œuvre de façon jurisprudentielle, par le moyen de décisions cumulatives des juridictions nationales et européennes, le Parlement n'ayant plus eu qu'à avaliser les orientations prises. C'est cette dérive qu'on a plaisamment appelée du nom de « dialogue

233. Art. 3 Const.
234. Principalement CEDH et CJUE.

des juges », et qui risque de se transformer en « guerre des juges », comme le laisse craindre l'opposition ouverte entre la Cour constitutionnelle allemande et la CJUE, au sujet du financement du plan de relance européen.

On conviendra qu'il ne s'agit pas de sujets mineurs. Or, faut-il le rappeler, les juges sont irresponsables…

En second lieu, « le juge » n'est pas un principe constitutionnel : c'est une institution, avec une logique d'institution, mais une institution singulière.

En effet, lorsque le législatif ou l'exécutif ont à trancher, ils doivent considérer qu'ils devront rende compte à l'ensemble de la société de leurs décisions. Compte tenu de leur régularité juridique, évidemment, mais aussi de leurs conséquences politiques, économiques, sociales, sociétales, budgétaires, diplomatiques, etc. Et si, au regard de cette évaluation globale, la règle juridique les contraint excessivement, il leur appartient de la changer, dans les conditions fixées par l'État de droit. Il n'en va pas de même avec le juridictionnel qui, étant indépendant, n'a de compte à rendre qu'à lui-même. Il pourrait ainsi ignorer les conséquences de ses décisions. Tel n'est pas le cas, évidemment, et la jurisprudence est l'expression même de cette adaptation aux circonstances. Il n'en reste pas moins que, dans cet exercice, le juge n'est tenu que par sa logique propre[235], et l'on sait que toute logique poussée à ses extrêmes devient folle… Il suffit de considérer les polémiques sur la prise illégale d'intérêts pour s'en convaincre[236].

En troisième lieu, enfin, la temporalité juridictionnelle n'est pas celle de la vie politique, économique ou sociale… C'est inéluctable et, à certains égards, salutaire, mais devrait conduire à restreindre autant que possible le recours au juge.

7. Or, à cet égard, on ne peut ignorer la pénalisation croissante de l'action publique. On assiste en effet, sous la pression de l'opinion ou des lobbies, à une surenchère en ce sens entre le législateur et les juridictions, la loi et la jurisprudence.

La notion même de responsabilité sans faute, progrès démocratique majeur, qui conciliait la défense des droits des individus avec les nécessités de l'action publique, semble oubliée, quand elle n'est pas tournée en dérision[237].

235. Laquelle est, par définition, juridique, et donc inadaptée au traitement des questions techniques, où le juge est par ailleurs incompétent, ce qui entraîne, de fait, une délégation de responsabilité aux experts.

236. On peut se référer à la polémique au sujet de la présidence par le président Fabius de la séance du Conseil constitutionnel où a été examinée la loi instituant le « pass sanitaire », au prétexte que son fils est directeur associé dans un cabinet d'études ayant travaillé en amont du projet.

237. On se souvient du « *responsable, mais pas coupable* » de Georgina Dufoix dans l'affaire du sang contaminé ; formule juste (pas de faute pénale, mais une responsabilité politique), mais incompréhensible pour l'opinion.

En témoignent, lors de la crise sanitaire de 2020, les plaintes déposées contre des ministres auprès de la Cour de justice de la République pour « abstention de combattre un sinistre », qui ont été jugées recevables, et qui ont donné lieu à des perquisitions largement médiatisées.

On ne saurait dès lors s'étonner si, dans le contexte d'insécurité juridique qui s'installe, la perspective d'une mise en examen incite les responsables politiques et administratifs à s'appliquer à eux-mêmes le principe de précaution.

8. Si, aux termes de cette analyse, on considérait que la situation n'est pas pleinement satisfaisante, quelles améliorations pourraient-elles être espérées, et à qui reviendrait-il de les mettre en œuvre ?

D'abord, les juges eux-mêmes, et particulièrement les juges européens, pourraient limiter leurs ambitions et tempérer leurs logiques d'institution. C'est sans doute le moyen le meilleur pour éviter les situations de blocages institutionnels, ou les décisions juridiquement incontestables, mais aux conséquences absurdes. C'est la solution la plus simple. Ce n'est pas la plus facile. Elle suppose que le corps social dans son ensemble manifeste une attente en ce sens.

Ensuite, le Parlement pourrait aménager notre *corpus* législatif en reprenant certaines procédures pour les mieux circonscrire, comme en matière de référé-liberté par exemple.

Là encore, une évolution de l'opinion est nécessaire pour remettre à leur juste place quelques principes élémentaires : que le pouvoir doit aller de pair avec la responsabilité ; que le pénal, le déontologique et le moral ne se confondent pas ; que l'intérêt général doit prévaloir, etc.

Enfin, l'exécutif, en ce qu'il est en charge de la négociation et du respect des traités, devrait veiller à ce que leur mise en œuvre respecte les intentions passées et actuelles des signataires, et n'excède pas les limitations de souveraineté que ceux-ci ont consenties.

Cette brève énumération peut être considérée, au choix, comme une suite de truismes ou comme un programme impossible. Ou comme les deux à la fois. Mais « il n'est pas nécessaire d'espérer pour entreprendre »[238]...

238. Du moins si l'on en croit Guillaume d'Orange...

L'action collective et la justice : *common law / civil law* – même combat

Maria José Azar-Baud

Maître de conférences en droit privé,
Université Paris-Saclay
Enseignante en master 2
aux Universités Paris Panthéon-Sorbonne et Panthéon-Assas
Fondatrice de l'Observatoire des actions de groupe et autres formes d'action collective

Duncan Fairgrieve

Professeur de droit comparé
à l'Université de Paris Dauphine PSL
Senior Fellow in Comparative Law,
British Institute of International and Comparative Law

L'action collective, élément assez technique de la procédure civile, destinée à simplifier des procédures de masse intentées devant les prétoires, est pourtant devenue un objet de controverses et de débats. Issue de la procédure médiévale de la *common law* anglaise, la technique procédurale de l'action de groupe a pris son essor aux États-Unis, sous le nom de « *class action* ». L'idée de l'introduction d'un tel variant américain a réussi à provoquer la frayeur des industriels en Europe, tétanisés par le spectacle du justicier américain incarné par des *plaintiffs lawyers*. Par conséquent, et pendant longtemps, l'action de groupe a été jugée comme inadaptée à la culture européenne, freinant ainsi la mise en place d'un recours efficace en Europe. La *class action* américaine, que l'on a soupçonnée de générer toutes sortes de dérives inacceptables, a en réalité souffert d'une exagération volontaire de ses méfaits. En vérité, c'est un outil procédural qui a joué un rôle important en dehors des litiges économiques qui sont régulièrement dénoncés par ses détracteurs. Il est à noter par exemple que les actions iconiques de la période des *civil rights* tels que *Brown v. Board of Education* ont été en effet souvent intentées par des *class* de victimes de discrimination.

De plus, le rôle et l'influence des *class actions* aux États-Unis ont été progressivement réduits à la suite des multiples réformes outre-Atlantique. La situation des États-Unis est ainsi à contre-courant de celle en Europe où le mouvement inverse est en marche puisqu'un modèle européen de l'action de groupe a commencé petit à petit à prendre forme, notamment avec l'adoption en 2020 de la directive européenne 2020/1828 relative aux actions représentatives visant à protéger les intérêts collectifs des consommateurs.

En France, la réforme date de 2014, avec la création d'une nouvelle procédure de groupe grâce à la loi Hamon. Malgré l'ambition de cette réforme, force est de constater que, huit ans après sa promulgation, le bilan de cette nouvelle procédure reste, selon la terminologie d'un rapport parlementaire sur le sujet, « décevant »[239].

Ce chapitre a pour objectif d'examiner la situation actuelle en France d'une manière prospective. Après un état des lieux de la matière, nous ferons des propositions spécifiques, notamment à la lumière du droit comparé, afin d'améliorer le mécanisme procédural actuel. L'existence d'une action de groupe efficace et juste n'est pas seulement primordiale pour le bon fonctionnement du système de justice, mais est aussi un élément important de l'attractivité internationale de la place de Paris, notamment pour conforter sa place dans le contentieux international, puisque les litiges de masse jouent un rôle grandissant.

I. Régime

Le droit français connaît différentes actions collectives *lato sensu*. Certaines visent la défense d'un intérêt collectif, d'autres visent la défense des droits individuels homogènes.

Parmi les premières, le droit français compte l'action civile dans l'intérêt collectif *stricto sensu*. L'intérêt collectif a été défini comme un intérêt catégoriel, indivisible, étant à mi-chemin entre les intérêts individuels et l'intérêt général[240]. Elle est prévue dans le Code de la consommation qui en connaît

239. Assemblée nationale, Rapport d'information sur le bilan et les perspectives des actions de groupe (juin 2020), p. 6.
240. M. J. Azar-Baud, *Les actions collectives en droit de la consommation. Étude de droit français et argentin à la lumière du droit comparé*, Paris, Dalloz, 2013.

plusieurs modalités, à savoir l'action en réparation du préjudice à l'intérêt collectif[241], l'action en cessation d'agissements illicites et l'action en suppression de clauses abusives[242], ainsi que l'intervention et l'action conjointe[243].

L'action dans l'intérêt collectif a aussi été prévue dans d'autres textes, tels que le Code de procédure pénale[244], le Code de l'environnement[245], le Code monétaire et financier[246], le Code de la santé publique, même si l'intérêt collectif n'y est pas mentionné[247] ou encore le Code du travail[248]. Cette action dans l'intérêt collectif ne doit pas être confondue avec l'action pour la défense d'un intérêt personnel à l'association, lorsqu'elle défend sa propriété intellectuelle par exemple, qui n'est pas une action collective, mais une action classique ouverte aux associations comme à toute personne subissant un préjudice.

Les intérêts individuels homogènes, appelés « la somme des droits individuels » en droit français, sont des droits subjectifs divisibles. Pour leur protection, l'action en représentation conjointe, adoptée initialement pour la défense des consommateurs[249], a aussi été prévue dans le domaine financier[250] et de l'environnement.[251] Peu utilisée, elle a été très critiquée en raison de l'interdiction de démarchage et de la nécessité d'un mandat écrit. Ces défauts l'ont rendue inefficace[252].

D'autres techniques peuvent atteindre des effets collectifs, bien qu'elles ne soient pas ontologiquement collectives. L'action conjointe ou la technique du co-mandat, dite théorie des « ligues de défense », est celle engagée par un mandataire au nom et pour le compte de différents mandants. Rien ne fait obstacle, en principe, à ce qu'une ou plusieurs parties donnent mandat à un tiers pour agir en justice en leur nom et pour leur compte[253]. Elle connaît un certain fleurissement actuellement avec la mise en place des plateformes en ligne[254]. La

241. Art. L. 621-1 C. cons.
242. Art. L. 621-7 à L. 621-11 C. cons.
243. Art. L. 621-9 C. cons.
244. Art. 2-17 et 2-21 C. proc. pén.
245. Art. L. 142-2 C. env.
246. Art. L. 452-1 C. mon. fin.
247. Art. L. 1142-2 CSP.
248. Art. L. 2132-3 C. trav.
249. Art. L. 622-1 à L. 622-4 C. cons.
250. Art. L. 452-1 C. mon. fin.
251. Art. L. 142-3 C. env.
252. L. Bore, « L'action en représentation conjointe : *class action* à la française ou action mort-née ? », *D.*, 1995, p. 267.
253. Cass. (com.), 18 février 1975, n° 73-12.557, *Bull. civ.*, IV, n° 47. Cass. (crim.), 18 novembre 1986, *Bull. crim.*, n° 344.
254. M. J. Azar-Baud et A. Biard, « The dawn of collective redress 3.0 in France? », in A. Uzelac et S. Voet (dir.), *Class Actions in Europe: Holy Grail or a Wrong Trail*, New York, Springer, 2020, pp. 73 et s. ; A. Biard, « Justice en ligne ou nouveau Far www.est ? La difficile régulation des plateformes en ligne de règlement extrajudiciaire des litiges », *RID éco.*, 2019, n° 2, pp. 165 et s.

cession de créances litigieuses par une pluralité de personnes à un individu ou à une organisation est fréquemment utilisée en droit de la concurrence pour atteindre des effets collectifs[255]. Encore faut-il évoquer les contentieux sériels, que ce soit par le biais d'actions indépendantes qui occupent et engorgent les tribunaux, notamment en droit social[256], ou par la constitution de parties civiles dans un procès pénal (*e.g.* affaires *Médiator*, *PIP*, *Helvet Immo*).

Les actions dans l'intérêt collectif n'apportent pas de réparation aux victimes et celles préexistant aux actions de groupe n'ont pas démontré leur efficacité. En effet, les conditions posées aux actions en représentation conjointe, et particulièrement l'interdiction de démarchage et la nécessité d'un mandat écrit, ont rendu son exercice difficile. S'agissant des contentieux sériels, ils sont encombrants pour la justice et n'apportent pas de sécurité juridique, à cause du risque de jugements contradictoires couplé au risque d'injustice découlant de la possibilité que seuls les premiers demandeurs peuvent exécuter leurs créances. Compte tenu de l'inadaptation de tous ces mécanismes à la réparation des préjudices individuels homogènes, des actions collectives ont vu le jour en droit comparé. En droit français, elles ont reçu le nom d'actions de groupe.

Initialement cantonnée au secteur de la consommation et de la concurrence par la loi n° 2014-344 du 17 mars 2014 relative à la consommation, l'action de groupe a été, dans un deuxième temps, étendue aux litiges relatifs aux produits de santé par la loi du 26 janvier 2016 de modernisation de notre système de santé[257]. La loi du 18 novembre 2016 de modernisation de la justice du XXIe siècle[258] a, ensuite, élargi l'action de groupe aux litiges en matière environnementale, de protection des données personnelles et des discriminations subies notamment au travail ou dans l'obtention d'un stage ou d'un emploi, tout en encadrant la procédure devant le juge judiciaire et administratif. Enfin, la loi du 23 novembre 2018 portant évolution du logement, de l'aménagement et du numérique[259] a ouvert l'action de groupe à la réparation des préjudices collectifs subis par les consommateurs à l'occasion de la location d'un bien immobilier.

Comme l'action de groupe peut être intentée devant le juge judiciaire et devant le juge administratif, le régime processuel de base se trouve dans le Code de procédure civile et dans le Code de justice administrative. On y trouve des règles spécifiques dérogatoires au droit commun, notamment en matière de prescription et d'autorité de la chose jugée. Une action en reconnaissance de

255. CJUE, 25 janvier 2018, *Maximilian Schrems c. Facebook Ireland Ltd.*, aff. C-498/16, [2018], ECLI:EU:C:2018:37.
256. L. Bento de Carvalho et S. Tournaux, « Chronique d'actualité du régime juridique du contrat de travail », *Dr. soc.*, 2020, p. 736.
257. Loi n° 2016-41, 26 janvier 2016.
258. Loi n° 2016-1547, 18 novembre 2016.
259. Loi n° 2018-1021, 23 novembre 2018.

droits peut être exercée devant le juge administratif pour faire connaître des droits individuels résultant de l'application de la loi ou du règlement en faveur d'un groupe indéterminé de personnes ayant le même intérêt[260].

Pour autant, le régime processuel de l'action de groupe, dit le « socle commun », désormais codifié aux articles 848 et 849 du Code de procédure civile[261] n'est pas applicable à toutes les actions de groupe ; l'action de groupe « consommation » lui échappe[262].

L'action de groupe « consommation » devait reposer sur un système équilibré et répondant aux attentes fortes des consommateurs ainsi qu'aux aspirations de sécurité juridique et économique de la part des entreprises. Par conséquent, elle fut strictement encadrée notamment s'agissant des préjudices réparables, de la qualité pour agir, des tribunaux qui allaient les connaître et du procès lui-même.

La procédure s'articule en trois phases. Tout d'abord, un jugement au fond statue sur la responsabilité du professionnel, détermine les critères à partir desquels les consommateurs sont susceptibles de demander réparation et fixe le montant de l'indemnisation, ou à tout le moins les modalités de calcul de celle-ci, ainsi que la procédure pour permettre aux consommateurs d'obtenir cette indemnisation. Ensuite, si de la première étape découle la responsabilité du défendeur, s'ouvre une phase de publicité de la décision qui doit permettre aux victimes d'adhérer à la procédure. Enfin, dans la dernière phase, les justiciables obtiennent l'indemnisation fixée par le jugement ou convenue amiablement par l'intermédiaire de l'association. Le juge peut être saisi pour trancher les difficultés qui apparaîtraient à ce stade.

La procédure prévue dans le cadre commun est globalement la même, à quelques exceptions près. D'abord, sauf dans l'action de groupe santé, une mise en demeure est explicitement nécessaire, ainsi que l'écoulement d'un délai de quatre ou six mois selon le cas avant d'introduire la demande. Ensuite sont établies des règles spéciales, entre autres s'agissant de la qualité pour agir, des préjudices réparables, ou des périodes de couverture du fait générateur[263]. Enfin, dans le jugement statuant sur la responsabilité, le juge détermine le type de procédure d'indemnisation à suivre[264].

Selon les cas, il peut s'agir d'une « procédure collective de liquidation de préjudices » ou d'une « procédure individuelle de réparation des préjudices ». La première procède lorsque le demandeur en fait la demande et si

260. Art. L. 77-12-1 CJA.
261. Voy. décret n° 2019-1333, 11 décembre 2019, réformant la procédure civile.
262. Art. 92, I, de la loi n° 2016-1547, 18 novembre 2016.
263. M. J. Azar-Baud, « Droits, préjudices et prétention processuelle dans les actions de groupe », *JCPE*, 2017, n° 26, p. 1357.
264. M. J. Azar-Baud, « Variations autour du régime de l'action de groupe », *JCPE*, 2017, n° 27, p. 1357.

les éléments produits ainsi que la nature des préjudices en cause le permettent. Le demandeur à l'action négocie avec le défendeur le montant de l'indemnisation, dans le cadre fixé par le jugement. En cas d'accord entre les parties et dans le délai d'un an, le demandeur doit saisir le juge ayant statué sur la responsabilité aux fins d'homologation de l'accord, éventuellement partiel. À défaut d'accord ou à défaut de saisine du tribunal dans le délai d'un an à compter du jour où le jugement de responsabilité a acquis force de chose jugée, les membres du groupe peuvent adresser une demande de réparation à la personne déclarée responsable, déclenchant ainsi la procédure individuelle de réparation des préjudices.

La « procédure individuelle de réparation des préjudices » est la seule option possible dans les actions de groupe relevant du domaine de la santé, des données et des discriminations[265]. La personne intéressée doit adhérer, au choix, soit à la personne déclarée responsable, soit au demandeur à l'action et, dans tous les cas, l'adhésion de la personne lésée vaut mandat à l'association pour la représenter, y compris en justice, le cas échéant, pour l'exécution forcée du jugement prononcé à l'issue.

II. Statistiques

À ce jour, trente-deux actions de groupe auraient été engagées.

Sur les dix-neuf introduites en matière de consommation, trois ont obtenu une issue positive, par la voie du règlement extrajudiciaire. La plupart reposent sur des inexécutions contractuelles ou sur la mise en cause de pratiques commerciales déloyales. Trois ont été déboutées soit au stade de la recevabilité, soit sur le fond. Aucune n'a été déclarée recevable et bien fondée, autrement dit, aucune action de groupe n'a dépassé le stade de la première phase de responsabilité.

À ce jour, deux actions de groupe concernent des données personnelles, trois ont été engagées dans le domaine de la santé, trois dans le secteur des discriminations à l'emploi devant le juge judiciaire et quatre devant le juge administratif. Aucune action de groupe n'aurait été introduite en matière environnementale.

III. Propositions

Même si le droit comparé montre que, dans les pays ayant adopté des formes d'action collective, les mécanismes ont souvent pris un certain temps pour avoir un impact significatif, il est de notre avis que l'action de groupe à la française nécessite, pour la rendre plus efficace, des modifications qui passent par l'harmonisation, la simplification et l'efficience.

265. Art. L. 1143-11 CSP – art. L. 1134-10 C. trav.

D'abord, il faudrait procéder à l'harmonisation des règles sur les actions collectives en application de la directive 2020/1828 relative aux actions représentatives visant à protéger les intérêts collectifs des consommateurs au sens large en créant un cadre commun pour toutes les actions de groupe en matière civile et en unifiant les procédures des actions collectives en matière administrative. Par ailleurs, le droit administratif pourrait être source d'inspiration, par exemple s'agissant des dispositions du Code de Justice Administrative (CJA) qui permettent au juge administratif de dissuader les personnes susceptibles de faire partie du groupe d'engager des requêtes individuelles, voire de les empêcher de le faire en régulant leur concours et en privilégiant clairement les premières[266]. Poussant au bout la volonté d'éviter la multiplication de procès sur la même matière litigieuse, le CJA prévoit de nouvelles fins de non-recevoir[267] en ce que les présidents de formation de jugement peuvent rejeter les requêtes individuelles par ordonnance lorsqu'elles tendent aux mêmes fins ou lorsqu'elles auraient été susceptibles de bénéficier d'une action de groupe rejetée, dans la mesure où les moyens soulevés sont identiques à ceux tranchés par la décision de rejet, ou si les moyens nouveaux sont manifestement infondés. Cette sorte d'autorité « négative », issue d'un jugement administratif de rejet, peut dès lors s'étendre *ultra partes*. De telles mesures s'avèrent efficaces pour éviter ce que l'on appelle *frivolous litigation* en droit comparé[268]. L'harmonisation contribuera à l'articulation d'actions collectives, ce qui requiert la mise en place d'un registre d'actions collectives et de groupe, suivant les exemples offerts par le droit comparé[269].

Ensuite, il faudrait simplifier la procédure, ce qui nécessite, pour prendre en compte les spécificités des types de droits en cause ou des secteurs concernés, de renforcer l'office du juge. Cela passe par l'instauration d'une règle de l'interprétation favorable à l'admissibilité des actions collectives et de la charge dynamique de la preuve selon laquelle le juge la distribue, prenant en compte quelle partie est en meilleure position de ce faire, par la consécration d'un *opt-in* tacite suivant la directive 2020/1828 précitée sur les actions représentatives, par

266. Dans l'hypothèse où l'auteur d'une requête individuelle serait susceptible de bénéficier d'une action de groupe déjà introduite, le président de la formation de jugement doit lui adresser une mise en demeure pour l'informer de l'existence de l'action de groupe, de son droit de former une intervention au soutien de celle-ci pour notamment adhérer au groupe et pour qu'il confirme son intention de poursuivre l'instance individuelle. À défaut d'une telle confirmation, dans le délai imparti qui ne peut être inférieur à un mois, il est réputé s'être désisté d'office de son instance individuelle. Mais, s'il maintient sa requête, la juridiction saisie peut conserver le dossier ou le transmettre au président de la section qui attribue l'affaire à la juridiction qu'il désigne. Sauf si la situation du requérant ou l'intérêt public s'y oppose, il y a tout de même sursis à statuer sur les conclusions de la requête, jusqu'à ce que la décision rendue sur l'action de groupe soit devenue irrévocable.

267. Art. R. 77-10-12 et R. 77-12-20 CJA.

268. M. J. Azar-Baud, « Le cadre judiciaire et administratif des actions de groupe : quelles différences ? Quelles conséquences ? », *JCPE*, 2017, n° 28.

269. Voy., en Angleterre, le registre des actions sous le Group Litigation Order.

l'octroi d'une faculté d'estimer (à la place d'évaluer) le montant des préjudices individuels, de décider de la manière de distribuer les indemnisations et notamment des frais irrépétibles selon les caractéristiques de l'affaire. L'intervention du ministère public devrait être obligatoire pour participer à la défense des membres absents et celle de l'*amicus curiae* devrait être favorisée.

Enfin, pour rendre les actions économiquement viables, en guise d'efficience, il faudrait faciliter l'accès au financement par des tiers, notamment suivant les règles de la proposition de la directive 2020/1828 et que la version adoptée avait délaissées, ainsi qu'à l'aide juridictionnelle. Il conviendrait d'élargir le spectre de personnes ayant qualité à agir aux associations dont l'objet social inclut celui du litige et ayant au moins douze mois d'existence, ainsi qu'aux associations *ad hoc* (selon les mêmes conditions) et aux personnes morales de droit public, et de permettre que les personnes morales de droit public puissent également être représentées dans les groupes. S'agissant de l'objet, il faudrait élargir l'étendue de l'exercice des actions collectives suivant l'exemple de ladite directive.

Les réformes proposées visent, par la simplification et l'harmonisation du régime des actions collectives, à favoriser l'attractivité de la France – et de la place de Paris – sur la scène contentieuse européenne et internationale.

Le juge français, le droit des affaires et l'attractivité de la France

Stéphane Noël

Président du tribunal judiciaire de Paris

À l'heure où la justice française est si souvent décriée en raison de ses faiblesses, il n'est pas inutile de rappeler qu'au-delà des critiques qui doivent toujours faire l'objet d'un examen attentif, l'institution judiciaire en général et les juridictions en particulier sont mobilisées au quotidien pour améliorer la réponse judiciaire, satisfaire les attentes du justiciable et des auxiliaires de justice et permettre à notre État de droit d'être à la hauteur des enjeux que nous portons collectivement. C'est essentiel pour l'attractivité de notre pays.

Le tribunal de Paris, par la place qu'il occupe au sein de l'organisation judiciaire française, a une responsabilité toute particulière dans la promotion du droit civil, de notre modèle judiciaire et de la réflexion commune que nous devons avoir au service d'une justice qui concilie le respect des principes fondamentaux du procès et la compétitivité de notre modèle économique et social.

L'année 2018 marque celle du déménagement du tribunal de Paris sur le site des Batignolles, près de dix années après l'annonce faite, le 29 avril 2009, de son implantation. C'est un bâtiment au service de la justice du XXIe siècle : ses trente-huit étages, ses nonante salles d'audience, ses équipements sont, en effet, à la mesure de l'action récente de la modernisation de la justice.

Cette juridiction, résolument implantée dans la Cité, au service des justiciables et de leurs avocats, accueille près de 500 magistrats, 1 300 fonctionnaires et plus de 1 000 personnes chaque jour.

Le tribunal de Paris offre un environnement moderne et privilégié pour la résolution des litiges dont il est saisi : les salles d'audience sont dotées d'équipements multimédias de pointe permettant, selon les salles, l'activation de dispositifs de vidéocomparution ou de vidéoprojection. Certaines d'entre elles disposent d'un système de report vidéo permettant pour les besoins de grands procès de bénéficier d'une capacité de mille places. Dotées de connexions pour ordinateur sur les tables de justice et les tables d'avocat, elles sont également adaptées aux travaux de la presse judiciaire. L'équipement informatique des magistrats et des fonctionnaires est adapté. La crise du Covid a révélé la nécessité de développer des outils de mobilité afin de garantir en toutes circonstances la continuité et le bon fonctionnement des services.

En matière de contentieux, il est attribué au tribunal de Paris des compétences spécifiques : par exemple, en matière de nationalité française, les actions déclaratoires ou négatoires sont de sa compétence exclusive. Il a également compétence exclusive pour connaître des actions en matière de brevets d'invention, de certificats d'utilité, de certificats complémentaires de protection et de topographies de produits semi-conducteurs, dans les cas et conditions prévus par le Code de la propriété intellectuelle. Il est, plus généralement, compétent pour connaître des actions en matière de propriété littéraire et artistique, de dessins et modèles, de marques et d'indications géographiques pour le ressort des cours d'appel de Bourges, Paris, Orléans, Nouméa, Papeete, Saint-Denis et des tribunaux supérieurs d'appel de Mamoudzou et de Saint-Pierre. En matière d'arbitrage international, le juge d'appui de la procédure arbitrale est le président du tribunal de Paris. En matière d'indemnisation des victimes de terrorisme, il accueille le JIVAT, juridiction nationale pour ces victimes qui bénéficient de l'expertise des magistrats du service de l'indemnisation du préjudice corporel au sein du nouveau pôle du contrat, de la responsabilité et de la réparation du préjudice corporel.

Néanmoins, au-delà des compétences spécifiques dévolues au tribunal judiciaire de Paris par le législateur, on mesure l'intérêt des avocats pour rendre la juridiction parisienne compétente, même lorsqu'il n'existe aucun critère de rattachement de leur litige avec Paris : on l'observe, par exemple, en matière de contentieux des baux commerciaux : de nombreux baux, notamment ceux relatifs à des centres commerciaux situés dans toute la France, contiennent des clauses attributives de juridiction qui désignent le tribunal de Paris pour le traitement des différends entre bailleur et preneur. En matière de construction également, près de 30 % des litiges traités par la juridiction parisienne n'ont aucun lien avec un ouvrage à Paris. En matière de référés et de requêtes, c'est le tribunal souvent plébiscité pour l'obtention de mesures provisoires et conservatoires rapidement, à la faveur des règles de procédure souples.

Ce phénomène s'explique notamment par la grande spécialisation civile du tribunal judiciaire de Paris. Sur les douze chambres à compétences civiles, seules deux sont généralistes. Cette spécificité rend le fonctionnement du tribunal de Paris unique en France.

Cette spécialisation s'épanouit désormais au sein de huit pôles civils, fruits d'une réflexion sur les compétences des chambres civiles parisiennes qui a abouti à une vaste réorganisation des services en septembre 2020. Chaque pôle est désormais coordonné par un magistrat Premier vice-président ou Premier vice-président adjoint aux termes d'une lettre de mission qui définit des objectifs à réaliser à court et à moyen terme.

Un pôle patrimoine et immobilier qui regroupe les chambres de la construction, de la copropriété, des ventes immobilières, des indivisions successorales et des expropriations est ainsi né à cette période : ce sont des sujets qui concernent directement les Parisiens et qui affectent de manière importante le tissu économique de la capitale. La visibilité de ces chambres et des flux très importants qu'elles traitent n'était pas suffisamment mise en avant.

Il existait, depuis septembre 2018, un pôle économique et commercial qui a fédéré les contentieux de la chambre de la propriété intellectuelle et des brevets, de la chambre de la propriété commerciale, des procédures collectives, des sociétés civiles, de la responsabilité des experts-comptables et des commissaires aux comptes, ainsi que le contentieux de l'arbitrage.

La réorganisation de septembre 2020 a conduit à rattacher la neuvième chambre civile qui traite des contentieux bancaires et financiers à ce pôle, désormais appelé pôle de l'activité économique et commerciale, ainsi que le contentieux de l'*exequatur* dont les dossiers portent régulièrement sur des enjeux économiques importants, notamment d'indemnisation, obtenus devant des juges étrangers.

Ces évolutions contribuent à la fois à poursuivre l'objectif visant à décloisonner les services civils et à nourrir un lien vivant entre les magistrats de la juridiction, les justiciables, les avocats, notamment ceux du barreau de Paris et tous les interlocuteurs privilégiés du tribunal judiciaire de Paris (Direction des Affaires civiles et du Sceau, Cour de cassation, Cour d'appel de Paris, École nationale de la magistrature, école du barreau, universités et écoles de droit, huissiers et notaires notamment).

Par ailleurs, la réorganisation de l'activité civile a été accompagnée d'un développement de l'offre en matière de méthodes alternatives de règlement des différends (MARD). Des pratiques de recours aux MARD anciennes et solides existent au sein du tribunal judiciaire de Paris (notamment à la 18e chambre qui traite du contentieux des baux et loyers commerciaux) et des pratiques se développent dans chaque chambre depuis plusieurs années.

Il s'agit de compléter l'offre de justice et, d'une part, de donner au juge civiliste un nouvel outil, qui, sous le contrôle du tribunal, permet de donner une solution au litige dont il est saisi par un autre biais que le prononcé d'un jugement au fond, et, d'autre part, de ne pas laisser le magistrat civiliste travailler seul. Il s'agit également de donner aux parties la capacité de coconstruire une solution apaisée de leurs différends, sur la durée, plutôt que de subir la longueur d'une procédure qui exacerbe les tensions nées du litige.

La médiation présente, en effet, de nombreux intérêts pour le justiciable : il s'agit d'un enrichissement indéniable de la réponse judiciaire. L'intérêt de la médiation, outre sa rapidité, évitant des procès lents et coûteux, et sa confidentialité, est de permettre aux justiciables de se réapproprier le procès en évitant l'aléa judiciaire, d'en devenir des acteurs responsables, de leur permettre de porter eux-mêmes leur parole et d'écouter celle de l'autre, de se comprendre mutuellement, d'aborder l'ensemble du conflit aussi bien dans ses aspects économiques, relationnels, psychologiques, sociaux, au-delà du litige strictement juridique qui, bien souvent, ne traduit pas la véritable origine du conflit, la réponse judiciaire à ce litige ne pouvant dès lors mettre fin à ce dernier. La médiation participe de l'émergence d'une « démocratie procédurale ».

L'intérêt essentiel de la médiation, au-delà de l'accord ponctuel qui mettra, le cas échéant, fin au litige soumis au juge, est de permettre de nouer ou de renouer un lien social entre des parties en conflit et de préserver l'avenir si elles sont amenées à continuer à entretenir des relations, qu'elles soient de nature commerciale, familiale, de voisinage, et d'éviter ainsi la multiplication de procès, source d'engorgement des juridictions. Elle permet aussi de trouver des solutions inventives et originales où l'équité aura toute sa place.

Elle nécessite une implication importante du magistrat qui doit développer son réseau de médiateurs de confiance et implique un tri dans les dossiers, ainsi qu'un effort de persuasion des parties et un suivi attentif. Le pôle des urgences civiles a ainsi développé un recours systématique à l'offre de médiation, y compris dans des dossiers à forts enjeux. Le recours aux avocats médiateurs est favorisé, car cette présence de l'avocat permet un processus d'appropriation des MARD qui doutent de leur pertinence.

La procédure participative, notamment de mise en état, est sous-employée : c'est regrettable, car cela permet aux avocats de s'approprier le temps, souvent long, de la mise en état et de parvenir parfois à des accords partiels sur certains aspects du litige. Il faut espérer qu'au fil des mois, cette évolution procédurale sera davantage mise en œuvre par les avocats.

Par ailleurs, le tribunal de Paris a initié une politique de communication sur ses décisions civiles. Chaque fois qu'une chambre rend une décision à fort enjeu, un communiqué pédagogique l'accompagne : il est alors transmis à la presse et aux revues juridiques spécialisées. Il s'agit d'assurer une meilleure diffusion des décisions civiles dans les affaires où le message de la justice civile dépasse les enjeux d'un seul dossier.

Ces initiatives soulignent l'importance de la justice civile : notre système judiciaire est souvent appréhendé par le seul prisme de l'activité pénale. C'est bien trop réducteur. Il y a un lien entre le droit civil et la performance nationale : par exemple, le tissu économique parisien repose, notamment, sur les baux commerciaux. Bailleurs et preneurs doivent être en mesure de solliciter une justice efficace, qui comprend leurs enjeux et qui rend des décisions dans des délais raisonnables. Lorsque les acteurs économiques rencontrent des difficultés, ils doivent également pouvoir mobiliser l'arsenal juridique de la prévention et les solutions de redressement offertes par notre droit, dans une démarche qui exclut la stigmatisation et encourage le rebond.

L'activité civile génère d'ailleurs des flux très importants : près de 130 000 demandes civiles (tous modes de saisine confondus) sont enregistrées chaque année. Il y a plus de cent cinquante magistrats dédiés à l'activité civile sur plus de trois cent. La production de chaque juge civiliste parisien est importante, car la spécialisation implique des dossiers techniques portés par des avocats experts dans leurs domaines et nécessite des réponses judiciaires adaptées. La crise sanitaire accentue également la difficulté dans certaines chambres : par exemple, près de 95 % des affaires nouvelles à la chambre de la propriété commerciale sont liés à la dégradation de la situation des preneurs du fait de la pandémie du Sars-Cov-2.

Cette mobilisation autour de la justice civile est nécessaire.

D'une part, car, en matière économique, une concurrence internationale importante se joue : les juridictions sont classées selon leurs performances, par exemple, en matière de brevets. La réponse du juge d'appui français est également évaluée tant son intervention est déterminante pour permettre la fluidité et l'efficacité des arbitrages internationaux. Tout infléchissement dans ces domaines est vécu comme une entrave économique globale ; il est par ailleurs susceptible de favoriser d'autres juridictions en Europe ou ailleurs où la compétition entre systèmes judiciaires, il ne faut pas se le cacher, est aussi une réalité.

Chaque année, notre justice économique et commerciale est mesurée par plusieurs indicateurs internationaux : il s'agit d'évaluer notamment l'attractivité de notre droit. Les pays de *common law* ont réussi à instiller l'idée d'un droit plus simple, plus souple, plus efficace, susceptible de prévenir utilement le risque contentieux. Au centre de cette narration, on trouve l'image du juge anglo-américain et sa vision pragmatique des rapports entre acteurs économiques en opposition à un juge civiliste qui serait perçu comme bureaucratique.

D'autre part, la justice civile répond à un besoin de pacification des relations, y compris les relations commerciales : entraver ce processus par des réponses inadéquates ou des délais excessifs revient à accroître les tensions sociales. Lorsqu'il n'y a plus de lieu où les droits sont reconnus, on fragilise le pacte démocratique ou on affaiblit notre compétitivité.

Les délais du juge français peuvent être légitimement. Rappelons toutefois que nous jugeons plus de 70 % de ce qui est enrôlé alors que la justice de *common law* tranche moins de 5 % des différends dont elle est saisie.

Ce constat qui peut être analysé différemment en fonction des options prises en matière d'appréciation de l'office du juge nous invite néanmoins à nous interroger sur le niveau d'intervention du juge français, la portée des décisions judiciaires et la compétitivité de notre organisation judiciaire.

C'est pour toutes ces raisons que, depuis mon arrivée en novembre 2019 à la présidence du tribunal de Paris, j'ai souhaité faire de l'activité civile une priorité de mon action. J'ai notamment engagé un travail rapproché avec la Direction des services judiciaires afin que les effectifs soient renforcés en quantité avec des profils adaptés.

En outre, j'attache de l'importance à la création d'un parcours professionnel qualifiant pour les magistrats civilistes afin de donner du sens à leur très grande implication et de valoriser leurs compétences dans l'institution judiciaire. C'est un processus à long terme qui doit permettre, d'une part, d'améliorer la qualité de la justice civile avec des magistrats experts dans leurs domaines respectifs et, d'autre part, d'encourager les carrières de civilistes face à la valorisation des carrières au pénal.

On ne le dira jamais assez : la justice civile est source de cohésion nationale et de performance économique. Le tribunal judiciaire de Paris a pris la mesure de ce défi. Mais c'est plus généralement à l'ensemble des acteurs publics d'apporter à l'institution judiciaire leur confiance et de lui garantir les moyens d'assurer convenablement les missions qui lui sont confiées afin de renforcer notre performance nationale.

Pour une offre de justice publique adaptée en matière de commerce international

François Ancel

Conseiller à la Cour de cassation
Ancien président de la Chambre commerciale internationale de la Cour d'appel de Paris

Faut-il œuvrer pour la mise en place d'un service public de la Justice et d'un office du juge propres au traitement du contentieux du commerce international ? Si l'on en croit les attentes des acteurs économiques, principaux concernés par ce type de litiges, la réponse est certainement positive[270]. Elle l'est d'autant plus que c'est sans doute parce que la justice française ne serait pas en capacité d'offrir un tel service et le juge un tel office que la plupart s'en détournent pour trancher leurs litiges, préférant recourir à l'arbitrage, réputé plus adapté, par sa flexibilité, la prévisibilité de la procédure et sa capacité à consacrer un temps suffisant à l'examen d'une affaire[271].

---

270. Ayant dans le cadre d'un contrat international la possibilité de choisir le mode de résolution du litige et le lieu, le choix des acteurs économiques de se diriger vers tel ou tel centre de résolution des litiges dépend en général de multiples critères parmi lesquels reviennent le plus souvent les structures disponibles (juridictions étatiques, centres d'arbitrage, consécration des modes alternatifs de résolution des litiges), l'équipement offert par les juridictions (accès aux nouvelles technologies), la fiabilité du système judiciaire (indépendance, impartialité), l'aptitude des juges à connaître de ces contentieux (juridictions spécialisées ou non), l'effectivité des procédures mises en place (prévisibilité), les modalités d'exécution des décisions de justice (nécessité ou pas de l'*exequatur*), ou encore l'environnement juridique (qualité de l'expertise des professions du droit et de la doctrine). *cf. La lettre du 1 Quai de Corse*, n° 52, janvier 2020, « Extrait Nuit du Droit ».
271. Pour une comparaison entre le service offert en arbitrage et par les chambres commerciales internationales, *cf.* Annexe 9, Haut Comité juridique de la place financière de Paris, Rapport

Pour autant, si l'arbitrage constitue un mode *alternatif* de résolution des litiges qu'il est nécessaire de préserver, on ne peut se résoudre à lui abandonner complètement le traitement de ce contentieux au point de devenir un mode *exclusif* de résolution de ces litiges. L'alternative juridictionnelle doit demeurer. En effet, comme le soulignait déjà en 2013 le rapport de l'Institut des hautes études judiciaires sur l'office du juge, il s'agit d'un nouvel enjeu pour la justice en général « parce que ce qui est en cause[,] ce n'est ni plus ni moins que le maintien d'une présence française dans les affaires globales »[272].

C'est précisément cette prise de conscience qui a conduit le ministère de la Justice en 2017 à confier au Haut Comité juridique de la place financière de Paris (HCJP), à l'époque présidé par Guy Canivet, la mission de faire des propositions pour permettre « aux opérateurs économiques de s'adresser en France à des juridictions capables de juger aisément dans le droit qu'ils auraient choisi et dans la langue de leurs relations d'affaires »[273].

Dans son rapport remis le 3 mai 2017, le HCJP a préconisé la mise en place de chambres spécialisées pour le traitement du contentieux international des affaires, s'appuyant, pour localiser ces chambres à Paris, sur l'environnement économique de la place de Paris[274], l'offre concentrée de services juridiques, la place reconnue et l'importance de la doctrine et de l'université, permettant de produire une analyse et une réflexion juridique approfondies sur les questions du commerce international et, enfin, la présence à Paris de la Chambre de commerce internationale (CCI) abritant en son sein la Cour internationale d'arbitrage.

Les pouvoirs publics ont entendu mettre en œuvre rapidement cette préconisation en optant pour une création « à droit constant » de ces chambres. Nulle loi, nul décret de procédure ne furent pris pour mettre en place ces chambres et régir la procédure applicable, les initiateurs du projet ayant fait le pari d'une relecture possible de la procédure civile à l'aune du contexte international des litiges soumis à ces chambres.

C'est ainsi que, grâce à la volonté des chefs de la Cour d'appel de Paris[275], du président du tribunal de commerce de Paris et à l'implication du barreau de Paris et du ministère de la Justice, le 7 février 2018, deux protocoles de procédures

concernant l'arbitrage en matière bancaire et financière, 31 janvier 2020, https://www.banque-france.fr.

272. Ministère de la Justice et Institut des hautes études sur la justice, *La prudence et l'autorité. L'office du juge au XXIe siècle*, Vie Publique, 2013, p. 45.

273. Extrait de la lettre de mission émanant du garde des Sceaux citée dans le rapport du HCJP.

274. Le rapport du HCJP s'appuie notamment sur le fait que Paris est le siège social des vingt plus grandes banques européennes et de trois assureurs au sein du top vingt-cinq mondial ; que sont présents sur ce ressort trente-trois cabinets britanniques, seize cabinets américains regroupant 2 600 avocats pour un chiffre d'affaires de 1,560 milliard d'euros par an en moyenne) et sur le fait que le barreau de Paris enregistre 1 800 avocats également inscrits dans un barreau étranger.

275. Pour la Cour d'appel de Paris, l'initiative en revient à Chantal Arens, première présidente en 2018, et a été poursuivie par son successeur, Jean-Michel Hayat, Premier président jusqu'en 2022.

ont ainsi été signés par les chefs de cour et le barreau de Paris en présence de la garde des Sceaux et ont institué officiellement les chambres commerciales internationales, l'une au tribunal de commerce, l'autre à la Cour d'appel de Paris (CCIP-CA).

Cette première étape a été essentielle, en ce qu'elle a permis de poser les fondements d'un service public de la Justice adapté aux litiges du commerce international, et, au-delà, a contribué à l'émergence d'un office particulier du juge en matière commerciale internationale (I), la question se pose désormais de l'opportunité de franchir une nouvelle étape en instituant une véritable juridiction commerciale internationale, dont les contours peuvent être esquissés dans un cadre national ou européen (II).

I. Les fondements d'un service public de la Justice en matière commerciale internationale et l'émergence d'un office particulier du juge

Le choix d'une création « à droit constant » fut en 2018 particulièrement judicieux, puisqu'il permit une mise en place très rapide de ces chambres, opérationnelles, pour la Cour d'appel de Paris depuis le 1er mars 2018. Ce choix d'une option immédiatement opérationnelle n'a pas seulement renouvelé l'offre de service public de la Justice en ce domaine (A). Il a aussi permis l'émergence d'un office particulier du juge, contribuant ainsi à poser les bases d'une véritable « légitimité d'exercice »[276], qui seule est de nature à convaincre les entreprises de l'existence d'une alternative crédible à l'arbitrage (B).

A. L'offre d'un service public adapté

La création à droit constant des chambres commerciales internationales a obligé leurs créateurs à faire preuve d'audace et d'imagination pour adapter à droit constant les règles du Code de procédure civile afin d'apporter un service de justice étatique conforme aux besoins du contentieux du commerce international.

Tel est précisément l'objet du protocole de procédure applicable devant la Cour d'appel qui a été signé le 7 février 2018 qui, tout en étant ancré dans un système de droit civil auquel il ne renonce pas, s'inspire des modalités de traitement des litiges devant les juridictions de *common law* ou de celles applicables en arbitrage international.

276. Pour reprendre l'expression de Pierre Rosanvallon citée in Commission de réflexion sur la Cour de cassation, *Rapport 2030*, juillet 2021, https://www.courdecassation.fr, p. 38.

Il est ainsi notamment proposé, sous réserve de l'adhésion des parties au protocole :

- de donner une plus grande prévisibilité aux parties sur le déroulement du procès. Plusieurs conférences de mise en état sont ainsi prévues pour instruire, avec une collaboration active des avocats, l'affaire au plus près des besoins de chaque dossier, tout en les insérant dans un calendrier impératif de procédure, permettant aux parties de connaître en amont la date des échanges des conclusions, la date des éventuelles auditions, la date des plaidoiries et la date à laquelle la décision sera rendue ;
- un examen plus approfondi des faits du litige en permettant aux parties de solliciter des auditions (de témoins et/ou d'experts) et la possibilité de conduire des contre-interrogatoires (*cross-examinations*) ouvrant ainsi la voie à une évaluation raisonnable de la crédibilité des témoins, marque importante et, semble-t-il, plébiscitée des juristes de *common law*. Dans cette perspective aussi, et pour donner aux parties un accès aux preuves pertinentes, le protocole rappelle en outre la possibilité d'obtenir la production forcée de documents de la part d'une partie ou d'un tiers, et ce, pour des « catégories » de documents « précisément identifiées » permettant d'avoir une lecture plus souple que l'interprétation actuelle des textes du Code de procédure civile par la jurisprudence sans pour autant tomber dans les excès d'une production de document déraisonnable, qui est chronophage et coûteuse pour tous[277] ;
- l'usage de la langue anglaise par les parties, les témoins et les experts qui comparaissent à l'audience. Ces personnes sont autorisées à s'exprimer en anglais sans interprète si elles le souhaitent et même dans une autre langue étrangère avec la mise en place d'un dispositif d'interprétariat. Elles pourront aussi produire des documents en langue anglaise sans que soit exigée une traduction. Seules doivent nécessairement être rédigées en français les pièces de procédure (déclaration d'appel, conclusions). De même, l'arrêt rendu par la Cour est rédigé en français, mais une traduction jurée de celui-ci est offerte aux parties.

Cet ensemble, qui invite à une lecture internationale du Code de procédure civile[278], permet de proposer un service juridictionnel adapté dont les atouts au regard également de la possibilité de soumettre le litige à des juges

277. Pour une analyse plus détaillée sur les enjeux procéduraux, F. ANCEL, « La nouvelle Chambre commerciale internationale de la Cour d'appel de Paris : quels enjeux procéduraux ? », in « L'Avenir du procès civil – 2e Séminaire de droit processuel du 21 février 2019 », *JCP G*, supplément au n° 14, 8 avril 2019, p. 49, nos 19 et s.

278. Cette démarche n'est pas nouvelle. La Cour de cassation a déjà donné, dans un contexte international, une lecture différente à plusieurs articles du Code de procédure civile. *Cf.* not. l'article 48 du Code de procédure civile sur les clauses attributives de compétence. C'est aussi le cas pour la litispendance (art. 100) ou la connexité (art. 101).

spécialisés, indépendants et impartiaux, d'une reconnaissance et exécution immédiate des décisions rendues dans tout l'espace judiciaire européen et, enfin, de la quasi-gratuité de la procédure[279], méritent d'être soulignés.

En tout état de cause, la création de ces chambres témoigne d'une nouvelle approche institutionnelle de la justice consistant à adapter le système judiciaire aux besoins de la société – en l'occurrence, aux besoins des acteurs économiques, et non l'inverse (contraindre les acteurs économiques à s'adapter à un système juridictionnel). Elle témoigne aussi de l'impérieuse nécessité d'associer les avocats à ce changement en renforçant leur rôle dans le déroulement du procès au service d'une mission collaborative.

Ce nouveau service public de la Justice au bénéfice de la justice commerciale internationale a aussi contribué à l'émergence d'un office substantiel du juge propre à cette matière.

B. L'émergence d'un office substantiel du juge propre aux litiges du commerce international

L'office substantiel du juge du fond du commerce international ne se limite pas à apporter une réponse technique à chacune des affaires. Sans prétendre à l'exhaustivité, cet office doit combiner plusieurs approches simultanément, qui en font toute sa spécificité.

Une approche internationale du litige. L'office du juge du commerce international ne peut se contenter de statuer avec ses lunettes de juge national. Plus que tout autre, ce juge est confronté à la multiplicité et à la diversité des sources normatives et se trouve « dans une situation d'appartenance simultanée à plusieurs ordres juridiques » et « ne peut plus se limiter à invoquer la seule hiérarchie des normes »[280]. Il doit donc sans cesse, et même si les parties ne le font pas, replacer le litige dans son contexte international pour en saisir toute sa dimension spatiale et juridique et, si elles sont disponibles, s'intéresser aux solutions qui ont pu être données par d'autres juges confrontés à une même difficulté.

Un office impartial s'inscrivant dans un processus contradictoire nourri par un principe de cohérence. Comme cela a été parfaitement démontré[281], il ne faut pas opposer l'attractivité d'une place et l'impartialité du juge. Au contraire, ce dont une place attractive a le plus besoin, c'est d'un juge impartial, c'est-à-dire d'un juge « singulier »[282] au plus près du cas qui lui est soumis, mais qui

279. Le droit de timbre est en appel de 225 euros.
280. *Cf.* Rapport de la Commission de réflexion sur la Cour de cassation 2030, p. 30.
281. M.-A. Frison-Roche, « L'attractivité économique de l'impartialité », in Cour de cassation, *L'attractivité économique, l'office du juge et l'impartialité*, Cycle Penser l'office du juge, 14 décembre 2020.
282. L'expression est de M.-A. Frison-Roche, « L'attractivité économique de l'impartialité », *op. cit.*

accepte aussi de s'inscrire dans un processus collectif (par le débat contradictoire qu'il suscite et les avis qu'il peut recueillir) ainsi que dans une construction cohérente de sa jurisprudence, c'est-à-dire acceptant de réduire sa marge de discrétion pour proposer un office *ex ante* et l'inscrire dans la prévisibilité[283].

Une capacité à appréhender et à appliquer la loi étrangère. Ce fut l'un des objectifs de la création des chambres commerciales internationales : offrir un service permettant de faire application d'une loi étrangère. Cette approche peut s'appuyer sur une jurisprudence bien établie de la Cour de cassation qui a placé haut l'office du juge en matière de connaissance de la loi étrangère. Celle-ci exige en effet du juge français qui reconnaît applicable un droit étranger d'en rechercher, soit d'office, soit à la demande d'une partie qui l'invoque, la teneur, avec le concours des parties et même personnellement s'il y a lieu afin de donner à la question litigieuse une solution conforme au droit positif étranger[284].

Une approche adaptée sur la question de l'interprétation des contrats. Il est souvent reproché une attitude interventionniste du juge dans le contrat à la différence du juge de *common law* qui est réputé plus strict dans le respect des termes du contrat. S'il inscrit son office dans le cadre d'un litige de commerce international, le juge devrait être conscient de ces différentes approches lorsqu'il doit se livrer à une interprétation du contrat, et ce, même lorsqu'il est amené à appliquer la loi française. Il pourra à cet égard s'appuyer sur les modifications apportées par la réforme du droit français des contrats en 2016[285] qui a introduit plus d'objectivité dans l'interprétation des contrats[286].

Une attention particulière à la rédaction des jugements. « Le juge français sera plus reconnu par le monde à mesure de ce qu'il reconnaîtra le monde dans ses propres jugements »[287]. L'office du juge doit ainsi être visible. Cela implique qu'un soin particulier soit porté à la rédaction des décisions avec notamment

283. Ce qui ne revient pas à dire que le juge ne peut faire évoluer sa jurisprudence, mais qu'il le fera s'il a de bonnes raisons de le faire et sous réserve de l'expliquer dans sa décision.

284. Civ. 1re, 28 juin 2005, *Bull. civ.*, I, n° 189. La Cour de cassation invite ainsi à un travail collaboratif : une tâche partagée entre les avocats et le juge. Il est, à cet égard, remarquable de voir que la Cour de cassation vise la possibilité pour le juge de faire appel à ses connaissances personnelles (« personnellement ») alors que, traditionnellement, il est rappelé que le juge ne peut fonder sa décision sur le résultat d'investigations poursuivies hors de l'audience et en dehors des parties (civ. 2e, 21 mars 1958, *JCP*, 1958, II, 10600). C'est sans doute l'ancrage de la loi étrangère dans le droit et l'assimilation du sort de la loi étrangère à celui réservé à la loi française (pour laquelle le juge français est bien habilité à faire des recherches personnelles).

285. *Cf.* ordonnance n° 2016-131 du 10 février 2016 portant réforme du droit des contrats, du régime général et de la preuve des obligations, *JO*, 11 février 2016.

286. Pour une présentation synthétique de ces nouvelles règles, *cf.* F. Ancel et B. Fauvarque-Cosson, *Le nouveau droit des contrats, Guide bilingue à l'usage des praticiens*, Paris, LGDJ, 2019, p. 128, nos 241 et s.

287. A. Garapon, « Le monde, un défi pour le juge français du XXIe siècle », *Les Cahiers de la Justice*, 2013, n° 3, pp. 7 et s.

un exposé plus détaillé des faits du litige, l'emploi du style direct, une numérotation des paragraphes, mais aussi et surtout une motivation enrichie permettant d'expliquer, si la solution prise est nouvelle ou s'écarte d'une jurisprudence antérieure, les raisons de ce changement. Cette visibilité nécessite aussi de s'attacher à améliorer la communication des décisions en plusieurs langues afin de les rendre plus facilement accessibles à l'étranger et de permettre aux juristes d'avoir une meilleure connaissance de la jurisprudence. Telle est la démarche que la CCIP-CA, avec l'aide du service de communication de la Cour d'appel et des moyens pourtant limités, a initié avec la création d'un site internet (en plusieurs langues) sur lequel sont publiées les principales décisions rendues en accès libre.

Un guide pratique de procédure applicable devant les chambres commerciales internationales du tribunal de commerce de Paris (CCIP-TC) et de la Cour d'appel de Paris (CCIP-CA) a, en outre, été diffusé en 2021. Cet ouvrage, rédigé en version bilingue (français-anglais) et accessible aussi en version dématérialisée sur les sites internet de la Cour d'appel de Paris et du tribunal de commerce de Paris, a pour objet d'informer et d'accompagner les praticiens en leur permettant de mieux connaître les spécificités du déroulement d'une procédure devant ces chambres internationales.

II. La nouvelle étape : la création d'une juridiction du commerce international

A. La nécessité d'envisager l'avenir

La création d'une chambre commerciale internationale à la Cour d'appel de Paris a constitué une innovation majeure dans le paysage judiciaire français. Le bilan d'activité de cette chambre, qui a rendu, depuis sa création, plus d'une centaine de décisions et qui enregistrait à son rôle, en juin 2022, cent quatre-vingt-six affaires, montre, s'il en était, que le besoin d'une justice commerciale internationale est bien réel[288].

Cette expérience parisienne est essentielle, car elle montre que la justice est capable de renouvellement et d'innovation pour mettre en place des modalités de traitement adaptées s'inspirant des standards internationaux pour connaître des litiges du commerce international.

288. Pour des éléments plus détaillés sur l'activité de cette chambre, voy. le site internet de la CCIP-CA.

Cependant, il ne faudrait pas que ce qui a constitué initialement la force de cette chambre ne devienne à moyen et à long terme sa faiblesse.

En effet, d'une part, l'application de ces modalités de traitement adaptées au litige du commerce international demeure soumise à l'adhésion des parties au protocole. Si l'une des parties s'y refuse, ces adaptations ne pourront s'appliquer, ce qui peut dissuader des parties d'engager en France une procédure et est de nature à amoindrir l'attractivité du dispositif.

D'autre part, rien ne s'oppose en droit à ce que d'autres tribunaux de commerce et/ou d'autres cours d'appel en France s'engagent dans ce même processus de création au sein de leur ressort de chambres commerciales internationales spécialisées. Une telle multiplication de ces chambres sur le territoire sans une réflexion d'ensemble serait contre-productive, car de nature à brouiller le message et à nuire à la lisibilité du système français à l'étranger[289].

En outre, l'insertion de clauses attributives de juridiction au profit, non d'une véritable juridiction, mais d'une chambre spécialisée au sein d'une juridiction, a pu susciter des inquiétudes, tant cette pratique n'est pas naturelle et alors que l'assurance que l'affaire soit effectivement portée devant la chambre spécialisée reste dépendante de la seule organisation interne de cette juridiction.

Enfin, et certains l'ont déjà pointé[290], des efforts et des progrès peuvent encore être faits notamment sur les moyens, notamment techniques, mis à la disposition des juges et des parties afin, par exemple, de faciliter les productions et les échanges de pièces entre les parties de manière dématérialisée, de permettre des auditions à distance dans les meilleures conditions techniques, ou encore de faciliter le recours à la sténotypie pour permettre une transcription intégrale des propos tenus à l'audience. L'inauguration récente d'une salle d'audience moderne et équipée au Tribunal de commerce de Paris va dans le bon sens. Il serait nécessaire que la Cour d'appel de Paris puisse disposer d'une salle similaire.

Une réponse pourrait être apportée en créant une nouvelle juridiction commerciale à vocation internationale.

289. En tout état de cause, si ces initiatives devaient se multiplier, la question d'une spécialisation réglementaire des chambres commerciales internationales en France se poserait ; et, le cas échéant, s'il était considéré nécessaire d'en créer plusieurs sur le territoire, il conviendrait de réfléchir à leur attribuer des compétences sectorielles distinctes (droit financier, droit maritime, transports terrestres, relations commerciales...).

290. J.-S. BAZILLE, « Chambres commerciales internationales – Deux ans après leur création : bilan et perspectives dans un contexte remanié », *JCP G*, 2020, n° 25, doctr. 769 ; *cf.* A. HAMELLE et C. JAMIN, « CIP – Chambres internationales de Paris : encore un effort », *JCP*, 2018, n° 47, doctr. 1223.

B. La création d'une juridiction du commerce international

La création d'une véritable juridiction autonome, compétente en matière commerciale internationale, peut être envisagée dans un cadre national ou dans un cadre européen.

1. La création en France d'une juridiction commerciale à compétence internationale

L'option française consisterait à se servir de l'expérience acquise par les chambres commerciales internationales pour créer une véritable juridiction destinée à connaître de manière exclusive des litiges qui mettent en jeu les intérêts du commerce international. Une telle juridiction nationale spécialisée pourrait être envisagée avec une composition échevinale permettant d'intégrer des juges non professionnels du tribunal de commerce dans une formation collégiale et ainsi, plutôt que d'avoir un système échevinal en deux temps (sur deux niveaux de juridiction) tel qu'il existe actuellement en France, de réunir ces compétences partagées dès la première instance.

Un décret de procédure pourrait être adopté afin de consacrer par voie réglementaire les principales dispositions procédurales des protocoles, ce qui éviterait d'avoir à soumettre l'application de ces règles innovantes à l'accord préalable des parties.

Une réflexion pour mieux intégrer les processus de médiation dans la résolution de ces litiges, notamment en la combinant avec une césure possible du procès[291], pourrait être menée, mais également une meilleure prise en compte de la problématique du coût du procès ; ou pour proposer les services d'un véritable juge d'appui du contrat commercial international capable d'apporter une réponse rapide aux situations d'urgence.

Pourrait enfin être envisagé d'adopter un régime particulier en appel. Plutôt que de reprendre la procédure de droit commun en appel avec ses multiples délais et exigences à peine de caducité, contraignante pour les parties et les juges, la mise en place de cette nouvelle juridiction pourrait être l'occasion de proposer une procédure en appel adaptée qui pourrait consister, le cas échéant, en contrepartie d'une procédure simplifiée pour les parties, à mettre en place un appel de « réformation »[292] ou un contrôle restreint du

291. P. Ghaleh-Marzban, *Rapport du groupe de travail en charge de proposer des mesures visant à la résorption des stocks*, 31 mars 2021, https://legiteam.fr, *cf.* Proposition n° 18. L'objectif est de donner la possibilité au juge, dans un premier temps, de trancher les seuls points qu'il juge nécessaire (par exemple, la responsabilité contractuelle) et de renvoyer ensuite les parties, via la médiation par exemple, à s'entendre sur le reste (notamment pour l'évaluation des dommages et intérêts).

292. Celui-ci vise à limiter l'examen en appel de l'affaire telle qu'elle avait été portée devant le premier juge par opposition à l'appel « voie d'achèvement » qui autorise une évolution du litige entre la première instance et le second degré de juridiction.

juge de l'appel (à l'instar du juge de l'annulation en matière d'arbitrage international), afin, tout en garantissant un double degré de juridiction, de réduire significativement la durée des litiges.

Ce qui est concevable à l'échelon national pourrait l'être aussi, et peut-être encore plus avantageusement, à l'échelon européen.

2. La création d'une juridiction commerciale internationale au sein de l'Union européenne

Nul n'ignore que le contexte lié à l'environnement normatif international, qui permet aux parties dans un contrat international de choisir tant la loi applicable à leur contrat que la juridiction amenée à trancher un éventuel différend, contribue à mettre en concurrence les systèmes juridiques des États. Chaque État a en effet pris conscience, tant pour des questions de souveraineté qu'au regard des enjeux économiques liés, de l'intérêt de défendre « l'attractivité » de son système juridique et de proposer une offre de centre de résolution des litiges internationaux.

Si on peut comprendre à l'échelle internationale la multiplication des initiatives pour créer des centres de résolution des litiges du commerce international[293], il est permis de s'interroger sur la pertinence à long terme d'un tel mouvement au sein même de l'Union européenne.

Le contexte lié au Brexit et la conscience des pays dits de tradition civiliste de l'Union européenne de la nécessité de se positionner sur le terrain de la résolution des litiges du commerce international, largement capté par la High Court of Justice de Londres[294], ont certes été déterminants pour expliquer un départ en ordre dispersé des États membres de l'Union européenne[295].

---

293. Ainsi ont été notamment créés au sein de la New York Supreme Court en 1995 une division commerciale, à Dubaï (2004), le « Dubaï International Financial Center » (DIFC), à Doha, le « Quatar International Court and Dispute Resolution Center » (2009, QIC), à Singapour (2015), la « Singapour International Commercial Court » (SICC) ; à Abou Dabi (2015), le « Abu Dhabi Global Market Courts » (ADGM) et en Chine, en 2018, où des juridictions commerciales internationales (CICC) ont été créées, l'une à Shenzen (First International Commercial court) et l'autre à Xian (Second International Commercial Court) – « les *Belt and Road Courts* », pour trancher les litiges nés à l'occasion des chantiers portant sur les infrastructures financées dans le cadre du vaste projet dit de la « Nouvelle Route de la soie ».

294. La Commercial Court of England and Wales absorbe la part la plus importante du contentieux des grands litiges commerciaux internationaux. Dans le dernier rapport Portland, il est indiqué que « *[t]his year's report reviewed the 292 judgments handed down in the London Commercial Courts between April 2020 and March 2021. [...] The London courts had a record year, quickly recovering from last year's dip in activity, and re-establishing a six-year-long trend of growth. The proportion of EU27 litigants continues to decline following Brexit, but has been offset by other foreign litigants, most notably from the US and Russia* ».

295. Outre la France, l'Allemagne a institué en janvier 2018 une chambre spécialisée à Francfort (janvier 2018), les Pays-Bas ont institué une « Netherlands Commercial Court » qui a débuté son

Pour autant, plusieurs de ces États membres disposent désormais d'une expérience enrichissante, qu'ils pourraient judicieusement partager, le cas échéant dans le cadre d'une procédure de coopération renforcée[296], pour créer une juridiction commerciale européenne, compétente pour connaître des litiges transfrontaliers du commerce, dotée d'une procédure adaptée s'inspirant des standards internationaux[297]. Les travaux ayant présidé à la création de la Juridiction unifiée du brevet pourraient être, à cet égard, d'une aide précieuse.

Une telle initiative, dont la proposition a déjà été faite dans le cadre d'une étude demandée par la Commission des Affaires juridiques du Parlement européen en 2018[298], éviterait une concurrence entre les juridictions des États membres de l'Union européenne pour connaître de ces litiges. Elle permettrait de faire travailler ensemble des juges de plusieurs horizons, ce qui, en matière internationale, est particulièrement adapté.

Comme en matière de brevet, cette juridiction pourrait, le cas échéant, comporter plusieurs chambres et/ou sections ayant leur siège dans plusieurs capitales européennes, chacune compétente pour connaître de certains types de contentieux du commerce international (financiers, commerce, transport terrestre et maritime).

S'engager dans cette nouvelle étape n'est pas incompatible avec le maintien en activité des chambres commerciales internationales à Paris dans l'attente de l'entrée en vigueur de cette nouvelle juridiction aux compétences exclusives. Au contraire, l'expérience acquise de ces chambres sera précieuse pour définir et ajuster les contours de cette nouvelle juridiction. Cette

activité en janvier 2019 et la Belgique a envisagé d'ouvrir une « Brussels International Business Court », même si ce projet paraît à ce jour abandonné. Enfin, l'Irlande entend permettre à Dublin d'être aussi un centre de résolution des litiges du commerce international, se prévalant en outre de son système de *common law*.

296. Cette procédure vise à autoriser quelques États membres de l'Union européenne (au minimum 9) à établir une intégration ou une coopération accrue dans un domaine particulier au sein de l'Union européenne, prenant acte de ce que l'Union européenne dans son ensemble ne peut pas parvenir aux objectifs d'une telle coopération dans un délai raisonnable. Cette procédure a été notamment utilisée dans les domaines du droit applicable au divorce et des brevets et pour l'établissement du Parquet européen.

297. D'autant que des travaux existent déjà. Service de recherches du Parlement européen, *Europeanisation of Civil Procedure – Towards Common Minimum Standards ?*, Strasbourg, Parlement européen, 2015.

298. G. Rühl, *Développer les compétences des États membres dans le domaine du droit commercial, Étude élaborée à la demande de la Commission*, Juri – Synthèse, 2018. Cette étude suggère la création d'un tribunal de commerce européen (point 4.4) offrant une instance internationale supplémentaire de règlement des différends transfrontaliers. Selon ce rapport : « Un tribunal européen pourrait faire de l'Union une région attractive au niveau mondial pour y régler les différends internationaux, ce qui profiterait alors aux entreprises européennes, tant dans leurs relations avec les autres entreprises européennes que dans leurs relations avec les parties de pays tiers ».

perspective ne constitue nullement une remise en cause ou un renoncement au choix fait en 2018 ; elle en est au contraire le prolongement nécessaire pour mieux le consolider. Bien sûr, une telle démarche ne se fera pas sans l'implication et l'adhésion de la communauté des juristes et une forte volonté des pouvoirs publics.

La rédaction des jugements et l'éthique du juge

Jean-Denis Combrexelle

Ancien président de la section du contentieux du Conseil d'État

1. Dans le champ du droit, les sociétés occidentales se caractérisent par une certitude et deux injonctions contradictoires. La certitude repose sur le besoin, voire l'exigence de sécurité juridique. Pour agir, construire, investir, innover, travailler et même se détendre, tous les acteurs de la société ont besoin de savoir ce qu'il est légalement possible de faire et ce qui est interdit. À l'exception du juriste qui se plonge avec délice dans les zones, nombreuses, du clair-obscur juridique, les gens, la société ont besoin de clarté, voire de certitudes.

Ce besoin collectif de certitude juridique est, bien au-delà des dérives bureaucratiques de la seule technostructure qui est sur ce point en permanence en situation exclusive d'accusée, le principal levier de la longueur des textes législatifs et réglementaires. La crise sanitaire a montré, jusqu'à la caricature, à quel point la société voulait connaître le détail de ce qui était autorisé et interdit. Mais en même temps et c'est là que réside l'injonction contradictoire, la société ne supporte plus la complexité et la longueur des normes. Les mêmes qui dénoncent l'activisme de la bureaucratie dans la production de normes seront les premiers à critiquer le flou de telle ou telle norme, à leurs yeux, trop imprécise. Cette posture est devenue un sport national que pratiquent notamment les médias.

Le point d'équilibre permettant de réguler cette contradiction devrait être le juge. C'est à ce dernier qu'il incomberait d'interpréter et d'appliquer des textes normatifs courts, qui ne peuvent ou doivent aller dans le détail de toutes les situations, et d'assurer par sa jurisprudence la sécurité juridique.

Dans son Discours préliminaire sur le projet de Code civil, Portalis avait déjà tout écrit sur le sujet : « L'office de la loi est de fixer par de grandes vues des maximes générales du droit, d'établir des principes féconds en conséquence, et non de descendre dans le détail des questions qui peuvent naître sur chaque matière. C'est aux magistrats et aux juristes, pénétrés de l'esprit général des lois, à en diriger l'application… Il y a une science pour les législateurs comme il y en a une pour les magistrats ».

La réalité est sensiblement différente. Dans l'exercice de sa mission, le juge se voit de plus en plus comme un acteur à part entière qui, sous couvert d'une jurisprudence conciliant des textes internationaux et nationaux en apparence contradictoires, crée sa propre norme souvent *infra legem*, voire même, parfois, *contra legem*.

L'activisme jurisprudentiel peut, dans certaines matières sensibles, comme le droit du travail être ressenti comme une source supplémentaire d'insécurité juridique renforçant la tendance à des textes normatifs touffus visant à exclure ou à éviter l'arbitraire du juge.

Ce jeu d'acteurs est, en conséquence, complexe, mais essentiel à comprendre pour la régulation future de nos sociétés démocratiques.

Nos sociétés ont et auront, en conséquence, sans cesse davantage besoin d'une éthique du juge dont les exigences vont bien au-delà du seul respect des textes et des codes de déontologie.

2. Cette éthique passe notamment par la rédaction des décisions de justice.

L'affirmation peut paraître paradoxale tant la rédaction semble relever de la technique contentieuse et ne devrait intéresser que les juges, les avocats et les greffiers. Ce serait une affaire de spécialistes.

Il n'en est rien.

Tous les chercheurs qui se sont intéressés à la question ont montré comment la rédaction des décisions de justice s'inscrivait dans les traditions, l'histoire et la culture de chaque pays.

La différence entre un jugement anglo-saxon et un jugement rendu dans un pays relevant d'un droit continental ne se comprend que par la différence des cultures et relève davantage de l'historien et du sociologue que du juriste spécialiste de contentieux. Le pragmatisme de l'un s'opposera au cartésianisme de l'autre, chacun se traduisant par une façon différente de raisonner et de présenter le jugement.

La rédaction est à ce point porteuse de sens que l'on pourrait ainsi exposer l'équilibre institutionnel au sein de l'Union européenne en partant de la seule présentation formelle d'un arrêt de la Cour de Luxembourg.

Le temps est toutefois venu de ne plus s'en tenir aux seules traditions, mais de se projeter dans l'avenir sur les missions du juge dans une société moderne.

Or le mode de rédaction des décisions de justice doit être le canevas qui traduit cette nouvelle éthique. Celle-ci doit reposer sur au moins quatre exigences :

- être compris ;
- ne pas être une source abusive de création du droit ;
- être responsable ;
- être efficace.

3. Comme l'indique la formule rituelle de nos jugements, la justice est « rendue au nom du Peuple français ». La justice est une composante essentielle de la République, cela implique que la justice soit comprise par les « gens ».

Comme la physique, la chimie, la médecine, le droit est une science ou au moins une technique dont la complexité va croissant.

On exige d'abord d'un ingénieur de la mécanique des fluides qu'il construise un dispositif efficace, non qu'il expose en termes compréhensibles par tous la subtilité et la complexité de sa technique.

Il en va différemment pour le juge. Il doit être à la fois un (bon) technicien du droit, mais aussi un spécialiste capable d'expliquer son art. Il en va de la démocratie et de la légitimité de la justice.

Or, si un jugement statuant sur un litige simple entre un propriétaire et son locataire ou un employeur et son salarié peut, le plus souvent, être compris par le plus grand nombre, il n'en va pas de même de décisions juridictionnelles statuant sur des litiges concernant, par exemple, la fiscalité ou la propriété littéraire et artistique qui impliquent des conciliations ô combien subtiles entre les droits internationaux, européens, constitutionnels et législatifs.

Pour autant, une exigence accrue de lisibilité s'impose. En France, le Conseil d'État puis la Cour de cassation ont récemment opté pour la rédaction en style direct et la suppression des phrases interminables scandées par les « considérant » et les « attendu ». S'agissant du juge administratif, cette mesure a été accompagnée d'un guide visant à simplifier le vocabulaire et les formules utilisées, en évitant, par exemple, les locutions latines ou celles relevant d'un entre-soi.

L'effort doit être salué, mais il ne suffit pas. Même s'il faut faire la part des choses selon la nature des litiges, les juges doivent s'attacher, dans toute la mesure du possible, à rendre leurs décisions compréhensibles et ne pas donner le sentiment que la justice est une boîte noire d'où sortent des décisions que ne comprennent qu'un très petit nombre de spécialistes.

Il ne faut pas se cacher que l'exercice ne relève pas de l'évidence. Il y a une tension permanente entre, d'une part, l'exigence technique du droit qui ne doit en aucun cas être méconnue par le jugement dont une des exigences premières est la rigueur du raisonnement et, d'autre part, la lisibilité de la décision.

Ces dernières années, le Conseil d'État a ainsi « couplé » ses évolutions jurisprudentielles sur le fond avec un souci particulier de démonstration et de pédagogie. Les obligations des États en matière d'environnement, l'opposabilité des différents documents d'urbanisme au droit de construire, l'articulation entre la protection nécessaire des libertés individuelles notamment en ce qui concerne les données personnelles et les exigences d'efficacité de la lutte contre le terrorisme, la définition de certains équilibres institutionnels internes ou dans les rapports avec l'Union européenne et, plus récemment encore, la conciliation des droits économiques et sociaux avec les exigences de la crise sanitaire présentent la double particularité de poser de délicates questions de principe et d'affecter directement la vie des gens et des acteurs économiques et sociaux.

Pour prendre un exemple récent, juger en référé la question de l'application temporaire du confinement au monde du spectacle suppose un effort particulier du juge dans sa démonstration qui ne peut plus se satisfaire du laconisme qui prévalait il y a encore une dizaine d'années. À défaut de toujours convaincre le justiciable et, au-delà, la société civile, il faut au moins faire comprendre le raisonnement qui soutient la décision.

La pratique montre que la plupart des juridictions suprêmes ont recours aux techniques de communication pour « vulgariser » la portée du jugement rendu. Ces initiatives doivent être facilitées et développées, mais elles ne doivent surtout pas conduire à oublier que l'exigence première de lisibilité s'impose en soi à la rédaction du jugement.

La deuxième exigence est qu'à la différence de la justice anglo-saxonne qui assume le rôle créateur de la jurisprudence, nos jugements doivent reposer sur un raisonnement logique, un syllogisme, qui se fonde sur les textes.

Cette logique est une discipline qui doit à tout prix être respectée, elle a une double vocation.

D'abord elle rappelle que le juge n'est pas là pour créer le droit, mais pour le dire. Certes, il ne s'agit pas, surtout pour un membre du Conseil d'État, de nier le rôle créateur et inventif de la jurisprudence, notamment lorsqu'il n'y a pas de textes normatifs ou lorsque ceux existants sont, pour de multiples raisons, défaillants. Mais, fondamentalement, le syllogisme rappelle le juge à sa mission première qui est d'interpréter et d'appliquer le droit.

Ensuite elle est contraignante dans la construction du raisonnement du juge. Il est parfois soutenu que plus une décision juridictionnelle serait longue, plus elle serait argumentée et meilleure elle serait.

Rien n'est plus faux. Certaines juridictions, y compris au niveau européen, multiplient, dans la rédaction de leurs décisions, les références à l'argumentation des parties et à la description de la situation de fait au point que le raisonnement de départ disparaît sous l'amoncellement des descriptions.

Certes, il faut se référer à l'argumentation des parties et à la situation de fait jugée, mais il ne faut jamais oublier que le justiciable doit comprendre ce moment essentiel de bascule où le juge passe de l'énoncé de la règle de droit générale et impersonnelle au jugement du cas d'espèce. C'est sur ce moment de bascule que doit porter tout l'effort du juge s'il veut que son raisonnement soit convaincant. À défaut, la décision devient illisible et source d'interrogation sur sa portée jurisprudentielle.

4. La responsabilité du juge est, par ailleurs, un point essentiel de son éthique.

Le jugement n'est ni une leçon de droit ni, même quand il s'agit d'une affaire pénale, une leçon de morale. J'ai souvent enseigné à mes jeunes collègues du Conseil d'État à quel point le dossier contentieux pouvait être une abstraction parfois très éloignée de la réalité des choses. Cette abstraction est nécessaire, car elle permet seule l'acte de juger qui doit s'en tenir à une convention implicite entre les parties et le juge sur les faits qui doivent être portés à la connaissance du juge. Pour paraphraser André Malraux, juger, c'est ne prendre en compte qu'une partie juridiquement utile de la réalité, car, si on la prenait dans son exhaustivité, on ne pourrait plus juger.

Derrière une affaire jugée, il y a une histoire, des pratiques, une culture que le juge ne connaît pas et qu'il ne discerne pas nécessairement à la lecture du seul dossier contentieux, ceci quelle que soit la qualité de ce dernier.

Cela implique en conséquence de la part du juge l'humilité dans la rédaction, le juge n'est pas un donneur de leçons.

Sa mission est de dire le droit, pas de le déclamer en apostrophant tel ou tel dans la rédaction du jugement.

Enfin, le juge doit être efficace, c'est-à-dire que son jugement doit être suivi d'effets.

Un arsenal législatif est venu en France renforcer l'effectivité des jugements (injonction, astreintes…).

Mais une part essentielle de l'effectivité dépend du juge et de la rédaction de son jugement.

Les conditions dans lesquelles le jugement pourra être exécuté et suivi d'effets doivent être des éléments déterminants du juge dans son raisonnement.

Le juge n'est pas là pour prendre des postures médiatiquement avantageuses pour lesquelles les parties se perdront ensuite en conjectures sur les conséquences concrètes à tirer de la décision rendue.

La rédaction ne doit pas traduire seulement le raisonnement intellectuel et juridique du juge, elle doit intégrer le concret des parties qui recevront le jugement et qui seront en charge de l'appliquer.

La force d'un jugement repose certes sur la qualité et la rigueur du raisonnement sur lequel il se fonde. Mais elle repose aussi sur le caractère exécutoire des motifs et du dispositif, le terme exécutoire n'étant pas ici entendu en son sens restreint, mais en son sens le plus large, c'est-à-dire applicable. Quand le Conseil d'État utilise le mot de « décision » pour nommer les arrêts qu'il rend au contentieux, ce n'est pas pure coquetterie. Un jugement est une décision qui implique des effets de droit qui ne permettent ni le flou ni l'ambiguïté. Les conséquences des jugements dans le champ de l'économie, du social, de l'attractivité d'un pays sont aujourd'hui si importantes que le juge doit intégrer dans sa réflexion les effets et les implications des solutions qu'il envisage.

En conclusion, il faut souligner à quel point le juge va être amené à jouer un rôle croissant et majeur dans nos sociétés. Il doit assumer ce rôle avec humilité et responsabilité, sans gourmandise du pouvoir. Il doit y avoir de sa part une exigence d'éthique qui se traduira dans la rédaction des décisions qu'il sera amené à prendre. Un jugement ne doit relever ni de la déclamation ni de l'entre-soi, c'est un acte de justice rendu au nom de la République qui doit être rédigé comme tel.

La sanction du devoir de conseil aux entreprises

Philippe Delebecque

Philippe Delebecque est professeur à l'Université de Paris I (Panthéon-Sorbonne)

1. **Du *caveat emptor au caveat venditor.*** Un temps, la politique juridique contractuelle, aussi bien légale que jurisprudentielle, se résumait assez bien dans l'adage *caveat emptor*. À l'acheteur de se renseigner ! Cette époque, celle du Code civil et celle de Portalis, est révolue. Les tribunaux privilégient aujourd'hui l'idée inverse : au vendeur de renseigner. C'est lui « le sachant ». À lui donc l'initiative contractuelle de dire ce qu'il en est. *Caveat venditor* si l'on ose dire. On s'est alors interrogé sur la consistance de ce devoir, comme l'avait fait, au milieu du XXe siècle, avec beaucoup d'acuité, Michel de Juglart[299]. Puis, consumérisme aidant, on est allé jusqu'à raisonner en termes de devoir de conseil : renseigner ne suffit pas, il faut orienter la décision de son partenaire, voire le dissuader de contracter. Les conseillers sont alors devenus légion et beaucoup en font une profession.

2. **Définition.** Le conseil, selon Littré, c'est l'« opinion exprimée pour engager à faire ou à ne pas faire »[300]. Selon Capitant, c'est « l'avis sur ce qu'il convient de faire ». Il s'agit donc pour son débiteur de faire apparaître au créancier les conséquences techniques et pécuniaires du contrat envisagé. Le concept trouve un puissant écho chez les notaires. Ils sont tenus en raison de leur profession de conseiller leurs clients et même de les dissuader de faire telle ou telle opération. Le devoir a fait florès, puisque de très nombreux professionnels y sont tenus. Il s'est en même temps affiné : on a parlé de devoir de mise en garde, en exigeant du banquier, notamment, qu'il prévienne son client qu'il était parfois préférable de ne pas conclure et de ne pas trop s'endetter.

299. M. de JUGLART, « L'obligation de renseignements dans les contrats », *RTD civ.*, 1945, pp. 1 et s.
300. Et Littré de citer ce vers de Corneille : « un généreux conseil est un puissant secours ».

Le devoir s'est également renforcé, ses débiteurs devant se prononcer sur l'opportunité de l'opération envisagée et non plus sur sa simple légalité. Le devoir de conseil impose à chacun de ses débiteurs de signaler les risques ou inconvénients présentés par l'opération dans laquelle est impliqué leur client. D'où des contraintes pour les professionnels, mais en même temps une grande sécurité donnée aux transactions. C'est un trait sans doute essentiel du droit positif français[301].

3. **Sources.** Le devoir de conseil puise sa source et son régime dans la jurisprudence dont on sait qu'elle est devenue une véritable source de droit dans notre *corpus* juridique. Ce sont les tribunaux qui, sur le fondement de l'article 1135 du Code civil, devenu l'article 1194[302], ont découvert le devoir de conseil et l'ont imposé, de l'extérieur, à de nombreux professionnels. L'histoire du devoir de conseil est un peu la même que celle de l'obligation de sécurité. Découverte en matière de transport, à l'occasion d'un voyage entre Bône et Tunis, cette dernière obligation est désormais intégrée dans tous les contrats qui impliquent la personne du créancier. De la même façon, le devoir de conseil est apparu à travers un certain nombre de décisions de cours d'appel et de la Cour de cassation, un temps dans les contrats translatifs de propriété, avant de se propager dans les contrats de services, de mandat, de commission, de louage d'ouvrage ou encore de prêt. À telle enseigne que, dans la théorie des suites du contrat, le devoir de conseil qui a donc une nature contractuelle tient une place aussi importante que celle qu'occupe l'obligation de sécurité[303].

4. **Obligation accessoire ou principale**. Les avocats, les auditeurs, les sociétés de certification, les agences de notation, les courtiers, les agents d'affaires… sont tenus implicitement, mais certainement[304], d'un tel devoir à l'égard des entreprises ou des particuliers avec qui ils contractent. Lié à leur qualité de professionnel, ce devoir reçoit de nombreuses applications qui donnent aux actes juridiques l'efficacité qu'ils requièrent, et confère au droit français toute la sécurité juridique qu'il est censé porter. Cette sécurité qui s'attache déjà aux actes authentiques et spécialement aux actes notariés gagne ainsi les actes sous seing privé établis par les auxiliaires de justice dont les avocats, mais également les gestionnaires, les banques, les sociétés de classification… bref, tous les professionnels qui sont tenus, à titre accessoire, d'un devoir de conseil, mais aussi, et *a fortiori*, à titre principal. Le conseil est, en effet, devenu en lui-même un métier. Les contrats de conseil sont en plein essor et sont aujourd'hui proposés

---

301. Des études statistiques ont montré que, sur cent transactions soumises au droit français, une ou deux donnait lieu à un contentieux. Le pourcentage passe à 10 sur le même nombre de transactions soumises à la *common law*.

302. « Les contrats obligent non seulement à ce qui y est exprimé, mais encore à toutes les suites que leur donnent l'équité, l'usage ou la loi ».

303. Il suffit pour s'en convaincre de se rapporter aux notes sous l'article 1194 dans les versions commerciales, Dalloz ou Litec, du Code civil.

304. Il suffit de feuilleter les recueils de jurisprudence pour s'en convaincre.

par de très nombreuses entreprises : sociétés d'ingénierie, bureaux d'études, organismes de contrôle[305]... En tout cas, que le devoir de conseil forme l'objet principal du contrat ou soit conçu comme une obligation accessoire, il contribue, une fois encore, à la sécurité des transactions.

5. **Régime.** Le régime du devoir de conseil a aujourd'hui atteint sa maturité, même si toutes les questions qu'il pose ne sont pas encore parfaitement résolues[306]. Essentiellement jurisprudentiel, ce régime s'exprime à travers des règles qui en assurent la sanction. Celle-ci trouve sa principale expression dans une stricte responsabilité qui pèse sur le débiteur du devoir de conseil[307]. Cette responsabilité est toutefois susceptible de degrés. Elle dépend de la qualité des créanciers et de ce qu'ils sont en droit d'attendre. À l'extrême diversité des débiteurs du devoir de conseil correspond un régime nuancé et équilibré qui dépend d'un certain nombre de facteurs intrinsèques comme extrinsèques. En rendre compte conduit à poser trois séries de questions : qui, quand et comment ? Qui, car il s'agit d'identifier les débiteurs et les créanciers du devoir de conseil, les responsables et ceux qui peuvent obtenir une indemnisation. Quand, dans la mesure où le devoir de conseil n'est pas un devoir absolu et connaît un certain nombre de limites qui permettent de mieux cerner le domaine de sa sanction. Comment, enfin, puisque la sanction du devoir de conseil qui s'exprime dans une action en responsabilité est subordonnée à un certain nombre de conditions et débouche sur certaines compensations.

I. Qui ?

A. Les débiteurs

6. **Prestataires de services.** En droit positif français, de très nombreux professionnels sont tenus d'un devoir de conseil. Les vendeurs, les fournisseurs, les installateurs, les équipementiers engagés dans des contrats de vente

305. N. Reboul, *Les contrats de conseil*, Aix-en-Provence, PUAM, 1999 ; *cf.* M.-F. Mialon, « Actualité des contrats de conseil », *RTD civ.*, 1976, p. 297.

306. On pourrait se demander si le nouvel article 1112-1 du Code civil (« Celle des parties qui connaît une information dont l'importance est déterminante pour le consentement de l'autre doit l'en informer dès lors que, légitimement, cette dernière ignore cette information ou fait confiance à son cocontractant ») ne remet pas en cause la théorie du devoir de conseil en tant qu'obligation accessoire. La réponse est sans doute négative, car le devoir de conseil se distingue de l'obligation de renseignement précontractuelle et n'est pas sanctionné par l'annulation éventuelle du contrat. Il s'agit ici uniquement de responsabilité. En édictant cette nouvelle disposition, le législateur a simplement cherché à renforcer, si besoin était, la protection des contractants. Il serait paradoxal de la réduire à s'en tenant désormais uniquement à l'article 1112-1.

307. Lorsque le conseil forme l'objet principal du contrat, on pourrait concevoir, ne serait-ce que théoriquement, d'autres sanctions que celle de la responsabilité, comme la réduction du prix (art. 1223 C. civ.) ou même la résolution ou la résiliation du contrat (art. 1224 et s.).

le sont. Comme nous l'avons dit plus haut, le droit s'est fixé en ce sens depuis la seconde moitié du XXe siècle. Ce qui est encore plus notable, c'est l'expansion du devoir de conseil en dehors des opérations translatives de propriété. Le devoir de conseil est aujourd'hui consacré dans les contrats proches de la vente comme les contrats d'entreprise emportant des prestations matérielles : les constructeurs, promoteurs et architectes ont été directement concernés[308], avant que les tribunaux ne franchissent encore un pas supplémentaire en imposant aux prestataires de services, tenus à des prestations intellectuelles, de respecter, eux aussi, à l'égard de leur clientèle, quelle qu'elle soit, entreprises ou particuliers, un devoir de conseil.

7. **Diversité.** S'il est vrai que les notaires sont depuis beaucoup plus longtemps tenus d'un devoir de conseil qui leur impose d'assurer l'efficacité des actes qu'ils sont appelés à établir[309], la règle est plus récente pour les avocats[310] ou encore les huissiers[311], mais elle a la même intensité. De leur côté, les établissements de crédit sont tenus d'une obligation de mise en garde : ils doivent mettre en garde et informer le client emprunteur du risque d'endettement excessif qu'il court. Cette solution dégagée en matière de cautionnement a pris beaucoup d'importance et a conduit les banquiers à vérifier les charges du prêt et les capacités financières de leurs clients. Elle est consacrée par la loi en matière de crédit à la consommation (art. L. 313-12 C. cons.)[312]. Les mêmes observations peuvent être faites pour les courtiers d'assurance[313], les experts-comptables qui doivent informer et éclairer de manière complète les parties sur les effets et la portée de l'opération projetée[314], les prestataires informatiques[315], les auditeurs et tous les contrôleurs techniques[316] aussi bien de production que de matériel. Il reste qu'il est impossible d'identifier avec précision tous les débiteurs d'un devoir de conseil, d'autant que ce devoir est imposé non seulement aux prestataires de services engagés dans un contrat de louage

---

308. F. Llorens, « Le devoir de conseil des constructeurs », *RDI*, 1986, pp. 1 et s., relevant notamment le devoir de conseil des professionnels en cause relativement au choix des matériaux, à l'étude des sols, aux risques de telle ou telle construction ... ; voy. p. ex., pour un architecte, Cass. (3e civ.), 25 février 1998, *Bull. civ.*, III, n° 44, devoir qui le conduit à concevoir un projet réalisable.

309. Cass. (civ.), 2 avril 1872, *DP*, 1872, 1, 363.

310. Les avocats sont tenus de conseiller leurs clients déjà sur le fondement de l'article 412 du Code de procédure civile (« la mission d'assistance en justice emporte pourvoir et devoir de conseiller la partie ») ; ils le sont également en dehors de toute action judiciaire.

311. Cass. (1re civ.), 25 mars 2010, n° 09-12.294.

312. « Sans préjudice de l'examen de solvabilité mentionné à l'article L. 313-16, le prêteur ou l'intermédiaire de crédit met en garde gratuitement l'emprunteur lorsque, compte tenu de sa situation financière, un contrat de crédit peut induire des risques spécifiques pour lui ».

313. Cass. (2e civ.), 17 novembre 2016, n° 15-10.053 ; le courtier n'est cependant pas un garant.

314. Cass. (1re civ.), 9 novembre 2004, *Bull. civ.*, I, n° 256.

315. Cass. (1re civ.), 2 juillet 2014, n° 13-10.076.

316. Cass. (1re civ.), 7 février 1989, *Bull. civ.*, I, n° 73.

d'ouvrage intellectuel, mais également aux mandataires, à l'exemple des agents de voyages, mais encore des courtiers, notamment d'assurance[317], et des commissionnaires, de transport[318] ou encore en douane[319].

8. **Débiteurs à titre principal.** Lorsque le conseil forme l'objet principal du contrat que l'on peut qualifier de louage d'ouvrage intellectuel, le conseil se confond alors avec l'obligation d'exécuter la mission. Cette mission va au-delà de l'expertise. Il ne s'agit pas de donner un avis ni même un renseignement qui ajoute à l'avis un élément de certitude. Il s'agit de donner une opinion qui est de nature à influencer la décision qui sera prise. Le conseil est directif et le débiteur doit alors tout mettre en œuvre pour assurer la défense des intérêts du client. Cela concerne, par exemple, le conseil juridique qui est tenu d'un devoir de conseil à l'égard de toutes les parties en présence pour assurer l'efficacité de l'acte[320]. Cela vise aussi le conseil en investissement financier (art. L. 541-1 C. mon. fin.) et les prestataires de services d'investissement (art. L. 531-1 C. mon. fin.) tenus à des devoirs d'ordre déontologique dont la jurisprudence a fini par dire qu'ils avaient une portée juridique[321]. On peut également citer parmi les contrats de conseil les contrats de conseil en gestion, les contrats de « consultance » ou encore les contrats proposés par les bureaux d'études[322] et les ingénieurs-conseils. Dans tous ces contrats, l'obligation principale de l'opération s'ordonne autour du conseil attendu par le client et postulant du débiteur qu'il se renseigne pour conseiller ou encore déconseille pour conseiller.

B. Les créanciers

9. **Le profane et le non-profane.** Le devoir de conseil est apprécié avec plus d'intensité lorsque le client concerné est un profane. En matière de construction, l'immixtion du maître de l'ouvrage est considérée comme une

317. Cass. (2e civ.), 17 novembre 2016, n° 15-10.053 ; le courtier n'est cependant pas un garant. Les agents immobiliers qui sont, en principe, des courtiers sont également tenus d'un devoir de conseil.
318. Cass. (com.), 18 juin 1980, n° 77-13.613, le commissionnaire doit prévenir son commettant des difficultés rencontrées et le mettre en garde contre des choix malencontreux.
319. Voy. les décisions citées in *DMF*, 2017, Hors-série, 21, n° 75.
320. Cass. (1re civ.), 1er octobre 1986, *JCPE*, 1987, II, 14949, note Viandier ; également Cass. (1re civ.), 23 mai 2000, n° 97-19.223 : le devoir de conseil d'un conseiller juridique comporte l'obligation de s'informer de l'ensemble des conditions de l'opération d'augmentation de capital pour laquelle son concours est demandé et, le cas échéant, de la déconseiller.
321. Cass. (com.), 26 février 2008, n° 07-10.761 : le prestataire de services d'investissement est tenu d'exercer son activité avec la compétence, le soin et la diligence qui s'imposent, au mieux des intérêts de ses clients et de l'intégrité du marché, ainsi que de se conformer à toutes les réglementations applicables à l'exercice de son activité de manière à promouvoir au mieux les intérêts de son client et l'intégrité du marché… il est tenu de réparer les conséquences dommageables de l'inexécution de ces obligations.
322. Voy. Cass. (3e civ.), 2 juillet 2003, *Bull. civ.*, III, n° 141.

cause d'exonération du constructeur[323]. En matière bancaire, la jurisprudence distingue le client non averti du client averti, seul le premier méritant d'être protégé[324]. Il reste que les solutions tiennent largement compte des données de fait et de la nature des professions[325]. Ainsi, dans une affaire opposant un chargeur à la société de contrôle de qualité SGS, bien connue dans le monde professionnel, alors que ledit chargeur prétendait que « tout prestataire professionnel de service[s] est tenu d'une obligation de conseil et d'information et qu'ainsi, il appartenait aux sociétés SGS, professionnelles averties, et dont la mission contractuelle (de mandataire) était d'effectuer le test dit "humidité/protéine" en vue de l'importation de lots de noix de Saint-Jacques en France, d'informer son cocontractant du caractère éventuellement inadéquat de la méthode qu'il préconisait, voire de déconseiller son usage et d'en substituer une autre pour parvenir au résultat souhaité », la Cour de cassation a pu répondre en substance qu'il n'en était rien : « la Cour d'appel, après avoir relevé que la marchandise avait été rejetée par les services vétérinaires en raison d'un rapport humidité/protéine supérieur aux normes en vigueur en France, a retenu qu'il existe une disparité entre les résultats obtenus au Chili par la SGS du Chili et ceux obtenus en France en raison d'une différence de méthodologie entre la SGS du Chili et l'Ifremer France ; l'arrêt retient encore que les analyses exécutées par la SGS du Chili, à la demande de la société Davigel, consistaient à effectuer un prélèvement par calibre tandis que les analyses préconisées par l'Ifremer consistaient à effectuer treize prélèvements par calibre ; il est dit également que la méthode Ifremer était utilisée en France et que la société Davigel la connaissait parfaitement pour avoir participé à de nombreux travaux d'étude à ce sujet ; en l'état de ces constatations et appréciations, d'où il résulte que la compétence de la société Davigel lui donnait les moyens d'apprécier la fiabilité de la méthode qu'elle avait demandé d'utiliser pour contrôler des marchandises destinées à être importées en France, la Cour d'appel a pu en déduire que la SGS du Chili n'avait pas commis de faute »[326].

À l'inverse, on relèvera la sévérité de la jurisprudence pour les commissionnaires en douane. Un importateur spécialisé dans le commerce des engrais avait mis au point un schéma d'importation assez particulier avec une facture au sein du groupe auquel il appartenait, qui l'exposait au paiement de droits antidumping. Tout en connaissant les limites de cette pratique et ses risques, il avait donné instructions à son commissionnaire de faire le dédouanement sur cette base, ce qui avait, logiquement, provoqué un nouveau redressement

---

323. Voy. not. F. LLORENS, art. préc.

324. Il appartient aux juges du fond d'apprécier si l'emprunteur est ou non un emprunteur averti, voy. Ch. mixte, 29 juin 2007, *D.*, 2007, 2081, note PIEDELIÈVRE ; égal. M. LAMANDA, « La responsabilité du banquier dans la délivrance du crédit », in *Mélanges Tricot*, Paris, Dalloz, 2011.

325. Ainsi l'avocat n'est-il pas déchargé de son devoir par les compétences des parties, Cass. (1re civ.), 27 novembre 2008, *RTD civ.*, 2009, p. 134, obs. GAUTIER.

326. Cass. (com.), 9 janvier 2001, n° 98-16.307, *DMF*, 2001, p. 512 et les observations.

douanier. L'importateur n'avait cependant pas hésité à engager une action en responsabilité avec succès. Pour la Cour de cassation elle-même, la marchandise ayant été revendue avant d'être importée, le commissionnaire qui a déclaré le vendeur initial comme importateur direct bénéficiaire d'un droit simple doit répondre du préjudice résultant de la procédure de recouvrement des droits antidumping dirigée contre le cessionnaire. En effet, en n'ignorant pas que ce dernier n'était pas l'importateur direct selon la réglementation, « il lui revenait d'aviser ses mandants des difficultés rencontrées dans l'exécution des instructions et de les alerter sur le risque d'application d'un droit spécifique »[327].

10. **Les tiers.** On doit en outre se demander dans quelle mesure les tiers intéressés peuvent rechercher la responsabilité du débiteur d'un devoir de conseil. Un temps, la jurisprudence n'y était pas favorable[328]. Aujourd'hui, les solutions sont sans doute différentes, ce qui accroît encore la densité du devoir de conseil. On sait en effet que, pour la Cour de cassation, toute faute contractuelle est en même temps une faute délictuelle à l'égard des tiers, s'il en résulte pour eux un dommage. C'est la fameuse jurisprudence *Myr'Ho*[329], jurisprudence qui permet à un tiers de se prévaloir, sur un fondement délictuel, du manquement à un devoir de conseil. À cet égard, les solutions retenues à l'encontre des sociétés de classification ne manquent pas d'intérêt, d'autant qu'elles comportent de nombreuses nuances, comme en témoigne cet arrêt récent[330] où il est dit que la Cour d'appel ne pouvait condamner la société de classification, le Bureau Veritas, chargé par un armateur de contrôler un navire de commerce, sans préciser la règle à laquelle elle se référait, notamment quant aux critères relatifs à l'état du revêtement des ballasts entraînant l'obligation, pour la société de classification, d'ordonner une inspection annuelle de ces éléments. S'il est vrai qu'un tiers, comme peut l'être le propriétaire de la marchandise chargée à bord, peut se prévaloir de la violation d'une obligation contractuelle, mais encore faut-il établir son existence et son contenu, notamment quant aux critères relatifs à l'état du revêtement des ballasts entraînant l'obligation, pour la société de classification, d'ordonner une inspection annuelle de ces éléments. La responsabilité se détermine à l'aune des obligations préexistantes. La responsabilité contractuelle dépend de l'ordre des obligations assumées par les parties. Il en va de même, par contrecoup, en matière de responsabilité délictuelle. Mais encore faut-il que la loi française soit applicable[331], ce qui conduit à s'interroger sur les hypothèses dans lesquelles le devoir de conseil appelle une sanction.

327. Cass. (com.), 29 septembre 2015, n° 14-17.148.
328. *Cf.*, pour les avocats, Cass. (1re civ.), 22 mai 2001, n° 98-21.799.
329. Cass. (ass. plén.), 6 octobre 2006, *D.*, 2006, 2825, note G. Viney.
330. Cass. (com.), 12 novembre 2020, n° 18-23.479.
331. Les solutions sont en effet radicalement différentes en *common law*, compte tenu de l'exigence du *duty of care*, voy. not. Versailles, 15 décembre 2015, *DMF*, 2016, Hors-série, 20, n° 33.

II. Quand ?

A. Exercice

11. **Diligence professionnelle.** Les professionnels dont les contrats ou les obligations sont soumis au droit français sont tenus à une stricte diligence qui contribue à donner audit droit français une grande sécurité. Pour l'essentiel, cette diligence ou plus exactement son expression est le fruit des décisions de justice. Au fil des espèces, les tribunaux ont été appelés à apprécier la responsabilité de très nombreux professionnels et ils l'ont fait en recherchant, en se fondant sur l'économie contractuelle, leurs devoirs et obligations. Une étude plus systématique montrerait la densité de ces devoirs et obligations : régularité du travail au regard des normes, respect des règles de l'art, accomplissement du travail avec sérieux et refus des travaux que l'on sait inefficaces[332], exécution de la mission confiée dans un délai raisonnable d'après les usages[333], « modestie » au regard d'un travail excédant ses compétences[334], prise de réserves fermes et précises assorties de propositions, refus d'exécution…

12. **Expressions.** Dans le prolongement de ces décisions, un auteur a parfaitement synthétisé ce que l'on peut attendre d'un professionnel, prestataire de services ou mandataire, sur le fondement de son devoir de conseil, ce devoir devant s'exercer dans au moins quatre directions[335] :

- l'utilité du travail au regard du résultat recherché sur le plan technique et sur rapport avec le coût ;
- la régularité du travail au regard des normes légales, administratives, professionnelles ;
- l'efficacité du travail au regard de son mode d'emploi et des précautions nécessaires pour lui faire produire les avantages attendus[336] ;
- les conséquences du travail notamment quant aux risques dont il peut être l'occasion.

332. Cass. (3e civ.), 21 mai 2004, n° 13-16.855.
333. Cass. (3e civ.), 16 mars 2011, n° 10-14.051.
334. Cass. (3e civ.), 5 octobre 1982, *RD imm.*, 1983, p. 230, obs. MALINVAUD.
335. A. BÉNABENT, *Droit des contrats spéciaux civils et commerciaux*, Paris, LGDJ, 2021, n° 544.
336. Cass. (1re civ.), 8 juillet 1994, n° 92-16.217 : prendre toutes les dispositions utiles pour assurer l'efficacité de l'acte ; Cass. (1re civ.), 5 mai 2004, n° 01-11.196 : vérifier si l'acte est intrinsèquement régulier, mais également veiller à ce que l'acte soit en mesure de produire les effets escomptés et rédiger l'acte de manière à assurer l'efficacité de l'objectif poursuivi ; Paris, 4 décembre 1998, 1996/86711 : tout mettre en œuvre pour assurer avec une pleine efficacité la défense des intérêts du client.

B. Limites

13. **Évidences.** Le devoir de conseil n'est pas absolu. Il est relatif et dépend d'abord, comme cela a déjà été souligné, des qualités et des compétences du créancier. Il dépend ensuite de la loi applicable et c'est pourquoi la responsabilité des agences de notation dont on pourrait attendre un devoir de conseil est si difficile à engager, car le rattachement avec la France dans leurs activités ne va pas de soi. Il dépend enfin de certaines évidences qui, cependant, ne le sont pas pour tous. Doit-on s'attendre à ce que l'on rappelle les prescriptions légales ? Le Code civil ne l'admet pas qui considère (*cf.* art. 1638) que, si le vendeur doit informer de l'existence de servitudes occultes, les servitudes légales qui dérivent du régime ordinaire de la propriété étant réputées connues, n'ont pas à être déclarées[337]. De même peut-on se demander ce qu'il en est de la réglementation fiscale[338]. En outre, le devoir de conseil se comprend avec sa finalité qui est de prévenir le client de certains risques : c'est pourquoi le devoir de mise en garde du banquier suppose que le risque d'endettement soit excessif[339]. Il faut tenir compte aussi de ce que certains devoirs ont une autorité supérieure au devoir de conseil : ainsi en est-il du devoir de non-ingérence du banquier qui le conduit à certaines abstentions[340].

14. **Objet de la mission.** Il faut également prendre en considération l'objet même de la mission qui a été confiée au professionnel. À cet égard, l'espèce suivante est particulièrement intéressante[341]. Les parts sociales de la société Café du Port de Saint-Laurent du Var qui exploitait un fonds de commerce de bar-restaurant dans les cellules 23, 24 et 25 du port, en vertu de deux contrats de concession de droit privé, avaient été cédées en 1997 pour une somme de 1,7 MF, l'acte ayant été rédigé par un cabinet d'avocats. Dans les années 2000, la préfecture des Alpes-Maritimes, par un avis de police grande voirie, avait informé le cessionnaire qu'il était occupant sans droit ni titre du domaine public portuaire concédé à la commune. Le cessionnaire avait dû alors démonter ses installations et mettre sa société en liquidation. Après vingt ans de procédure, la responsabilité du cabinet d'avocats, rédacteur de l'acte de cession de parts, avait été recherchée. En vain, décide l'arrêt rapporté, dès lors que, si les avocats ont l'obligation d'assurer la validité et l'efficacité de l'acte qu'ils établissent, cette obligation doit s'entendre par rapport à l'objet de l'acte. Or,

---

337. Cass. (1re civ.), 15 octobre 1963, *D.*, 1963, p. 715.
338. Rappr. Cass. (com.), 2 décembre 2020, n° 17-23.188 : « s'il résulte de ces textes que l'expert-comptable qui accepte, dans l'exercice de ses activités juridiques accessoires, d'établir un acte sous seing privé est tenu d'informer et d'éclairer de manière complète les parties sur les effets et la portée de l'opération projetée, notamment sur ses incidences fiscales, c'est à la condition qu'il ait rédigé cet acte pour le compte d'autrui ».
339. Cass. (com.), 25 novembre 2020, n° 19-12.153, *Rev. soc.*, 2021, p. 434, note Houtcieff.
340. De même, les sociétés de conseil d'entreprises ne sauraient empiéter sur les pouvoirs du conseil d'administration : Cass. (com.), 6 mai 1996, *Bull.*, IV, n° 127.
341. Aix-en-Provence, 22 octobre 2019, *DMF*, 2020, n° 826, p. 635, obs. F. Lombard.

en l'espèce, ajoute la cour d'Aix, la question de la portée du titre d'occupation des locaux dans lesquels est exploité le fonds de la société dont les parts sont cédées est « sans lien direct avec celle touchant à la validité et aux conditions de la cession des valeurs mobilières en cause ». La solution est très juste et parfaitement respectueuse des termes de la mission confiée en l'occurrence au cabinet d'avocats.

15. **Dispense.** Reste à se demander si le professionnel peut être dispensé par convention de son devoir de conseil. Il est difficile de l'admettre dans la mesure où l'on doit considérer qu'un tel devoir, fût-il de nature contractuelle, présente un caractère d'ordre public[342]. Toutefois, si le professionnel a averti son client, il peut avoir intérêt à s'en ménager la preuve et obtenir ainsi une décharge de responsabilité. Il est certain que le professionnel est dégagé de toute responsabilité si, dûment prévenu, le client a expressément accepté les risques de l'opération proposée[343]. Ce problème de preuve conduit à s'interroger sur la sanction même du devoir de conseil. C'est aborder la dernière question, la question du comment.

III. Comment ?

A. Question de responsabilité

16. **Preuve de bonne exécution.** La preuve est essentielle en matière de responsabilité, qu'il s'agisse de responsabilité extracontractuelle ou contractuelle[344]. Il faut avant tout établir le manquement pour pouvoir le sanctionner. L'analyse traditionnelle voudrait que le client rapportât la preuve du manquement. En réalité, les choses se présentent différemment, car il lui suffit d'invoquer l'absence de conseil ou de mise en garde. La jurisprudence considère en effet qu'il appartient au professionnel de prouver qu'il a averti son client[345], donc de prouver qu'il a bien exécuté son devoir. Dégagée en matière médicale[346], cette solution s'est généralisée[347]. Quant à la preuve de l'inexécution, s'agissant d'un fait négatif – le défaut de conseil –, le client l'allègue, sans en

342. A. Bénabent, *Droit des contrats spéciaux civils et commerciaux*, *op. cit.*, n° 785.

343. Cass. (1re civ.), 10 décembre 2002, n° 00-17.562.

344. On observera que la jurisprudence fonde la responsabilité des notaires pour manquement à leur devoir de conseil sur l'article 1240 du Code civil et se place donc sur un terrain extracontractuel, sans doute parce que la responsabilité est davantage légale que purement contractuelle. La solution n'est cependant pas généralisée à tous les professionnels, ce qui se comprend, étant rappelé que le devoir de conseil tire sa source de l'article 1194 du Code civil, *cf. supra*.

345. Voy. déjà, pour un architecte, Cass. (3e civ.), 4 mai 1976, *Bull. civ.*, III, n° 184.

346. Cass. (1re civ.), 25 février 1997, n° 94-19.685, *Bull. civ.*, I, n° 75.

347. Cass. (1re civ.), 9 avril 2014, n° 13-14.598, pour les avocats.

rapporter vraiment la preuve, et c'est au professionnel qu'il incombe d'établir qu'il a bien exercé son devoir ou encore qu'il n'était pas tenu à un conseil quelconque. Le contentieux se déroule donc toujours de la même manière.

17. **Obligation de moyens ou de résultat.** On s'est interrogé depuis longtemps sur le point de savoir si la responsabilité des professionnels devait s'apprécier, en matière de devoir de conseil, en termes d'obligation de moyens ou de résultat[348]. Il est difficile de se prononcer catégoriquement, d'autant que la distinction en cause est un peu approximative, même si elle a une grande valeur pédagogique et mérite d'être défendue, voire promue. Cette distinction exprime la rationalité du droit français. En tout cas, on peut considérer que le système de responsabilité repose en l'occurrence sur une idée de faute présumée, découlant du simple manquement au devoir de conseil. Dans ces conditions, on doit donc raisonner en termes d'obligation de résultat allégée et permettre ainsi au professionnel dont la responsabilité est recherchée de s'exonérer en prouvant sa non-faute. À lui d'établir que, compte tenu des circonstances, il a déployé la diligence requise.

18. **Clause de non-responsabilité.** Une autre question porte sur les clauses de responsabilité. Faut-il ou non les admettre ? Oui, au regard du principe de la liberté contractuelle. Cependant, les clauses qui chercheraient directement à écarter le devoir de conseil sont généralement condamnées[349]. Les clauses qui viseraient indirectement à supprimer un tel devoir sont donc suspectes. Au demeurant, la jurisprudence qui a pu reconnaître ces clauses n'a pas manqué de rappeler qu'elles devaient céder devant la preuve de la faute intentionnelle ou lourde de celui qui entend s'en prévaloir[350]. Les clauses limitatives de réparation fixant un plafond de réparation sont certainement plus faciles à défendre, sous réserve du dol et de la faute inexcusable, du moins dans les relations entre professionnels et, *a fortiori*, semble-t-il, si le contrat a une dimension internationale[351].

348. M.-H. Maleville, « La responsabilité civile des intermédiaires professionnels au titre de leur devoir de conseil », *JCP*, 2000, n° 1, p. 222 ; voy. également J. B. de Saint Affrique, *La responsabilité professionnelle du gestionnaire de patrimoine au regard de l'abus de droit*, Paris, Defrénois, 1998, p. 769.

349. Lorsque le conseil forme l'objet principal du contrat, ces clauses pourraient être annulées sur le fondement du nouvel article 1170 du Code civil dans la mesure où elles priveraient de sa substance le contenu même du contrat.

350. Cass. (1re civ.), 21 décembre 1964, *Bull. civ.* I, n° 585, considérant que la clause de non-garantie figurant dans un contrat d'organisation d'entreprise ne saurait être étendue aux fautes lourdes du débiteur et de ses préposés.

351. Dans les contrats internationaux soumis au droit français, la liberté contractuelle devrait, dans notre opinion, être valorisée.

B. Questions de réparation

19. **Préjudice.** La responsabilité qui pèse sur les professionnels en cas de manquement à leur devoir de conseil se traduit par des indemnisations. En l'absence de clauses limitatives, le droit commun est ici applicable. Le préjudice dûment prouvé qui trouve son expression dans les pertes subies et les gains manqués doit être alors intégralement réparé. Ce qui soulève de sérieux problèmes d'évaluation et requiert souvent le recours à des expertises. On sait que, sur ce terrain concret, la Cour de cassation laisse aux juges du fond un pouvoir souverain d'appréciation, ce qui est sans doute la meilleure des politiques. Il reste que la notion même de préjudice fait, s'agissant du manquement à un devoir de conseil, souvent difficulté parce que le préjudice se traduit avant tout dans une perte de chance. Perte de chance de contracter ou même de ne pas contracter ; perte de chance de pouvoir, dans le respect des dispositions légales, déterminer sa stratégie fiscale et financière[352]. On rappellera simplement que la perte de chance ne permet pas de prétendre à une réparation intégrale et qu'elle se décalque sur la seule probabilité de succès de la diligence omise. La réparation, dit-on, doit être mesurée à la chance perdue et ne peut être égale à l'avantage qu'aurait procuré cette chance si elle s'était réalisée[353].

20. **Assurance.** En pratique, tous les professionnels se sachant exposés à un tel risque de responsabilité ne manquent pas de s'assurer, lorsque l'assurance n'est pas imposée par leur déontologie. Les couvertures sont évidemment variables et dépendent avant tout de ce que les parties sont convenues et du montant des primes. En droit français, les assurances de responsabilité permettent aux professionnels de gérer dans de bonnes conditions leurs entreprises[354], tout en accordant aux victimes éventuelles une sérieuse protection. En effet, et c'est là une autre qualité du droit français par rapport à la *common law*, les victimes sont investies d'une action directe contre l'assureur de responsabilité qui leur permet d'éviter pratiquement tout concours avec les autres créanciers de l'assuré.

21. **Conclusion.** « Le meilleur est de prendre conseil de la raison » (Littré) et donc du droit français (des obligations) qui incarne (ait ?) la rationalité.

352. Paris 1 (sect. A), 26 mai 99, 1998/00458.
353. Cass. (1re civ.), 9 avril 2002, n° 00-13.314.
354. D'autant que la faute dolosive, inassurable, est interprétée strictement et suppose un comportement ayant pour effet de rendre inéluctable la réalisation du dommage et de faire disparaître l'aléa attaché à la couverture du risque.

Le concert des juges

Francis Delpérée

Membre de l'Académie royale de Belgique
Membre correspondant de l'Institut de France
Sénateur honoraire

Qui ne connaît ou ne croit connaître Montesquieu ? Qui n'a en mémoire tel mot ou telle phrase qui, extrait de *L'Esprit des lois*, jette les bases de l'État moderne ?

Histoire ancienne ? Pas tant que cela. Dans la société démocratique, les pouvoirs gagnent à rester distincts. Ils sont aussi invités à collaborer. Avec cette question qui révèle les incertitudes de notre temps. Une démarche du même ordre ne s'impose-t-elle pas dans les milieux de justice ?

Relisons « La Constitution de l'Angleterre »[355]. N'y changeons qu'un mot : « juges » au lieu de « pouvoirs ». Ainsi amendé, le texte prend un relief saisissant. Il affiche sa modernité. « Comme, par le mouvement nécessaire des choses (I), les juges sont contraints d'aller (II), ils seront forcés d'aller de concert (III) ».

Quel programme ! Lumineux, prometteur et, pour tout dire, libérateur ! Pour la France et pour l'Europe. Aux destins et aux projets conjugués.

I. La nécessité des choses

Le constat n'est pas neuf. Le droit est mosaïque. Les frontières entre les États subsistent. Parfois même, les démarcations s'infiltrent au cœur des sociétés composées. Les collaborations qui se nouent dans la petite ou la grande Europe se distribuent selon des géométries et avec des intensités variables. Le tout, alimenté par la diversité des langues, des cultures et des histoires.

355. Liv. XI, Chap. VI.

Le « grand désordre du monde » juridique, selon la formule implacable de Mireille Delmas-Marty, est patent. Les normes se multiplient. Les juridictions, aussi.

L'image de la pyramide réunissant, sous l'égide de l'État, l'ensemble des institutions de justice s'est évanouie. La fonction de juger s'exerce de manière diffuse. Elle se trouve aux mains d'autorités disséminées sur le territoire national. Elle se réalise dans des ordres de juridiction spécialisés – judiciaire, administratif, constitutionnel. Elle trouve des prolongements à Luxembourg et à Strasbourg. Sans perdre de vue les juridictions qui œuvrent dans l'orbite d'organisations internationales sectorielles. Sans oublier non plus les opérations d'arbitrage.

Que faire dans cet univers désarticulé ? Il est illusoire de rêver à l'édification d'une nouvelle pyramide. Il est vain de contrarier les entreprises de spécialisation qui se sont imposées au fil du temps et des pratiques. De manière plus modeste, plus discrète et sans doute plus utile, il convient aujourd'hui d'emprunter une autre voie. Moins structurelle, plus fonctionnelle. Celle de la cohérence à instaurer, puis à préserver dans le travail de conception, d'écriture et de lecture des décisions de justice.

Un précepte de méthode s'impose. « Il ne doit y avoir ni gouvernement des juges, ni guerre des juges. Il doit y avoir place pour le dialogue des juges »[356].

Pas de gouvernement des juges... Qu'elle soit qualifiée d'« autorité », de « pouvoir » ou de « contre-pouvoir », la justice ne saurait tirer profit des prérogatives qui lui reviennent pour prendre des distances excessives avec le régime que la Constitution a établi de manière souveraine. Pas plus qu'elle n'est habilitée à substituer son action à celle des pouvoirs constitués.

Pas de guerre des juges... Assez de querelles d'appareils. Place à une collaboration intelligente dans le travail d'interprétation de la règle de droit. Cette approche concertée gomme les aspérités et les contradictions. Elle désamorce les concurrences et les compétitions. À ce faire, elle instaure ou restaure la sécurité juridique. Elle crée un climat de confiance entre citoyens, entreprises, groupes sociaux et pouvoirs publics.

Un dialogue des juges... À l'origine, l'exhortation s'adressait à deux juges : le français et l'européen. Aujourd'hui, elle se comprend tous azimuts. Des méthodes interactives sont pratiquées par les juges français, le juge étranger, le juge de Luxembourg ou le juge de Strasbourg.

Chaque juge est indépendant, et il est heureux qu'il en soit ainsi. Mais il n'est ni sourd ni aveugle. Il ne vit pas dans une thébaïde. S'il veut statuer en connaissance de cause, il doit au minimum s'informer des décisions qui ont été rendues dans d'autres cénacles, en France et à l'étranger, à propos de dossiers similaires.

356. Concl. B. GENEVOIS, C.E. (ass.), 22 décembre 1978, *Cohn-Bendit*.

Un regard tourné vers l'extérieur permet de découvrir un patrimoine juridique commun. Il amène à constater d'indéniables convergences d'interprétation. Dûment informé, le juge statuera dans le respect des règles qu'il doit faire respecter. Il fera connaître, de manière claire, le fil de son argumentation et la portée de sa décision. Sortant de son isolement légendaire, il acceptera de travailler à une œuvre commune, y compris à l'échelle internationale. Comment ne pas se féliciter sans réserve de ce changement de philosophie institutionnelle ?

II. Les contraintes de la procédure

Les bonnes intentions ne suffisent pas. Le dialogue des juges doit s'inscrire dans des comportements individuels. Mieux encore, dans des pratiques collectives. Pour favoriser de telles attitudes, la Constitution, le traité ou la loi peuvent imposer des façons de faire. Ils contraignent alors les autorités de justice à se concerter avec d'autres autorités investies, elles aussi, de la fonction de juger. Elles imposent le renvoi de juge à juge.

La procédure peut s'engager à l'interne. C'est la fameuse Question prioritaire de constitutionnalité (QPC). Une question de constitutionnalité ayant trait à l'exercice des droits et des libertés s'est présentée devant un juge. Celui-ci a constaté le problème. Il ne lui revient pas, cependant, de le résoudre. Il s'adresse à la Cour de cassation ou au Conseil d'État et, via ce filtre, au Conseil constitutionnel. Ce dernier détient en monopole le contentieux constitutionnel de la loi. À lui d'apporter réponse à la question soulevée.

Une autre procédure est organisée dans l'ordre européen. Comme le rappelle l'avis 2/13[357], la « clef de voûte du système juridictionnel » est « constituée par la procédure du renvoi préjudiciel prévue à l'article 267 TFUE ». Celle-ci permet d'assurer tout à la fois « [la] cohérence, [le] plein effet, [l']autonomie et, en dernière instance, [le] caractère propre du droit institué par les traités ».

Cohérence... Le terme est faible. Il s'agit de faire prévaloir, avec l'énergie requise, une interprétation uniforme du droit de l'Union, quelles que soient les formes qu'il emprunte.

Plein effet... Il convient d'imposer cette interprétation autorisée non seulement au juge de renvoi, mais à l'ensemble des juridictions de l'Union ; celles-ci sont élevées, pour la circonstance, à la dignité de premiers juges du droit européen.

Autonomie... Il importe de prendre des distances vis-à-vis des solutions que consacrent les droits nationaux. Mais aussi avec celles qui figurent dans d'autres instruments internationaux. En ce compris la Convention européenne des droits de l'homme avec laquelle de frêles passerelles sont néanmoins établies.

357. CJUE, 18 décembre 2014, pt 176.

Singularité... Une question subsiste. La « clef de voûte » est-elle destinée à consolider « l'ensemble juridictionnel » de l'Union ? Voire l'Union elle-même ? A-t-elle plutôt pour vocation de coiffer l'ensemble des autorités de justice et à les intégrer dans un système hiérarchisé ? Concerne-t-elle, « en dernière instance » l'ensemble des autorités publiques qui se situent, à un titre ou à un autre, sur le territoire européen ? En ce compris, diront les plus téméraires, les autorités constituantes, points de passage obligé pour une intégration politique plus achevée ?

III. Les formes du dialogue

Le dialogue imposé a ses limites. Le scénario est rudimentaire. S'inscrivant dans un schéma questions-réponses, il n'offre pas aux institutions concernées l'occasion d'engager une discussion approfondie. Ni de la poursuivre sur pied d'égalité. Il ne permet pas non plus de dégager des solutions structurelles.

Pour corriger ce défaut, d'autres voies sont explorées. De leur propre mouvement, les institutions de justice ordonnent autant que faire se peut leurs interventions.

L'exercice est complexe. Il reste au stade de l'informel. Il repose sur la bonne volonté des autorités, sinon des personnes, en présence. Il est tributaire de décisions qui, dépassant le cadre particulier dans lequel elles sont rendues, apparaissent comme les promesses d'une réelle collaboration ou témoignent, au contraire, de réticences à cet égard. Il se nourrit de rencontres, de séminaires, de colloques. Il s'alimente de réflexions doctrinales. Il s'inscrit – faut-il le préciser ? – dans un contexte politique et dans une compétition internationale dont les institutions de justice ne sont que des éléments marginaux.

Les difficultés sont réelles. À un point tel que d'aucuns s'interrogent. Le dialogue entre le juge national et le juge européen, notamment la Cour de justice de l'Union, est-il encore possible ? Garde-t-il un sens ?

Je n'ai de leçon ni de conseil à donner à personne. Je me dis néanmoins que trois considérations de méthode méritent d'être présentes à tout instant à l'esprit de ceux qui rendent la justice, ici ou là. À savoir la rigueur, la nuance et le respect mutuel. Trois conditions requises pour ouvrir et poursuivre un dialogue de qualité.

La rigueur... Le droit européen a puisé ses concepts, ses techniques, sinon ses modes de raisonnement dans le droit des États membres. Il les a inscrits, fût-ce en filigrane, dans les traités fondateurs. Il les a utilisés dans le droit dérivé. Il en a fait le soutènement de décisions de justice significatives. Tout semble aller pour le mieux dans le meilleur des mondes. Le juge national et le juge européen partagent de mêmes traditions juridiques. Le dialogue devrait s'en trouver facilité.

Une première surprise apparaît néanmoins. Il est des notions, celles d'« administration » ou de « service public », par exemple, qui révèlent leur diversité, sinon leur ambiguïté, lorsqu'elles entrent dans les eaux européennes[358].

Même au lendemain du Brexit, cultures française et anglo-saxonne ont des progrès à faire pour s'accorder sur un ensemble de concepts. Pour que le dialogue des juges ne vire pas à celui des sourds, ceux qui s'y livrent doivent utiliser un vocabulaire puisé dans un même dictionnaire. À Paris, à Bruxelles, à Luxembourg et aux quatre coins de l'Union, les juges doivent apprendre à parler, fût-ce en plusieurs idiomes, un même langage juridique. Celui qu'ils auront décidé en commun de pratiquer. S'ils y parviennent, ils éviteront que l'accord négocié *ab initio* ne change de sens en chemin.

La nuance... Par nature, le juge européen est unificateur. Préoccupé d'asseoir son autorité et son autonomie, il gomme les distinctions et les régimes particuliers. Au cœur des États puis entre les États. Pour mener à bien cette entreprise, il n'hésite pas à s'immiscer dans l'exercice des fonctions régaliennes[359].

Il investit les domaines de l'administration, de l'armée, de la justice ou de la police. Il tient compte de règles qui commandent de manière indistincte l'organisation du monde du travail. Il ne nie pas la spécificité des milieux professionnels proches du pouvoir étatique, mais tend à banaliser leurs interventions. Alors même que « la sécurité nationale reste de la responsabilité de chaque État membre »[360], il précise, par exemple, les conditions de travail du personnel militaire.

Le juge européen entend aussi protéger, ce qui est bienvenu, les valeurs de l'État de droit[361]. Il en trouve l'expression dans le creuset des constitutions nationales[362]. Comment ne pas s'en féliciter ? Il va jusqu'à instaurer une clause de *standstill* : « Un État membre ne saurait modifier sa législation de manière à entraîner une régression dans la protection de la valeur de l'État de [d]roit »[363].

Deuxième surprise. Chaque État membre croyait vivre à l'abri de son « identité nationale », notamment dans ses volets politiques et constitutionnels. Il y voyait un élément intrinsèque de sa souveraineté[364]. Il ne saurait, cela va sans dire, en abuser. Mais la protection qu'offre le droit des traités peut paraître illusoire, si, se prévalant des études constitutionnelles auxquelles il a procédé, le juge européen impose une version syncrétique de ces mêmes identités et en gomme les aspects les plus spécifiques.

358. CJCE, 17 décembre 1980 et 26 mai 1982.
359. CJUE, 15 juillet 2021, C-742/19, *adde* : C.E., 17 décembre 2021, n° 437125, *M.Q.*
360. Art. 4 TUE.
361. Art. 2 TUE.
362. CJCE, 14 mars 1974, *Nold*.
363. CJUE, 20 avril 2021, *Republika*, pt 63.
364. C. const., n° 2007-560 DC, 30 décembre 2007.

Le dialogue des juges ne sera utile que si chacun d'eux témoigne de *self-restraint* lorsque sont en discussion les éléments structurants des diverses sociétés étatiques.

Le respect mutuel... Lorsqu'il s'est agi d'énumérer les attributions de l'Union et de les distinguer de celles des États membres, les traités fondateurs ont hésité entre deux modèles. L'un, fédéraliste, l'autre internationaliste. Ils ont choisi une voie moyenne.

Le résultat est hétéroclite. L'Union bénéficie de compétences exclusives. Elle investit un domaine de compétences partagées que limitent seules des analyses de proportionnalité et de subsidiarité. Elle peut encore exercer des compétences d'appui et prolonger ainsi, comme dans le domaine de la santé, les initiatives nationales.

Les délimitations de compétences ne sont pas tracées au cordeau. Le domaine des compétences concurrentes est compris de manière extensive. Le juge européen a tiré intelligemment profit de la situation. S'inspirant de la loi fondamentale de la République d'Allemagne[365], il a énoncé une règle simple : le droit de l'Union prime le droit de l'État[366]. Dit de manière plus énergique, il le brise.

Cette doctrine a été rappelée à la marge de la Déclaration n° 17 annexée au traité de Lisbonne[367]. En 2020, elle a été réaffirmée avec vivacité par la Commission en réponse à l'arrêt de la Cour constitutionnelle allemande du 5 mai 2020.

Troisième effet de surprise. L'usage veut que, dans les structures complexes, l'égalité prévale dans les relations entre la collectivité-coupole et chacune des composantes. La souveraineté se partage, sinon en parts égales, du moins entre égaux. Voici pourtant l'Union et ses juges qui développent une vision unitariste du droit et imposent ce régime inégalitaire à toutes autorités publiques.

Le dialogue des juges ne peut se développer dans de bonnes conditions que si, sur le terrain de la concertation, les partenaires se considèrent comme égaux en droit.

* * *

Le droit est une partition de musique. Plusieurs interprètes la déchiffrent. Ils utilisent divers instruments. Souhaite-t-on que la prestation collective soit de qualité et réponde, en particulier, aux règles de l'harmonie ? Il convient que les musiciens s'imposent ordre, méthode et discipline. À coups de répétitions. Sinon d'essais et erreurs. Sans que l'un d'eux n'impose son leadership.

Les juges doivent apprendre à travailler de concert. Dans tous les sens du terme.

---

365. Art. 31.
366. *Costa c. Enel*, 15 juillet 1964.
367. Note du service juridique du Conseil, 22 juin 2007.

Juristes d'entreprise : le serpent de mer de la confidentialité

Pierre Charreton

Ancien directeur juridique chez Thalès et France Télécom et Areva
Président d'honneur de l'Association Française des Juristes d'Entreprise (AFJE)

Le privilège légal ou *legal privilege* fait référence à la protection de la confidentialité des avis et des communications entre le professionnel de droit et son client, notamment en cas d'enquêtes des autorités judiciaires et de régulation. À l'heure actuelle, le droit français n'attribue ce privilège qu'aux avocats, laissant les clients des juristes d'entreprise français sujets à vulnérabilité.

La France se distingue ainsi de la majorité des droits étrangers, notamment anglo-saxons. L'émergence du *legal professional privilege* en droit anglais date de 1577[368] et couvre dès l'origine l'ensemble des communications des professionnels du droit. Ceux-ci attachent le privilège à la personne du client, et non au juriste en lui-même. Au Canada, le privilège légal est un droit substantiel constitutionnellement reconnu[369]. Aux États-Unis enfin, ce privilège peut être invoqué à tout moment avant, pendant ou après l'instance requérant la production des communications, que ce soit en matière civile, pénale ou administrative[370].

L'attractivité de la France est affectée par ce déficit de confidentialité. Il touche particulièrement l'implantation des directions juridiques : certaines entreprises externalisent leurs services juridiques à l'étranger, où les communications sensibles sont protégées, au grand détriment des juristes français. Dans le contexte post-Brexit, avec la délocalisation de grands cabinets de droit des affaires, l'ouverture du privilège légal aux directeurs juridiques permettrait

368. *Berd v. Lovelace* [1577] Cary 62.
369. *Solosky v. R* (1979), [1980] 1 S.C.R. 821.
370. *United States v. United Shoe Machinery Corp.*, 89 F. Supp. 357 (D. Mass. 1950).

non seulement de rassurer les entreprises étrangères et de les encourager à s'implanter sur notre territoire, mais aussi de conserver les juristes français à la tête des directeurs juridiques des grands groupes français ou siégeant en France. Cela satisferait en outre des impératifs de sécurité et de prévisibilité juridiques, voire plus généralement de confiance entre les acteurs économiques et les juristes français.

« Les entreprises françaises ne disposent pas aujourd'hui des outils juridiques efficaces pour se défendre contre les actions judiciaires engagées à leur encontre, que ce soit par des concurrents ou par des autorités étrangères. Elles sont seules et démunies, les autorités françaises donnant depuis de longues années le sentiment de la passivité et l'impression d'avoir déjà renoncé »[371].

Le Rapport Gauvain propose ainsi en 2019 la création d'un statut d'avocat en entreprise, doté du droit à la protection de ses avis juridiques en toute matière et toutes circonstances, et soumis à la déontologie de l'avocat. Il s'agit d'introduire en droit français les règles de droit anglo-saxon bien connues des acteurs économiques : la création d'un statut *ad hoc* ne conférant ni la capacité de plaider devant les tribunaux ni l'obtention de dérogation au droit du travail, mais garant de la discrétion nécessaire dans la vie des affaires.

Le juriste en entreprise fait son apparition en France, au début des années 1960. Depuis, cette nouvelle profession juridique a pris son essor : le droit des affaires a besoin de ressources au cœur même de l'univers entrepreneurial. En progression rapide, on dénombre aujourd'hui près de 20 000 juristes d'entreprise. Ils représentent ainsi la seconde profession du droit.

I. Une exigence légitime

La loi n° 71-1130 du 31 décembre 1971, révisée le 31 décembre 1990, portant réforme de certaines professions judiciaires et juridiques et, plus précisément, le titre II, relatif à la « Réglementation de la consultation en matière juridique et de la rédaction d'actes sous seing privé », font une modeste place aux juristes d'entreprise. L'article 58[372] autorise les consultations juridiques et la rédaction d'actes sous seing privé, tandis que l'article 55[373] soumet le juriste

371. M. Babonneau, « Rapport Gauvain : et revoilà l'avocat en entreprise », *Dalloz Actualité*, 26 mars 2019.

372. Art. 58 : « Les juristes d'entreprise exerçant leurs fonctions en exécution d'un contrat de travail au sein d'une entreprise ou d'un groupe d'entreprises peuvent, dans l'exercice de ces fonctions et au profit exclusif de l'entreprise qui les emploie ou de toute entreprise du groupe auquel elle appartient, donner des consultations juridiques et rédiger des actes sous seing privé relevant de l'activité desdites entreprises ».

373. Art. 55 : « Toute personne autorisée par le présent chapitre à donner des consultations juridiques ou à rédiger des actes sous seing privé... doit respecter le secret professionnel conformément aux dispositions des articles 226-13 et 226-14 du [C]ode pénal... ».

d'entreprise à l'obligation du secret professionnel. Ainsi, le juriste d'entreprise ne saurait divulguer à des tiers les informations en sa possession en raison de sa fonction. On relèvera que cette obligation vise aussi bien, en termes identiques, les avocats et les juristes d'entreprise : « toute personne autorisée... à donner des consultations juridiques ou à rédiger des actes sous seing privé ».

En revanche, contrairement aux avocats, la loi ne permet pas aux entreprises qui font appel à des juristes internes de voir leurs avis bénéficier de la confidentialité et de l'insaisissabilité susceptible d'en résulter. En d'autres termes, les écrits d'un juriste interne à destination des décideurs de l'entreprise ne bénéficient d'aucune protection et peuvent, le cas échéant, devenir des documents à charge, et piéger ainsi l'entreprise et ses dirigeants. Concrètement, à l'heure de la mise en place des programmes de conformité, comment procéder à une revue des risques si les documents qui en résultent, émis par les juristes quant à leur identification, sont susceptibles d'être opposés à l'entreprise ?

Soyons clair, la confidentialité n'est pas un privilège. Elle ne saurait être une faveur faite au juriste. Elle bénéficie à l'entreprise et apparaît comme une condition indispensable à la réalisation de la mission d'intérêt général confiée au juriste d'entreprise, laquelle, *in fine*, consiste à dire le droit et à veiller à son application. L'élargissement des marchés internationaux soumet de plus en plus d'entreprises aux règles juridiques, éthiques, environnementales d'un nombre croissant d'États. Dès lors, la maîtrise des questions juridiques est devenue un atout stratégique. Ce contexte induit la compréhension des enjeux liés au statut des juristes internes, laquelle a beaucoup progressé au cours des dernières années, qu'il s'agisse des milieux économiques, politiques, et même... juridiques.

L'objectif poursuivi est triple :

- favoriser l'expression du droit au sein des entreprises ;
- placer les entreprises françaises dans une situation comparable à celle des sociétés étrangères des grandes démocraties ;
- renforcer l'attractivité de notre droit par une meilleure organisation de ses professions.

Aujourd'hui, parmi les principales puissances économiques occidentales, la France est l'un des derniers pays à ne pas reconnaître la confidentialité aux avis des juristes d'entreprise. En écho au Comité français de la Chambre de commerce internationale (CCI) qui considère la situation présente comme « préjudiciable aux entreprises implantées en France », le Rapport Gauvain[374] affirme que « les entreprises françaises ne luttent pas à armes égales avec leurs concurrentes étrangères », tandis que le MEDEF fait observer que les dispositions actuelles applicables aux juristes d'entreprise sont « susceptibles de

374. R. Gauvain, *Rétablir la souveraineté de la France et de l'Europe et protéger nos entreprises des lois et mesures à portée extraterritoriale*, Vie Publique, 2019.

dissuader des entreprises d'implanter leur siège social en France ». Au total, la nécessité pour les entreprises françaises de voir les avis de leurs juristes protégés par la confidentialité n'est sérieusement contestée par personne.

A. Une exception française

Les années passent et, cette fois, la glorieuse « exception française » ne saurait masquer l'archaïsme de l'organisation de nos professions juridiques mis en exergue par Jean-Michel Darrois : « Nombreux sont les antagonismes et les replis corporatistes qui accentuent l'éparpillement de ces professions... »[375].

Les régimes en vigueur à l'étranger, bien qu'obéissant à certaines différences, ont su conjuguer la présence de juristes en entreprise et en cabinet dans une logique pragmatique répondant aux besoins des entreprises face aux nécessités du monde économico-juridique de notre temps. Ainsi la question est simple : est-on, en France, capable d'adopter des dispositions qui fonctionnent, sans générer de difficultés dans la plupart des pays démocratiques économiquement développés, et de mettre ainsi fin à un handicap français préjudiciable à nos entreprises ?

Avec l'essor de la mondialisation, les équipes juridiques d'un nombre croissant d'entreprises sont devenues très internationales. Elles reflètent, comme c'est le cas dans les groupes aux nombreuses filiales dispersées dans le monde, la dimension géographique des activités industrielles et commerciales qui y est déployée. Les statuts des juristes internes dans les différents pays mettent cruellement en exergue le cas français, le plus pénalisant pour nos entreprises et le plus frustrant pour leurs équipes juridiques.

Le directeur juridique français d'un groupe international ayant son siège en France et ayant sous son autorité hiérarchique des juristes *in-house* américains, par exemple, sera souvent entravé dans sa capacité à exercer ses responsabilités et à échanger sur nombre de dossiers stratégiques ou sensibles.

Ainsi, la décision rendue par la *Rotterdam District Court*[376] qui clarifie les conditions grâce auxquelles un *in-house lawyer*, néerlandais ou étranger, peut bénéficier du *legal privilege* aux Pays-Bas permet d'illustrer concrètement la situation du juriste français. L'une des questions consistait à savoir si les juristes étrangers d'un groupe néerlandais pouvaient bénéficier du *legal privilege* ? En réponse, la Cour a considéré que seuls sont protégés les avis des juristes qui bénéficient des mêmes protections dans leurs pays respectifs. Ainsi, la confidentialité est applicable aux Pays-Bas aux avis d'un juriste anglais, mais pas à ceux d'un juriste français.

---

375. J.-M. DARROIS, *Vers une grande profession du droit*, République française, Vie Publique, 2009, p. 25.
376. Dutch District Court, 16 février 2021, https://inhouse-legal.eu/lega-privilege.

Les modèles anglo-saxons font référence : une seule profession, deux pratiques aux États-Unis, où les *in-house lawyers* sont inscrits au barreau de leur État. Au Canada également, la profession est unifiée et les deux pratiques professionnelles obéissent aux mêmes règles déontologiques. Au Royaume-Uni, « *in-house solicitors are solicitors like any other[s]* ». Dans le modèle néerlandais, le juriste d'entreprise n'est pas automatiquement membre du barreau. Mais les juristes d'entreprise qui le souhaitent sont autorisés, depuis 1998, à devenir membres du *Bar Association in the Netherlands* et bénéficient alors du *legal privilege*. Dernièrement, l'Espagne[377] a complété le statut des juristes internes, lesquels ont le statut d'avocat, en adoptant le régime de confidentialité attaché à leurs avis à l'instar des avocats en cabinet. De son côté, la Belgique, avec la création d'un ordre professionnel, l'Institut belge des juristes d'entreprise[378], est actuellement le seul pays à avoir doté ses juristes internes d'un statut autonome leur conférant la confidentialité de leurs avis. L'article 5 de la loi créant l'Institut dispose : « Les avis rendus par le juriste d'entreprise au profit de son employeur et dans le cadre de son activité de conseil juridique, sont confidentiels ».

Pourquoi ce qui fait sens dans la plupart des pays serait-il à éviter, voire impossible, en France ?

B. Une interminable saga

On ne saurait dire que le sujet n'a pas été visité et revisité. De 1996 à 2020, on dénombre, sans être certain de l'exhaustivité, pas moins de neuf rapports[379] commis par d'éminentes personnalités, tous restés lettre morte, en dépit de l'échauffement, très momentané, des esprits au sein de la communauté des gens du droit.

La croissance en nombre et en qualité des juristes d'entreprise rendait impossible que les réflexions sur l'avenir de la profession d'avocat soient menées en laissant les juristes d'entreprise hors du champ de celles-ci. Ce faisant, ils devenaient otages d'une réflexion plus large et en tout cas par trop extérieure à leur préoccupation immédiate et à celle de leurs entreprises. Il suffit de lire les rapports pour s'en convaincre.

377. Royal Decree du 2 mars 2021 publié le 24 mars 2021 au *State Official Bulletin* (« BOE »).
378. Loi du 1er mars 2000 créant l'Institut des juristes d'entreprise (IJE).
379. Rapports : bâtonnier du Granrut (1996), J.-M. Varaut (Mission de réflexion en vue de l'élaboration d'un code des professions judiciaires et juridiques, 1997), H. Nallet (Les réseaux pluridisciplinaires et les professions du droit, 1999), M. Guillaume (Le rapprochement des professions d'avocat et de juristes d'entreprise, 2006), J.-M. Darrois (Vers une grande profession du droit, 2009), Prada (avril 2011), K. Haeri (L'avenir de la profession d'avocat, 2017), L'avis du Haut Comité juridique de la place financière en entreprise, 2019, R. Gauvain (*cf.* 3, *supra*), Perben (Rapport sur l'avenir de la profession d'avocat, 2020).

Dans ces rapports, la question de la confidentialité des avis des juristes internes, *a fortiori* celle de leur statut, a été abordée de manière contingente, comme une composante accessoire de la question centrale qui occupait les rédacteurs, à savoir la place du droit, voire, plus prosaïquement, l'avenir de la profession d'avocat. Ainsi, et de manière exemplaire, on notera que ces études sont presque toujours commises par des avocats, ce qui va de soi s'agissant de leur profession, mais qu'aucune demande n'a jamais été adressée à un directeur juridique pour évoquer l'évolution du cadre de sa profession de juriste d'entreprise. Ainsi, contrairement aux apparences, la question de la confidentialité des avis des juristes en entreprise n'a jamais été réellement traitée en tant que telle, c'est-à-dire découplée de la problématique « avocat ». Ceci constitue sans doute l'une des causes principales de l'échec de toute réforme concernant les juristes d'entreprise. Plus profondément, cela révèle de manière éclatante, par-delà les discours lénifiants ou intéressés, le réel déficit d'intégration des juristes d'entreprise parmi les professionnels du droit.

II. L'injustifiable controverse

Le quasi-consensus sur l'impérieuse nécessité de placer les entreprises françaises à égalité avec leurs concurrentes étrangères à propos de la confidentialité des avis juridiques se heurte aux murs des dissensions quant aux modalités auxquelles recourir pour sa mise en œuvre.

Bien que des évolutions notables aient été enregistrées au cours des dernières années, les avocats demeurent la première force d'opposition à toute évolution concernant les juristes d'entreprise et portent l'entière responsabilité du *statu quo* des décennies écoulées. Le rapport de la mission Perben[380] souligne la difficulté qu'ont les avocats à entreprendre des réformes, dont le refus de l'avocat en entreprise, et de conclure à cet égard, « comme la commission a pu le constater au cours de ses auditions, le sujet continue de diviser les avocats et de susciter une très vive opposition ».

L'âpreté des débats et les prises de position émanant des organisations ordinales et syndicales reflètent les divisions parmi les avocats et expliquent le sort réservé, en début d'année 2021, à l'avant-projet de la Chancellerie sur l'avocat en entreprise dernier avatar, au demeurant très contestable, de cette interminable saga[381]. Tandis que la Conférence des bâtonniers s'est déclarée ouverte à une discussion, le Conseil national des barreaux (CNB) qui s'est constamment opposé « à l'octroi du titre d'avocat et du secret aux juristes

380. D. Perben *et al.*, *Mission relative à l'avenir de la profession d'avocat*, Vie Publique, 2020.

381. P. Januel, « La Chancellerie avance sur l'avocat en entreprise et le *legal privilege* », *Dalloz Actualité*, 13 janvier 2021.

d'entreprise »[382] a voté en assemblée générale, le 22 janvier 2021, à une écrasante majorité (71,28 %), contre cet avant-projet dénonçant « l'atteinte inacceptable que le projet porterait à l'indépendance de l'avocat et à son secret professionnel ». La Fédération nationale des unions de jeunes avocats (FNUJA) a, quant à elle, invariablement exprimé, de manière radicale, son opposition à toute évolution. Face à l'avant-projet, elle « s'insurge contre le projet présenté qui a pour seul objectif de confier le secret attaché à notre exercice à des professionnels non avocats... sans qu'ils offrent les garanties d'indépendance et de déontologie permettant d'en sécuriser le respect effectif »[383]. D'aucuns pourraient s'attendre, en raison de la jeunesse des adhérents de cette organisation, à une meilleure inclinaison vers la modernité et à moins de sectarisme.

Au risque de simplifier excessivement, on constate que les grands cabinets d'avocats d'affaires, pour la plupart, se déclarent favorables à une réforme, nombre de leurs représentants, parmi les plus éminents n'ont pas hésité à s'exprimer publiquement en ce sens, tandis que les avocats de petites structures, plus particulièrement en région, ou encore de cabinets non spécialisés en droit des affaires se montrent globalement hostiles. L'axiome est clair : plus l'avocat est professionnellement proche de l'univers des entreprises et de ses juristes, plus il est favorable à l'adoption d'un régime de confidentialité pour leurs avis juridiques.

Ces oppositions ne sont pas seulement corporatistes, elles sont à l'évidence d'ordre culturel. La relation avocats-entreprises a longtemps été ambiguë. La longue aversion des dirigeants d'entreprise français pour les questions juridiques n'y est pas étrangère, tandis que, parallèlement, régnait une certaine méfiance des professionnels du droit à l'égard des « hommes d'affaires ». Les juristes d'entreprise ont eu le mérite d'établir une passerelle entre les deux univers, entreprise et droit, mais, aux yeux de nombre d'avocats, ils incarnent cette prévention pour le « business ». Dès lors, il ne saurait être question de les mettre à parité en matière d'éthique et de règle déontologique. Les juristes, en choisissant l'entreprise, auraient franchi le Rubicon, ligne invisible qui les sépare des professionnels dotés d'un statut, les véritables juristes.

Le patronat a, lui aussi, longtemps figuré parmi les opposants. Les chefs d'entreprise redoutaient l'apparition d'une catégorie particulière de salariés retranchés derrière une déontologie et un ordre professionnel susceptibles de faire échec à leur autorité. Le Conseil national du patronat français (CNPF), ancêtre du Mouvement des entreprises de France (MEDEF), était vent debout et bloquait toute perspective d'évolution. Aujourd'hui, le MEDEF, sous certaines conditions faciles à satisfaire, se déclare favorable. Ce changement spectaculaire résulte d'une meilleure compréhension du sujet et des enjeux, ce qui,

382. CNB, *Assemblée générale*, 3 octobre 2014.
383. C. Modat, *Motion avant-projet de loi sur l'avocat salarié dans l'entreprise*, FNUJA, https://www.fnuja.com.

incidemment, démontre de la part du patronat une plus grande maturité dans l'abord des questions juridiques. La pédagogie développée par les juristes d'entreprise auprès de leurs dirigeants a sans doute porté ses fruits.

Les institutions et organismes en charge des enquêtes et poursuites dans les domaines judiciaires et réglementaires maintiennent, quant à eux, une attitude suspicieuse et posent une question existentielle : va-t-on entraver leurs pouvoirs ? Ce qui appelle d'autres questions : tout juriste d'entreprise serait-il un tricheur en puissance dont le métier consiste à faire échapper son entreprise à la loi ? D'ailleurs, le choix de l'entreprise, qui, on le sait, en France a mauvaise presse, n'est-il pas un indice révélateur ?

Les juristes d'entreprise, bien qu'unanimement demandeurs de la confidentialité pour leurs avis juridiques, se séparent cependant sur les modalités. Les deux principales associations de juristes d'entreprise, l'Association française des juristes d'entreprise (AFJE), mais aussi le Cercle Montesquieu, forts du soutien d'une majorité de leurs membres, se sont déclarés globalement favorables aux projets successifs présentés et visant à la création d'un statut d'avocat en entreprise. Pourtant, certains redoutent qu'une telle réforme n'aboutisse à une scission avec l'émergence de deux catégories de juristes d'entreprise : ceux qui, répondant aux critères posés, seraient « avocats », bénéficiant de la confidentialité, tandis que les autres seraient *de facto* relégués en seconde division. Cette menace de perte d'unité serait encore plus réelle si l'on venait à donner corps à l'idée de soumettre l'application du nouveau statut d'avocat en entreprise à l'accord préalable de l'employeur[384]. En tout état de cause, une telle disposition serait génératrice d'un grand désordre entre les employeurs favorables au nouveau statut et ceux qui y seraient hostiles. Le statut du juriste pourrait ainsi fluctuer, au long de son parcours professionnel, d'une entreprise à l'autre.

À en juger par les propos tenus par des membres de la représentation nationale et plusieurs ministres, ou au nombre de rapports commandés par les gardes des Sceaux successifs, les pouvoirs publics n'ont cessé de marquer leur intérêt pour ce sujet. On sourira devant l'extrême frilosité, ô combien révélatrice de la Chancellerie qui, dans le cadre de l'avant-projet de 2021, se bornait à proposer une expérimentation, de cinq ans, dans quelques barreaux triés sur le volet sur proposition du Conseil de l'Ordre ! Rien n'y fait, le volontarisme plusieurs fois affiché, y compris lors des campagnes électorales présidentielles…, s'est heurté au principe de réalité. À la fin, face aux divisions et aux pressions corporatistes, c'est Ponce Pilate qui a le dernier mot : « mettez-vous d'accord et revenez nous voir ».

384. J.-M. DARROIS, *Vers une grande profession du droit*, Vie Publique, 2009, p. 31.

A. L'indépendance en question

Si, de bonne foi, l'on cherche à faire l'inventaire des arguments mis en avant pour s'opposer à la confidentialité des avis des juristes en entreprise, on constatera que la seule question qui vaille, celle qui entraîne et conditionne toutes les autres, est celle du lien de subordination résultant du contrat de travail entre l'entreprise et son juriste. En d'autres termes, la question de l'indépendance est au cœur du débat.

Nous avons à cet égard en mémoire les célèbres et très contestables décisions *AM&S*, *Akzo Nobel* et *PUKE*[385] rendues par la Cour de justice de l'Union européenne au terme desquelles un juriste d'entreprise, même inscrit à un barreau, ne pourrait, en raison du lien de subordination le liant à son employeur, faire bénéficier son entreprise de la confidentialité de ses avis. La position de salarié établirait un lien insurmontable de subordination générateur d'un conflit (*conflict of duties*) structurellement exclusif de toute indépendance intellectuelle de la part du juriste à l'égard de son employeur. La Cour, d'abord soucieuse de ne pas voir rogner les capacités d'investigation des autorités en charge du respect des règles de concurrence, craint que la confidentialité octroyée, conjuguée à l'absence d'indépendance alléguée, favorise la commission d'infractions.

Il y a manifestement confusion entre la notion de lien de subordination juridique et celle d'indépendance intellectuelle et technique, alors qu'il conviendrait de distinguer les attributions de l'employeur qui ressortissent à l'organisation des ressources, à la vie en collectivité et aux conditions de travail de celles qui appartiennent au domaine de l'expertise du salarié juriste. Comme le démontre la position d'avocat salarié en cabinet, il n'y a aucune incompatibilité entre la subordination résultant du contrat de travail et l'indépendance intellectuelle appliquée à l'expertise technique mise en œuvre. On pourrait ajouter qu'il serait hypocrite de faire accroire que la dépendance économique n'existe que dans le cadre du contrat de travail liant le salarié et son employeur. Nous avons souvent été témoin du contraire.

On a par ailleurs insuffisamment souligné que la Cour de justice s'est bornée à constater pour justifier sa position que l'état du droit parmi les États membres ne permettait pas de dégager « une tendance générale vers une assimilation des avocats internes aux avocats exerçant à titre indépendant ». Ainsi, si la France venait à avancer dans ce domaine, cette jurisprudence pourrait évoluer.

Il est par ailleurs patent que la Cour de justice a pris une position fondée sur une analyse erronée de la mission confiée au juriste d'entreprise. Ses décisions résultent d'une vision qui ignore délibérément la substance intrinsèque

385. CJCE, 18 mai 1982, *AM&S*, aff. C-155/79 ; CJUE, 14 septembre 2010, *Akzo Nobel*, aff. C550/07P ; CJUE, 6 septembre 2012, *PUKE*, aff. C-422/11P.

de la relation qu'entretient le juriste avec son entreprise et les décideurs de celle-ci. La Cour de justice et, avec elle, les opposants à la confidentialité des avis des juristes semblent vouloir ignorer qu'un dirigeant d'entreprise doit pouvoir consulter en confiance son juriste interne. L'attente première de l'entreprise est de connaître ses zones de risque et leur amplitude. Si elle emploie des juristes c'est pour disposer de cette connaissance. La confiance entre juristes et décideurs de l'entreprise ne saurait en aucune manière émerger à l'ombre de juristes qui se borneraient à approuver, ou à fermer les yeux, sur des décisions dont ils sauraient les dangers juridiques. D'autant que les rôles sont clairement répartis : signaler, expliquer un risque à l'aune de la règle de droit, émettre un avis, ce n'est pas décider *in fine*. La décision reste du ressort et de la responsabilité du management. Dans tous les cas, juriste interne ou conseil externe, le défaut de signalement des risques juridiques ne peut qu'altérer la confiance des décideurs opérationnels de l'entreprise et jeter le discrédit sur ceux chargés d'exprimer la parole juridique.

L'indépendance intellectuelle est consubstantielle à l'exercice des métiers de juriste, interne ou externe, et la confiance est le socle sur lequel s'élaborent le secret professionnel et la confidentialité qui, dans l'intérêt général, en est l'expression concrète. L'indépendance n'est donc pas une question de statut, mais de qualité professionnelle.

B. Les options

Relevons tout d'abord qu'au fil des multiples tentatives de réformes avortées, le thème porteur et ambitieux de la grande profession du droit s'est révélé être une impasse conduisant nombre des acteurs à préconiser des voies plus modestes ; sans connaître davantage de succès.

S'il apparaît que les divergences sont nombreuses dans le détail des mesures à considérer, le nombre des options en présence se limite à deux ! On balance entre le statut de l'avocat en entreprise, version plus ou moins dégradée de l'avocat en cabinet, déclinaison de la logique « une profession, deux modalités d'exercice » et le statut distinct, spécifique au juriste en entreprise, dont la voie belge est l'une des déclinaisons possibles. Si la distinction statutaire entre ces deux options n'est pas neutre, les différences pratiques sont *in fine* assez peu significatives dans la manière de décliner le métier de juriste installé au cœur de l'entreprise. Qu'on en juge :

- un contrat de travail établira la relation de l'employeur au juriste, ou à l'avocat, lesquels seront tenus par les conditions de travail applicables à l'ensemble du personnel de l'entreprise. Toutefois, dans les deux cas, et dans un but essentiellement pédagogique, le contrat précisera que le juriste, ou l'avocat, se verra explicitement garantir l'indépendance intellectuelle nécessaire à la mise en œuvre de leur expertise technique ;

- il sera nécessaire que le texte fondateur précise les conditions requises pour être considéré juriste d'entreprise ou avocat en entreprise (diplômes, absence de mention au casier judiciaire, nombre d'années de pratique professionnelle...) ;
- les juristes en entreprise devront être inscrits sur une liste consultable tenue, par exemple, par le procureur de la République, tandis que les avocats salariés en entreprise figureront sur une liste spécifique du tableau du barreau ;
- le juriste d'entreprise devra adhérer à un code de déontologie décliné d'après celui des avocats ;
- le périmètre, le contenu, les limites du concept de confidentialité devront être précisés et identiques pour le juriste ou l'avocat ;
- dans les deux cas, les avis juridiques insaisissables et destinés à protéger l'entreprise devront porter la mention « avis juridique confidentiel » ;
- en matière de représentation devant les juridictions et organismes juridictionnels, la règle applicable actuellement au juriste d'entreprise (représentation possible uniquement lorsque celle d'un avocat n'est pas obligatoire) restera en vigueur et s'appliquera à l'identique à l'avocat salarié en entreprise. Les litiges avec l'employeur seront, comme pour les autres salariés, traités devant le conseil des prud'hommes. Toutefois, l'avocat en entreprise, si le litige relève de l'application de règles déontologiques, pourra solliciter l'avis du bâtonnier.

Notre préférence vers la voie la plus simple, celle qui, sans modifier l'actuelle organisation de la profession d'avocat, consisterait à doter le juriste d'entreprise d'une définition légale et par suite des attributs qui y seraient attachés : secret professionnel et confidentialité. Ainsi coexisteraient des avocats et des juristes d'entreprise d'un nouveau type. Un rapprochement en attendant la grande profession.

III. Une réforme inéluctable

Un quart de siècle de débat, une dizaine de rapports et cet immobilisme, ce refus retranché dans des considérations qui font abstraction de l'essentiel et laissent une impression étrange, mélange d'incrédulité et de perplexité.

Au-delà des alibis, le blocage a des raisons profondes. Il convient de les identifier et de les traiter, sous peine de voir de nouvelles initiatives échouer aussi piteusement que les précédentes. Les forces d'obstruction sont puissantes malgré le caractère inéluctable de la réforme à entreprendre. Elles sont pour une part le fruit de notre héritage, de notre conception du droit et de l'organisation des professions juridiques réglementées, mais elles se nourrissent aussi de la crainte de la nouveauté, de celle d'une prétendue concurrence fantasmée, mais aussi d'une condescendance, souvent muette, d'une partie des membres d'une profession qui défend son statut face à des praticiens non labellisés avec lesquels il ne saurait être question de se compromettre.

Le juriste en entreprise est le produit d'une création *sui generis*, actuellement sans réelle définition, sans cadre, sans règle explicite. La première révolution consiste à accueillir véritablement le fait « juriste en entreprise », à savoir que le droit peut et doit se décliner aussi au sein même de l'entreprise avec des praticiens qualifiés, sachant que le duo interne/externe est une force pour l'entreprise et pour le droit.

La logique d'extension des relations d'affaires à l'international et les harmonisations nombreuses qui en résultent finira par avoir raison des résistances et rendra inéluctable en France la reconnaissance de la confidentialité aux avis des juristes exerçant en entreprise; le plus tôt sera le mieux.

Bibliographie

AGUILA, Y., « Petite typologie des actions climatiques contre l'État », *AJDA*, 2019, pp. 1853 et s.

ANCEL, F. et FAUVARQUE-COSSON, B., Le nouveau droit des contrats, Guide bilingue à l'usage des praticiens, Paris, LGDJ, 2019.

ANCEL, F., « La nouvelle Chambre commerciale internationale de la Cour d'appel de Paris : quels enjeux procéduraux ? », in « L'avenir du procès civil – 2e Séminaire de droit processuel du 21 février 2019 », *JCP G*, supplément au n° 14, 8 avril 2019.

ANSIDEI, J., *Les centres financiers internationaux*, Paris, Economica, 2001.

ARDINAT, G., *Géographie de la compétitivité*, Paris, PUF, 2013.

Association Henri Capitant, « Le projet d'un Code européen des Affaires, 7es Journées franco-allemandes de l'Association Henri Capitant », *SLC*, vol. 34, 2020.

AUSSILLOUX, V., EMLINGER, Ch. et FONTAGNÉ, L., « Y a-t-il encore des gains à l'achèvement du marché unique européen ? », *Lettre du CEPII 2011*, n° 316.

AVOUT, L. (d'), « L'étonnante initiative en faveur d'un Code européen des Affaires », *JCP G*, 2019, pp. 559 et s.

AVOUT, L. (d'), « La France et l'Allemagne en quête d'un droit des affaires commun », *JCP E*, 2019, pp. 1276 et s.

AYKUT, S. et DAHAN, A. *Gouverner le climat ?*, Paris, Les Presses de Sciences Po.

AZAR-BAUD, M. J. et BIARD, A. « The dawn of collective redress 3.0 in France? », in A. UZELAC et S. VOET (dir.), *Class Actions in Europe: Holy Grail or a Wrong Trail*, New York, Springer, 2020, pp. 73 et s.

AZAR-BAUD, M. J., « Droits, préjudices et prétention processuelle dans les actions de groupe », *JCPE*, 2017, n° 26, pp. 1357 et s.

AZAR-BAUD, M. J., « Le cadre judiciaire et administratif des actions de groupe : quelles différences ? Quelles conséquences ? », *JCPE*, 2017, n° 28.

AZAR-BAUD, M. J., « Variations autour du régime de l'action de groupe », *JCP E*, 2017, n° 27, pp. 1380 et s.

AZAR-BAUD, M. J., *Les actions collectives en droit de la consommation. Étude de droit français et argentin à la lumière du droit comparé*, Paris, Dalloz, 2013.

BABONNEAU, M., « Rapport Gauvain : et revoilà l'avocat en entreprise », *Dalloz Actualité*, 26 mars 2019.

BACACHE-BEAUVALLET, M. et PERROT, A., « Régulation économique : quels secteurs réguler et comment ? », *Notes du Conseil d'analyse économique*, 2017/8, n° 44, pp. 1 et s.

BALLER, S. et DEFFAINS, B., *Observatoire des acteurs économiques du droit*, EY Société d'avocats et Centre de recherche Économie et Droit, 2017.

BAZILLE, J.-S., « Chambres commerciales internationales – Deux ans après leur création : bilan et perspectives dans un contexte remanié », *JCP G*, 2020, n° 25, pp. 769 et s.

BEAUSSONIE, V.G., « Décrochage du portrait du Président de la République », *JCP G*, 2019, n° 1042, pp. 1836 et s.

BÉLANGER, L., « Un code européen des affaires, le droit au cœur de la consolidation de l'Europe », *JCP*, 2017, p. 790.

BELLOUBET, N., « La motivation des décisions du Conseil constitutionnel, justifier et réformer », *Nouveaux Cahiers du Conseil constitutionnel*, n°s 55-56, 2017.

BÉNABENT, A., Droit des contrats spéciaux civils et commerciaux, Paris, LGDJ, 2021.

BENTO DE CARVALHO, L. et TOURNAUX, S., « Chronique d'actualité du régime juridique du contrat de travail », *Dr. soc.*, 2020, pp. 847 et s.

BERNAT, L., « BIM, quels impacts juridiques ? », *Qualité construction*, n° 162, mai-juin 2017, pp. 73 et s.

BIARD, A., « Justice en ligne ou nouveau Far www.est ? La difficile régulation des plateformes en ligne de règlement extrajudiciaire des litiges », *RID éco.*, 2019, n° 2, pp. 165 et s.

BOHNERT, J.-F., « Nous sommes en capacité de travailler à armes égales avec les autorités judiciaires anglo-saxonnes », *Dalloz Actualité*, 18 mars 2018.

BORE, L., « L'action en représentation conjointe : *class action* à la française ou action mort-née ? », *D.*, 1995, pp. 267 et s.

BORN, G., *International Commercial Arbitration (2nd ed.)*, Kluwer Law International, 2014.

BORN, G., *International Commercial Arbitration (3rd ed.)*, Kluwer Law International, 2021.

BOUTHINON-DUMAS, H. et DEFFAINS, B., « La Place juridique de Paris », *D.*, 2019, n° 1, pp. 29 et s.

BRETON, T., « L'Union européenne ne doit plus avoir pour seul but de réduire les prix pour le consommateur », *Le Figaro*, 2 mars 2020.

BUSSANI, M., « Faut-il se passer du *Common Law* (européen) ? Réflexions sur un Code civil continental dans le droit mondialisé », *RIDC*, janvier 2010, pp. 7 et s.

CABRILLAC, R., « Un Code européen des Affaires, une chance pour la construction européenne », *D.*, 13 juin 2019, n° 15.

CABRILLAC, R., « Un Code européen des Affaires, une chance pour la construction européenne », *D.*, 2019, n° 21, pp. 1191 et s.

CAILLEMER DU FERRAGE, A., *Le contrat-cadre ISDA de droit français, atouts et perspectives et pertinence du droit français en matière financière*, Rapport du Haut Comité juridique de la Place financière de Paris, Paris, European Institute of Financial Regulation, 2020.

CANIVET, G. (dir.), *Préconisations sur la mise en place à Paris de Chambres spécialisées pour le traitement du contentieux international des affaires*, Paris, Haut Comité juridique de la Place financière de Paris, 2017.

CANIVET, G., « Les marchés du droit. Rapport introductif », *RID éco.*, 2017, n° 4, pp. 9 et s.

CARBONNIER, J., *Droit civil. Introduction*, Paris, PUF, 2004.

CARRÉ, V. E., et L'ŒILLET, G., « Une revue de la littérature récente sur le nexus finance-croissance après la crise : apports, limites et pistes de recherche », *REF*, 2017, n° 3, pp. 271 et s.

CARROUÉ, L., *Géographie de la mondialisation*, Paris, A. Colin, 2007.

CASTILLO-WYSZOGRODZKA, S., *La motivation des décisions de justice : perspective comparatiste*, Paris, Dalloz, 2014.

CAZENEUVE, B., *Pour un droit européen de la compliance*, Club des Juristes, 2020, https://www.leclubdesjuristes.com.

CCI Paris Île-de-France, *Droit des affaires : enjeux d'attractivité internationale et de souveraineté*, mai 2015.

Chambre des notaires de Paris, « S'engager comme acteurs de l'attractivité du territoire du Grand Paris », 14 décembre 2018, http://paris.notaires.fr.

CHASERANT, C. et HARNAY, S., « Rationalité et (dé-)réglementation de la profession d'avocat : une analyse de la concurrence sur le marché des services juridiques », *Revue économique*, n° 67, 2016, pp. 171-183.

CHRISTALLER, W., *The Central Places of Southern Germany*, Englewood Cliffs, Prentice Hall, 1966.

Clay, T., « "Liberté, Égalité, Efficacité" : la devise du nouveau droit français de l'arbitrage – Commentaire article par article », *JDI*, n° 2, avril 2012, pp. 443 et s.

Club des juristes, *Pour un droit européen de la compliance*, novembre 2020, https://www.leclubdesjuristes.com.

Coase, R., « The problem of the social cost », *Journal of Law and Economics*, vol. 3, 1960, pp. 1 et s.

Coase, R., *La firme, le marché et le droit*, Paris, Diderot éditeur, 1997.

Cohen-Tanugi, L., « La France et la lutte contre la corruption dans les affaires internationales : vers un changement de paradigme ? », *En Temps réel, les Cahiers*, juin 2016.

Commaille, J., *À quoi nous sert le droit*, Paris, Gallimard-Folio, 2015.

Commission de réflexion sur la Cour de cassation, *Rapport 2030*, juillet 2021, https://www.courdecassation.fr.

Commission européenne, *Améliorer la réglementation : de meilleurs résultats pour une Union plus forte*, 14 septembre 2016, COM/2016/0615.

Conseil d'État, *L'influence internationale du droit français*, Paris, La Documentation française, 2001.

Cornu, G. (dir.), *Vocabulaire juridique de l'Association Henri Capitant*, Paris, PUF, 2020.

Cournil, C. (dir.), *Les grandes affaires climatiques*, Confluences des Droits, DICE.

Cournil, C. et Varison, L. (dir.), *Les procès climatiques, entre le national et l'international*, Paris, Pedone, 2018.

Daïeff, G. et Poissonnier, G., « Convention judiciaire d'Intérêt public – Les premiers pas prometteurs de la Justice pénale négociée », *La Semaine du Droit pénal et Procédure pénale*, 2018, n° 38, pp. 1648 et s.

Daoud, E. et Partouche, H., « Étude comparative des CJIP : bilan et perspectives », *Dalloz Actualité*, 27 avril 2020, pp. 1 et s.

Darrois, J.-M., *Vers une grande profession du droit*, Vie Publique, 2009.

Deakin, S., Demetriades, P. et James, G. A., « Creditor protection and banking system development in India », *Economic Letters*, 2010, n° 1, pp. 19 et s.

Debouzy, A., « Mesures d'instruction *in futurum* : le secret des affaires est dans la balance », 12 juillet 2017, https://www.august-debouzy.com.

Deffains, B. et Musy, O., « Droit et finance : quel bilan de la théorie des origines légales ? », *Revue d'économie financière*, 2018/1 (n° 129), pp. 237-260.

DEFFAINS, B. et ESPINOSA, R., *Accès à la Justice en France : une approche en termes d'économie spatiale*, Note pour la Fondation pour le droit continental, décembre 2021.

DEFFAINS, B., *Le poids économique des professions juridiques*, Rapport AFJE & Cercle Montesquieu, mars 2021.

DEFFAINS, B. et SÉJEAN, M., *Index de la sécurité juridique*, Paris, Dalloz, 2018.

DEFFAINS, B. et DAY ONE, *Le poids économique du droit en France*, Paris, Day One, 2015.

DELORME, M. « Le Parquet national financier : le perpétuel défi de la lutte contre la grande criminalité financière », *Colloque de la conformité à la justice négociée. Actualité de la lutte anticorruption*, 17 mai 2018.

DEZALAY, Y. et GARTH, B. G., *Dealing in Virtue: International commercial Arbitration and the Construction of a transnational legal Order*, Chicago, University of Chicago Press, 1996.

DJANKOV, S. *et al.*, « The law and economics of self-dealing », *Journal of Financial Economics*, 2008, pp. 430 et s.

DONDERO, B., *Droit 2.0*, Paris, LGDJ, 2015.

DUPICHOT, P., « Du Brexit au Code européen des Affaires », *Dr et patr.*, 2016, n° 262, pp. 1 et s.

DUPICHOT, P., « Vom Brexit zum Europäischen Wirtschaftsgesetzbuch », *ZEuP*, 2017, n° 2, pp. 245 et s.

DUPICHOT, Ph., « Le projet de Code européen des Affaires à l'heure de la PFUE et de la guerre en Ukraine », *D.*, 14 avril 2022.

DURANCE, J.-Y. et OUTIN-ADAM, A.-C., *Fuite des centres de décision, quelles réalités ?*, Paris, CCI Paris Île-de-France, 2014.

DURAND-PASQUIER, G., « L'impact des règles de conclusion des contrats », in *Réforme du droit des contrats et droit de la construction et de l'immobilier, RDI*, 2016, pp. 316 et s.

École nationale de la magistrature, « Europe : quelle formation continue pour les magistrats ? », *Revue du site ENM*, 25 mai 2019.

École nationale de la magistrature, « Juger en Europe : comparer les pratiques judiciaires », *Revue du site ENM*, 16 juillet 2018.

ENGELHARD, J.-M., « Les *Legaltech*, ces start-up qui révolutionnent l'accès au droit », *Le Parisien*, 30 janvier 2018.

FISHER, T. et ROSS, A., « Osborne Clarke Report shows English Courts' support for process », *Global Arbitration Review*, 25 janvier 2022, https://globalarbitrationreview.com.

Flood, J., « Megalaw in the UK: Professionalism or corporatism? A preliminary report », *Indiana Law Journal*, 1989, vol. 64, n° 3, pp. 569 et s.

Fouché, E., « Chefs d'entreprise, pensez à la fiducie », *Les Échos*, 21 septembre 2017.

Franklin, M., « On the legal method of the uniform commercial Code », *Law & Contemp. Prob.*, 1951, pp. 330-333.

Frison-Roche, M.-A., « L'attractivité économique de l'impartialité », in Cour de cassation, *L'attractivité économique, l'office du juge et l'impartialité*, Cycle Penser l'office du juge, 14 décembre 2020.

Gaillard, E., « L'affaire *Achmea* ou les conflits de logiques », *Rev. crit. DIP*, 2018, pp. 616 et s.

Ganascia, J.-G., *Le mythe de la singularité. Faut-il craindre l'Intelligence artificielle ?*, Paris, Seuil, 2017.

Garapon, A., « Le monde, un défi pour le juge français du XXIe siècle », *Les Cahiers de la Justice*, 2013, n° 3, pp. 7 et s.

Gaudemet, A. et Lenoir, N., « Corruption internationale, l'espoir placé dans la convention d'intérêt public est-il en passe de devenir réalité ? », *JCP E*, n° 40, 4 octobre 2018.

Gauvain, R. et Marleix, O., Projet de rapport d'information, mission d'information sur l'évaluation de l'impact de la loi n° 2016-1691 du 9 décembre 2016 relative à la transparence, à la lutte contre la corruption et à la modernisation de la vie économique, dite « Loi Sapin 2 », 7 juillet 2021, https://www.assemblee-nationale.fr.

Gauvain, R., *Rétablir la souveraineté de la France et de l'Europe et protéger nos entreprises des lois et mesures à portée extraterritoriale*, Vie Publique, 2019.

Ghaleh-Marzban, P., *Rapport du groupe de travail en charge de proposer des mesures visant à la résorption des stocks*, 31 mars 2021, https://legiteam.fr.

Giraudou, I., « L'Assistance juridique japonaise aux pays dits "émergents" d'Asie. Contribution à l'approche pluraliste de la circulation du droit », *Transcontinentales, Open Edition Journals*, 2009, n° 7, pp. 47 et s.

Giscard d'Estaing, V., « Préface », in *La Construction européenne en droit des affaires : acquis et perspectives*, Paris, Lextenso, 2016, pp. 1 et s.

Gomez Bassac, V., *Rapport sur l'élaboration d'un Code européen des Affaires*, Vie Publique, 2019.

Gosselin, P. et Vichnievsky, L., *Rapport d'information sur le bilan et les perspectives des actions de groupe*, Paris, Assemblée nationale, 2020.

Grandjean, J.-P. et Aynès M., *10e Anniversaire de la réforme du droit français de l'arbitrage*, 13 janvier 2021, https://www.leclubdesjuristes.com.

GRIMALDI, M., « Le droit continental face à la mondialisation », *Études à la mémoire de Bruno Oppetit*, Paris, Litec, 2009, pp. 293 et s.

Groupe d'experts intergouvernemental sur l'évolution du climat (GIEC), *Le sixième Rapport d'évaluation*, 2021, https://www.ipcc.ch.

GUILLAUME, M. *et al.*, *Le rapprochement des professions d'avocat et de juristes d'entreprise*, Rapport remis au ministre de la Justice, Vie Publique, 2006.

HAERI, K., *L'avenir de la profession d'avocat*, Vie Publique, 2017.

HALBERT, L., *L'avantage métropolitain*, Paris, PUF, 2010.

HAMELLE, A. et JAMIN, C., « CIP – Chambres internationales de Paris : encore un effort », *JCP G,* 2018, n° 47.

HANNAFORD-AGOR, P., « Measuring the cost of civil litigation », *Voir Dire*, 2013, n° 2, pp. 22-28.

HANOTIAU, B., *Complex Arbitrations: Multi-party, Multi-contract, Multi-issue – A Comparative Study (2nd ed.)*, International Arbitration Law Library, Vol. 14, 2020.

Haut Comité juridique de la place financière de Paris, *Rapport concernant l'arbitrage en matière bancaire et financière*, 31 janvier 2020, https://www.banque-france.fr.

HAVARON, M., « Quel procès civil en 2010 ? Regard comparé sur l'accès à la justice civile en Angleterre, aux États-Unis et en France », *RIDC*, 2010, vol. 62, n° 4, pp. 895-929.

HAWKLAND, W., « The Uniform Commercial Code and the Civil Codes », *Louisiana Law Review*, vol. 56, n° 1, 1995, pp. 231-247.

HEAD, K. et MAYER, T., « Non-Europe: The magnitude and causes of market fragmentation in the EU », *Review of World Economics*, vol. 136, n° 2, 2002, pp. 285-314.

HEEDE, R., « Tracing anthropogenic carbon dioxide and methane emissions to fossil fuel and cement producers, 1854-2010 », *Climatic Change*, 2014, n° 122, pp. 229-241.

HEINZ, J. P. *et al.*, *Chicago Lawyers: The Social Structure of the Bar*, New York, Russel Sage, 1982.

HEINZ, J., NELSON R. et LAUMANN, E., « The scale of Justice: Observations on the transformation of urban law practice », *Annual Review of Sociology*, 2001, n° 27, pp. 337-362.

HILTON, A., *City within a State: A Portrait of Britain's Financial World*, Londres, I. B. Tauris, 1987.

HOFFSCHIR, K., « Interview », *Affiches parisiennes*, 29 mai 2017.

HOULETTE, E., « Le Parquet national financier : le perpétuel défi de la lutte contre la grande criminalité financière », *Revue Justice Actualités*, n° 19, juin 2018.

HOULETTE, E., « Des dispositifs répressifs innovants : la Convention judiciaire d'Intérêt public, le monitoring, la peine de programme de mise en conformité », *Colloque de la conformité à la justice négociée, Actualité de la lutte anticorruption*, 17 mai 2018.

JANUEL, P., « Faut-il faire évoluer la CJIP », *Dalloz Actualité*, 12 avril 2021.

JANUEL, P., « La Chancellerie avance sur l'avocat en entreprise et le *legal privilege* », *Dalloz Actualité*, 13 janvier 2021.

JANUEL, P., « Députés et sénateurs s'entendent sur les lanceurs d'alerte », *Dalloz Actualité*, 3 février 2022.

JEFFERSON, M., « The law of the primate city », *Geographical Review*, avril 1939, n° 29, pp. 226-232.

JOHANNÈS, F., « Cepej : la place de la Justice française en Europe s'améliore (un peu) », *Le Monde*, 9 octobre 2014.

JOURDAN-MARQUES, J., « Chronique d'arbitrage : après Komstroy, Londres rit et Paris pleure », *Dalloz Actualité*, 17 septembre 2021.

JUGLART, M. (de), « L'obligation de renseignements dans les contrats », *RTD civ.*, 1945, pp. 1 et s.

KESSEDJIAN, B., « Le tiers impartial et indépendant en Droit international – Juge, arbitre, médiateur, conciliateur », *RCADI*, 2019, t. 403.

KIRAT, T. et MARTY, F., *Économie du droit et de la réglementation*, Issy-les-Moulineaux, Gualino, 2007.

KIRRY, A., BISCH, A. et FLEURIOT, A., « Convention judiciaire d'Intérêt public : lignes directrices PNF/AFA. Quel encouragement à l'auto-dénonciation ? », *JCP E*, 2020, n° 18.

KNOLL-TUDOR, I., « Les Chambres internationales européennes et de Singapour : plusieurs mouvements, une seule symphonie », *Le Monde du Droit*, 21 janvier 2019.

KRÜSE, R. et RIESTER, F., « Pour un Code européen des Affaires », *Le Monde*, 5 mai 2018.

L'Usine Nouvelle, « Classement des écoles d'ingénieurs françaises 2019 : le Palmarès ! », 5 février 2019.

La lettre du 1 Quai de Corse, n° 52, janvier 2020, « Extrait Nuit du Droit ».

LA PORTA, R., LOPES-DE-SILANES, F. et SHLEIFER, A., « The economic consequences of legal origins », *Journal of Economic Literature*, 2008, n° 2, pp. 285-332.

JCP A, 6 décembre 2010, « Le développement de la médiation : les préconisations du Conseil d'État ».

JCP G, 8 avril 2019, « L'avenir du procès civil » – « 2e séminaire de droit processuel du 21 février 2019 », supplément au n° 14.

Lamanda, M., « La responsabilité du banquier dans la délivrance du crédit », in *Mélanges Tricot*, Dalloz, 2011.

Landon, D., *Country Lawyers: The Impact of Context on Professional Practice*, New York, Praeger, 1990.

Lartigue, M., « *Legal privilege* : l'offensive des juristes d'entreprise », *La lettre des juristes d'affaires. Les Échos Executives*, 26 mai 2015.

Lasserre, B., « L'environnement : les citoyens, le droit, les juges », *Regards croisés du Conseil d'État et de la Cour de cassation*, vendredi 21 mai 2021, https://www.conseil-État.fr.

Latour, B., *Où suis-je ?*, Paris, Les Empêcheurs de Penser en Rond, 2021.

Le Journal du Grand Paris, 14 février 2019, « Île-de-France : la barre des 50 millions de touristes franchie en 2018 ».

Le journal du Grand Paris, 5 avril 2019, « Investissements étrangers : le Grand Paris confirme son attractivité ».

Lee, E. G. et Willging, T. E., « Defining the problem of cost in federal civil litigation », *Duke Law Journal*, 2010, vol. 60, n° 3, pp. 765-788.

Lehmann, M., « Braucht Europa ein Handelsgesetzbuch? », *ZHR*, n° 181, 2017, pp. 9-42.

Lehmann, M., « Das Europäische Wirtschaftsgesetzbuch – Eine Projektskizze », *GPR*, n° 6, 2017, pp. 262 et s.

Lehmann, M., Schmidt, J. et Schulze, R., « Das Projekt eines Europäischen Wirtschaftsgesetzbuchs », *Zeitschricht für Rechtspolitik*, n° 8, 2017, pp. 225 et s.

Lemercier, C. et Sgard, J., *Arbitrage privé international et globalisation(s)*, Rapport, GIP Droit et Justice, 2015.

Lévy, J. (dir.), *L'invention du monde : une géographie de la mondialisation*, Paris, Presses de la FNSP, 2008.

Llorens, F., « Le devoir de conseil des constructeurs », *RDI*, 1986.

Lösch, A., *The Economics of Location*, New Haven, Yale University Press, 1954.

Lussault, M., *Les Hyper-Lieux*, Paris, Le Seuil, 2017.

Magendie, J.-C., « La médiation : une autre voie », in *Rapport au Garde des Sceaux, Ministre de la Justice : célérité et qualité de la Justice devant la Cour d'appel*, Vie Publique, 2008.

MALEVILLE, M.-H., « La responsabilité civile des intermédiaires professionnels au titre de leur devoir de conseil », *JCP*, 2000, n° 1, p. 735.

MALINVAUD, P., « Réflexions sur le "Dispute Adjudication Board" », *RDI*, 2001

MARSHALL, A., *Principes d'économie politique*, Oxford, Université d'Oxford, 1890.

MASSON, A. et BOUTHINON-DUMAS, H. (dir.), *L'innovation juridique et judiciaire*, Bruxelles, Larcier, 2019.

MASSON, A. et BOUTHINON-DUMAS, H., « L'approche "Law & Management" », *RTD com.*, janvier-mars 2011, pp. 233-254.

MEL, J., « *Smart building* et responsabilité des constructeurs : une révolution ? », *Gaz. Pal.*, n° 34, pp. 52 et s.

MEL, J., « L'étendue du devoir de conseil du constructeur de maison individuelle sur l'enveloppe budgétaire du projet », *Lexbase Quotidien*, mars 2021.

MEL, J., « La Loi "Climat et résilience" et la rénovation des bâtiments », *Lexbase, Hebdo édition privée*, septembre 2021.

MEL, J., « Ne vous en déplaise : un système de chauffage solaire qui ne permet pas la réduction de consommation envisagée peut être réparable sur le fondement de la responsabilité décennale », *EDA*, n° 03, pp. 4 et s.

MEL, J., « Rénovation énergétique et responsabilité des constructeurs », *Lexbase, La lettre juridique*, avril 2021.

MIALON, M.-F., « Actualité des contrats de conseil », *RTD civ.*, 1976, p. 297.

Ministère de la Justice et Institut des hautes études sur la justice, *La prudence et l'autorité. L'office du juge au XXIe siècle*, Vie Publique, 2013.

MODAT, C., *Motion avant-projet de loi sur « l'avocat salarié dans l'entreprise »*, FNUJA, https://www.fnuja.com.

MONTESQUIEU, C. DE SECONDAT (baron de), *De L'Esprit des lois*, Genève, Barillot et Fils, 1748.

MOREAUX, A., « La compliance au cœur de la performance des entreprises », *Affiches parisiennes*, 6 juin 2016.

MOREAUX, A., « Paris : une Place juridique dotée de nombreux atouts », *Affiches Parisiennes*, 28 juin 2016.

NAEGELEN, Ch. et WASERMAN, S., « L'Avenir de la zone euro », in *Rapport d'information à l'Assemblée nationale*, n° 1453, 2018, pp. 85-91.

NALLET, H., *Les réseaux pluridisciplinaires et les professions du droit, Rapport au premier ministre*, Paris, La Documentation française, 1999.

OCDE, *Groupe de travail sur la corruption, France : Rapport de suivi écrit de phase 3 et recommandations*, décembre 2014.

OXERA, *The Value of the English Law. Prepared for legal UK*, octobre 2021, https://legaluk.org.

PACE, N. M. et ZAKARAS, L., *Where the Money Goes. Understanding Litigant Expenditures for Producing Electronic Discovery*, RAND Institute for Civil Justice, 2012.

PERBEN, D. *et al.*, *Mission relative à l'avenir de la profession d'avocat*, Vie Publique, 2020.

PERBEN, D., *Rapport sur l'avenir de la profession d'avocat*, Vie Publique, 2020

PÉRINET-MARQUET, H., « L'impact de la réforme du droit des contrats sur le droit de la construction », *RDI*, 2015, pp. 251 et s.

PHILIPPE, E., *Discours au Forum Europlace*, Services du premier ministre, 11 juillet 2017.

PHILIPPE, E., *Discours du premier ministre au deuxième Grenelle du Droit*, 16 novembre 2018.

PORTER, M., *L'avantage concurrentiel des Nations*, Paris, Interéditions, 1993.

PRADA, M., *Rapport sur certains facteurs de renforcement de la compétitivité juridique de la Place de Paris*, mars 2011.

Queen Mary University of London, White & Case, *2018 International Arbitration Survey,* https://www.international-arbitration-attorney.com.

REBOUL, N., *Les contrats de conseil*, Aix-en-Provence, PUAM, 1999.

RIBAC, S., « The development of international construction contracts and international construction arbitration principles under French and English law: A comparative perspective », *Cahiers de l'Arbitrage*, n° 1.

ROQUILLY, V., *Expertises juridiques et entreprises dans la Région Nord-Pas-de-Calais*, Lille, LegalEdhec, mai 2012.

ROUSSEL, J., « BIM, maquette numérique et assurance construction », *RDI*, 2017, pp. 515 et s.

RUBININA, E., « The investment treaty arbitration review: The choice of the seat in investment arbitration », *Lexology*, 17 juin 2021.

RÜHL, G., Développer les compétences des États membres dans le domaine du droit commercial. Étude élaborée à la demande de la Commission, Juri – Synthèse, 2018.

SAINT AFFRIQUE, J. B. (de), *La responsabilité professionnelle du gestionnaire de patrimoine au regard de l'abus de droit*, Paris, Defrénois, 1998.

SASSEN, S., *La Ville globale*, Paris, Descartes et Cie, 1996.

SAVARESI, A. et SETZER, J., « Rights-based litigation in the climate emergency: mapping the landscape and new knowledge frontiers », *Elgaronline*, March 2022.

Schulze, R., *Initiative pour un Code européen des Affaires*, Discours inédit au CNB, 1er juillet 2016.

Seraglini, C., « Le contrôle par le juge de l'absence de contrariété de la sentence à l'ordre public international : le passé, le présent, le futur », *Rev. arb.*, 2020, n° 2, pp. 347-376.

Service de recherches du Parlement européen, *Europeanisation of civil Procedure – Towards common minimum Standards ?*, Strasbourg, Parlement européen, 2015.

Smigel, E., *The Wall Street Lawyer*, Bloomington, Indiana University Press, 1964.

Stephen, F., *Law & Development*, Cheltenham, Edward Elgar Publishing, 2018.

Stone, C., *Les arbres doivent-ils pouvoir plaider ?*, Paris, Le Passager Clandestin.

SYMOP, *Livre blanc « Droit de la Robotique »*, 25 octobre 2016.

Tallon, D., « Le Code de commerce uniforme des États-Unis », *RIDC*, 1971, pp. 617 et s.

Tantin, S., « Faut-il adhérer aux *legaltech* pour développer sa stratégie digitale ? Les *legaltech*, entre menace et opportunité pour le développement digital des cabinets », *La Lettre des juristes d'affaires*, 16 septembre 2016.

The Juris Lab, Federal Civil Cases Are Resolved in a Year, on Average, but Obtaining a Judgment through Trial Adds an Extra Year, May, 2021, https://thejurislab.com.

Thieffry, P., « Quelques aspects comparés de la procédure civile en France et aux États-Unis », *RIDC*, 1984, vol. 36, n° 4, pp. 783-825.

Thomason, R., « Airbus Resolution set new Standard for French, UK, US Cooperation, France's PNF Head says », *Mlex*, 2 décembre 2021.

Toledo, C. (de) (dir.), *Le fleuve qui voulait écrire*, Paris, LLL, 2021.

Torre-Schaub, M. et Lormeteau, B., « Aspects juridiques du changement climatique : de la Justice climatique à l'Urgence climatique », *JCP G*, 23 septembre 2019 et 23 décembre 2019.

Torre-Schaub, M., *Les contentieux climatiques, quelle efficacité en France ? Analyse des leviers et difficultés*, Lexis360, 2019.

Torre-Shaub, M., *Justice climatique, procès et actions*, CNRS Éditions, 2020.

Toubal, F. et Trannoy, A., *L'attractivité de la France pour les centres de décision des entreprises*, Les Notes du Conseil d'analyse économique, 2016.

Train, F. X., « L'extension de la clause compromissoire – Chronique des années 2012-2017 », *Rev. arb.*, 2017, n° 3, pp. 389-444.

Union syndicale des magistrats, *Bilan et perspectives de la Convention judiciaire d'intérêt public*, 2020, https://www.union-syndicale-magistrats.org.

Unité Magistrats, « Qui a lu le dernier Rapport de la Cour des comptes sur les dysfonctionnements de la Justice ? », 25 février 2009.

USUNIER, L., « Le Rapport *Doing Business* 2012, la concurrence des systèmes juridiques et l'attractivité du droit français des contrats », *RDC*, 2012, pp. 575 et s.

VELTZ, P., *Mondialisation, villes et territoires : l'économie de l'Archipel*, Paris, PUF, 1996.

VIGNOLI, L., « Paris, place forte de l'arbitrage international », *Le Monde*, 15 janvier 2016.

WEILLER, L. « Cantonnement de la portée de la règle de la renonciation à se prévaloir des irrégularités de la procédure arbitrale en matière de compétence », *Procédures,* n° 2, février 2021, comm. 40.

ZENATTI, F., *La nature juridique de la Cour de cassation*, Bulletin d'information de la Cour de cassation, 2003, n° 575.

Index

Les auteurs : notices biographiques

François ANCEL

François Ancel est conseiller à la Cour de cassation. Il a présidé, entre 2018 et 2022, la Chambre commerciale internationale de la Cour d'appel de Paris (CCIP-CA). Avant septembre 2018, il a été président de la deuxième section de la troisième chambre du tribunal de grande instance de Paris, compétente en matière de propriété intellectuelle. Entre 2005 et 2015, il a été nommé au ministère de la Justice, où il a occupé plusieurs postes, dont six ans à la tête de la sous-direction du droit civil, où il a contribué à l'élaboration de nombreux projets de texte en matière de droit civil. Auparavant, il a été juge dans plusieurs tribunaux (tribunal d'instance et tribunal de grande instance) entre 1996 et 2005.

Hugues BOUTHINON-DUMAS

Hugues Bouthinon-Dumas est actuellement professeur, responsable de la filière affaires publiques et coresponsable du département Droit et environnement de l'entreprise à l'ESSEC. Normalien, agrégé de sciences économiques et sociales, habilité à diriger des recherches (Université Panthéon-Sorbonne) et docteur en droit (Université Paris Dauphine), ses travaux de recherche portent sur les relations entre le droit et ses environnements, c'est-à-dire les approches « Law & ». Il est ainsi l'un des promoteurs de l'approche « Law & Management » qui vise à comprendre comment le droit peut constituer la source d'un avantage compétitif pour les entreprises. Cette approche complète la Law & Economics qui analyse l'impact économique des institutions juridiques. Depuis plusieurs années, il étudie les places juridiques internationales et les rapports entre les systèmes juridiques, qui se rattachent à l'approche Law & Geography ou à la géopolitique du droit.

Ses enseignements et autres recherches portent sur le droit des affaires, en particulier la finance durable et les sanctions en droit économique. Il est par ailleurs magistrat à titre temporaire au Tribunal judiciaire de Nanterre.

Jacques BOUYSSOU

Jacques Bouyssou est avocat aux barreaux de Paris et Madrid. Associé fondateur du cabinet Alerion, il intervient en matière de contentieux complexes dans un environnement international. Il est Secrétaire général de Paris Place de droit et Vice-chair du Litigation Committee de l'International Bar Association. Il est également membre du groupe de travail Arbitrage, conciliation et règlement des différends de la Commission des Nations Unies pour le droit commercial international (CNUDCI).

Pierre CHARRETON

Pierre Charreton a passé l'essentiel de sa carrière professionnelle en qualité de juriste d'affaires au sein de grands groupes industriels français largement déployés à l'international.

Successivement directeur juridique et membre du Comité de direction du groupe Thales (secteurs défense, aéronautique et spatial), directeur juridique et secrétaire du conseil d'administration du groupe France Télécom puis Orange (secteur des télécoms), et secrétaire général, membre du Comité de direction et directeur juridique, de la Conformité et des Assurances, secrétaire du conseil d'administration du groupe Areva (secteurs énergies, nucléaire et renouvelables).

Pierre Charreton est médiateur agréé au Centre de médiation et d'arbitrage de Paris (CMAP), consultant en management et organisation des fonctions juridiques d'entreprise, ancien président et président d'honneur de l'Association française des juristes d'entreprise (AFJE), directeur juridique de l'année en 1992 (revue *Décideurs*), chevalier dans l'Ordre national du mérite.

Bruno DEFFAINS

Bruno Deffains est professeur à l'université Paris II Panthéon Assas et membre honoraire de l'Institut universitaire de France. Il dirige le Centre de Recherches en Economie et Droit ainsi que le Master Droit des Affaires et Economie et le DU Transformation Numérique du Droit et LegalTech. Ancien président de la European Association of Law and Economics et de l'Association Française d'Economie du Droit, ses travaux portent notamment sur l'évaluation économique des systèmes juridiques et la transformation numérique du droit (https://sites. google.com/site/brunodeffains). Il a enseigné à l'étranger (Lausanne, Liverpool, Luxembourg, Montréal, Yale,..). Il est membre de la Commission d'examen des pratiques commerciales et de la Commission Nationale Consultative des Droits de l'Homme. Il est également avocat Of counsel chez De Gaulle, Fleurance et Associés.

Philippe DELEBECQUE

Philippe Delebecque a fait ses études à l'Université d'Aix-Marseille où il a obtenu son doctorat. Après son concours d'agrégation de droit privé, passé en 1982, il a été nommé professeur à l'Université d'Aix-Marseille avant de rejoindre l'Université de Paris 1 (Panthéon-Sorbonne). Il y enseigne le droit des contrats, le droit des biens et le droit maritime.

Il est membre de l'Académie de Marine, président de l'Association française du droit maritime et président de la Chambre arbitrale maritime de Paris. Il est expert auprès de la CNUDCI, consultant auprès de cabinets d'avocats et arbitre notamment au sein de la CCI, de la CAMP, de la CAIP, de l'AFA et de la CCJA. Il est l'auteur de nombreux ouvrages, notamment dans la collection Dalloz (droit des contrats civils et commerciaux, droit des sûretés, droit du commerce international, droit maritime, droit des transports).

Francis DELPÉRÉE

Francis Delpérée est ancien doyen et professeur de droit constitutionnel de la Faculté de droit de Louvain, membre honoraire de la Chambre des représentants et du Sénat. Il est membre de l'Académie royale de Belgique et correspondant de l'Institut de France.

Maxime DESPLATS

Maxime Desplats est spécialisé dans le contentieux international depuis quinze ans, notamment en lien avec l'espace OHADA. Il intervient régulièrement dans le cadre d'arbitrages internationaux. Il assiste également ses clients devant les juridictions françaises et certaines juridictions africaines. Intervenant régulièrement à des conférences relatives à l'arbitrage international, il publie fréquemment dans des revues spécialisées et a dispensé des cours à l'École de formation du barreau de Paris.

Arthur DETHOMAS

Arthur Dethomas est avocat aux barreaux de Paris et de New York. Il intervient en droit pénal des affaires et en contentieux des affaires. Ancien Premier secrétaire de la Conférence du barreau de Paris, il est membre du Conseil de l'Ordre. Il est associé au cabinet Hogan Lovells.

Philippe DUPICHOT

Philippe Dupichot est professeur à l'Université Paris 1 (Panthéon-Sorbonne) où il enseigne le droit civil et le droit commercial, en particulier les droits des contrats, des biens, des sûretés et des sociétés.

Président de l'Association Henri Capitant des Amis de la culture juridique française, il a participé aux groupes de travail de réforme du droit des sûretés (2003 à 2005 ; 2017) ; il est l'initiateur du projet de Code européen des affaires.

Directeur du master 2 Droit bancaire et financier et fondateur du Collège de droit de la Sorbonne, Philippe Dupichot est l'auteur de nombreuses publications.

Avocat au barreau de Paris, il dirige le Conseil scientifique du cabinet Gide.

Duncan FAIRGRIEVE

Duncan Fairgrieve est professeur de droit comparé à l'Université de Paris-Dauphine ainsi que *Senior Fellow in Comparative Law* au British Institute of International and Comparative Law, Londres. C'est un comparatiste reconnu au niveau international, spécialisé en droit public comparé, ainsi qu'en droit comparé des obligations et en méthodologie du droit comparé et droit transnational. Il a publié plus de vingt ouvrages sur des thèmes divers de droit comparé et de multiples articles dans des revues juridiques françaises, anglaises et américaines sur ces thèmes.

Gwenola JOLY-COZ

Madame Joly-Coz est née le 1er mai 1968. Elle est mariée et mère de trois enfants.

Après avoir obtenu le diplôme de sciences-po Bordeaux et un DEA de droit pénal, elle intègre l'École nationale de la Magistrature, plus jeune auditrice de justice de la promotion 1990.

À l'issue de sept années en qualité de juge d'instruction à Saint-Nazaire puis à Cayenne en Guyane, elle devient secrétaire générale du tribunal de Nantes, où elle est chargée de l'accès au droit et de la communication.

Nommée à l'Inspection générale de la justice, le poste de secrétaire générale lui est confié, alors qu'elle dirige des missions de contrôles des juridictions et de la déontologie des magistrats.

Le Conseil Supérieur de la Magistrature l'a désigné trois fois comme présidente de tribunal (Mamoudzou sur l'île de Mayotte, Thonon-les-Bains et Pontoise) puis comme première présidente de la Cour d'appel de Poitiers en octobre 2020.

Spécialiste des politiques publiques d'égalité entre les femmes et les hommes, elle a été directrice de cabinet de la ministre des droits des femmes. Membre fondatrice de l'association « Femmes de Justice » en 2014, elle œuvre à la promotion de la mixité et de la parité au sein des réseaux interministériels.

Convaincue de la nécessaire meilleure visibilité des femmes, elle est l'autrice d'une série de portraits de femmes pionnières du ministère de la justice, qui a été récompensée par le prix spécial de l'École Nationale de la Magistrature. En qualité de directrice scientifique, elle a organisé en 2022 un cycle de conférences à la Cour de cassation « Justice : Figures de femmes ».

Référente dans la lutte contre les violences faites aux femmes, elle coordonne des actions de terrain dans les tribunaux, anime des formations à destination des juges et participe à des colloques nationaux et internationaux.

Madame Joly-Coz est officier de l'ordre national du mérite et chevalier de l'ordre de la légion d'honneur.

Catherine KESSEDJIAN

Après avoir enseigné durant un grand nombre d'années dans de nombreux pays, et après avoir pratiqué vingt ans comme avocat, à Paris, Catherine Kessedjian se concentre désormais sur trois rôles essentiels : arbitre, médiateur et coach en gestion des conflits.

Elle est accréditée par CEDR (Londres) en qualité de médiateur et a été nommée par la France sur la liste des conciliateurs du CIRDI. Elle est membre du Comité de pilotage du futur centre d'arbitrage de la République d'Arménie.

Elle est membre de nombreuses associations professionnelles, parmi lesquelles : membre à vie de l'American Law Institute, vice-présidente du Conseil exécutif mondial de l'International Law Association, membre associé de l'Institut de droit international et présidente du Comité d'organisation de ADI/ILA 2023 150e anniversaire.

Noëlle LENOIR

Noëlle Lenoir est avocate au barreau de Paris. Ministre des Affaires européennes de 2002 à 2004, elle a été la première femme et plus jeune membre jamais nommée au Conseil Constitutionnel (1992-2001) et est par ailleurs membre honoraire du Conseil d'Etat. Chargée de mission auprès du Premier ministre pour le droit de la bioéthique (1990-1991), elle a présidé le Groupe européen d'Éthique pour les Sciences et les Nouvelles Technologies de l'Union européenne jusqu'en 2001 ainsi que le Comité International de la Bioéthique de l'UNESCO à l'origine de la Déclaration universelle sur le Génome Humain et les Droits de l'homme approuvée par les Nations unies en 1998. Première Directrice à la CNIL (1982-1984), elle a dirigé le cabinet du Ministre de la Justice (1988-1990). Depuis 2008, elle a été administratrice de diverses sociétés et est aujourd'hui administratrice de Sopra-Steria.

Elle a été membre du Panel indépendant missionné pour accompagner les transformations d'Airbus alors visée par des enquêtes corruption en France, au Royaume-Uni et aux Etats-Unis. Ayant une compétence reconnue en matière d'entraide internationale, elle assiste les entreprises en tant que « commissaire » chargée de veiller à la transmission des preuves dans le cadre de litiges transfrontaliers. Elle conseille également les entreprises confrontées à des procès climatiques.

Noëlle Lenoir est membre de l'American Law Institute ainsi que de l'Académie française des Technologies et membre du conseil d'administration de l'Association française des Constitutionnalistes, du Cluster Maritime français et d'HEC Business School. Elle est vice-présidente du Comité Français de la Chambre de Commerce Internationale et préside le groupe de travail sur la place juridique de Paris de Paris-Île de France Capitale économique. Présidente-fondatrice du Cercle des Européens, un « think tank » européen, elle préside le Comité « Droit et Débat Public » dont la vocation est de commenter l'actualité sous un angle juridique. Elle a été déontologue de l'Assemblée Nationale (2012-2014), puis présidente du Comité d'éthique de Radio France ainsi que du Conseil éthique et scientifique de Parcoursup. Professeure affiliée à HEC, elle en préside l'Institut d'Europe. Ayant enseigné à l'Université de Paris, à Columbia Law School (NY) et à University College London (Londres), elle est Honoris causa de UCL (Londres) et de Suffolk University (Boston). Elle est Présidente d'honneur de l'association des Amis d'Honoré Daumier.

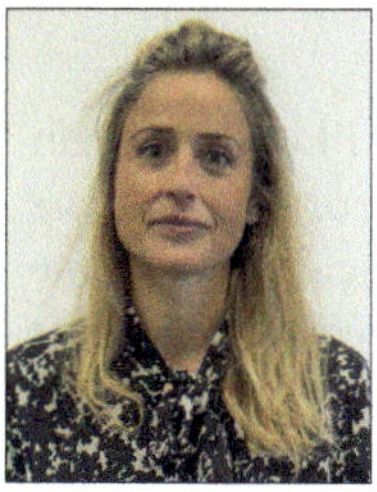

Juliette MEL

Docteur en droit, Juliette Mel est avocat au barreau de Paris, associée au cabinet M2J, entièrement dédié au droit de l'immobilier, et chargée d'enseignement à la Faculté de droit de Créteil. Elle est responsable de la Commission Marchés de Travaux, à l'Ordre des avocats du barreau de Paris.

Stéphane NOËL

Stéphane Noël a commencé sa carrière de magistrat en 1992. Il a exercé différentes fonctions en juridictions et en administration centrale. Entre 2002 et 2007, il rejoint le cabinet du ministre de la Justice en qualité de conseiller technique pour les Affaires juridiques, conseiller pour les Affaires civiles puis directeur adjoint de cabinet. Ancien procureur général, ancien inspecteur des services judiciaires, il préside en 2015 le tribunal de grande instance de Créteil. Stéphane Noël est, depuis novembre 2019, président du tribunal judiciaire de Paris.

Michael OSTROVE

Michael Ostrove codirige le groupe Arbitrage international du cabinet d'avocats DLA Piper LLP. Membre des barreaux de Paris et de New York, Michael est actuellement vice-président de la Cour internationale d'arbitrage de la CCI. Il a plus de vingt-cinq ans d'expérience dans la gestion des différends en matière de commerce international, d'arbitrage d'investissements et de droit international public. Classé par *Jeune Afrique* comme parmi les avocats les plus influents travaillant en Afrique francophone, Michael enseigne également l'arbitrage international dans le master 2 de droit international économique à l'Université de Paris 2, donne des conférences et publie fréquemment sur le droit international des investissements.

Étienne PATAUT

Étienne Pataut est professeur de droit privé à l'École de droit de la Sorbonne (Université Paris 1), codirecteur de la *Revue trimestrielle de droit européen* et membre français du Groupe européen de droit international privé. Il est spécialisé en droit international et droit de l'Union européenne et s'intéresse tout particulièrement aux questions de nationalité, de mobilité et de droit social. Il est notamment l'auteur d'un bref essai sur la nationalité (*La nationalité en déclin*, Odile Jacob, 2014) et a codirigé plusieurs ouvrages sur la circulation des personnes et les questions sociales en Europe (*Constructing the Person in EU Law – Rights, Roles, Identities*, Hart Publishers, 2016, avec L. Azoulai et S. Barbou des Places) et *Les frontières de l'Europe sociale*, Pedone, 2018, avec S. Barbou des Places et P. Rodière).

Eric RUSSO

Eric Russo est avocat associé du cabinet Quinn Emanuel Urquhart & Sullivan, LLP au sein du département Compliance, enquêtes et contentieux. Il assiste les entreprises et leurs dirigeants en France et à l'étranger dans la conduite d'enquêtes internes ainsi que dans le cadre de dossiers pénaux en matière de corruption, fraude fiscale, blanchiment. Il conseille également ses clients dans l'élaboration de programmes de conformité et dans le cadre de contrôles diligentés par l'AFA.

Eric Russo a exercé pendant vingt ans en tant que magistrat judiciaire, notamment en tant que Premier vice-procureur du PNF où il a conduit de nombreuses enquêtes multijuridictionnelles et négocié avec succès trois CJIP, dont deux en coordination avec le US Department of Justice et le UK Serious Fraud Office.

Il enseigne l'éthique des affaires, la conformité et les régulations internationales à Sciences Po et à l'Université de Paris 1 Panthéon-Sorbonne.

Pierre STEINMETZ

Pierre Steinmetz est préfet de région honoraire, ancien directeur du Développement économique de la région Île-de-France, ancien directeur de cabinet des ministres de la « Coopération » puis de la « Réforme de l'État, de la Fonction publique et des Collectivités locales », ancien directeur général de la Gendarmerie, ancien directeur de cabinet du premier ministre, ancien conseiller d'État (SE), ancien membre du Conseil constitutionnel, membre de la HATVP (Haute Autorité pour la transparence de la vie publique).

Table des matières